中国语文教育研究丛书
顾之川　主编

李卫东　著

语文课堂的多维观察

YUWEN KETANG DE DUOWEI GUANCHA

广西教育出版社
南宁

序

中国教育正在加速推进现代化，立德树人成为教育改革总任务，完善中华优秀传统文化教育成为共识，新课标已陆续颁布，小学、初中语文教材已重新回归国家统编时代，高中语文新课标教材已在北京、天津、上海、辽宁、山东、海南开始试用，新高考改革方案正在稳步推进，语文教育的重要地位日益凸显。我国语文教育改革迎来新的发展机遇。我们必须清醒地看到，我国语文教育取得了举世公认的成就，同时也面临着诸多困难和问题。如何站在历史的高度，以严谨求实的科学态度，总结梳理中国语文教育教学改革所取得的成就，直面存在的困难和问题，深入剖析原因，为语文教育改革与发展献计献策，推进语文教育现代化，成为新一代语文教育工作者的神圣使命和义不容辞的责任。

2013 年 10 月，中国教育学会中学语文教学专业委员会召开第十届年会，选举产生了新一届理事会。新一届理事会成立后，我们研究制订了《中国教育学会中学语文教学专业委员会事业发展规划（2013—2018）》，其中有一项重要内容，就是要“策划一套图书”。具体设想是：这套图书应分理论与实践两部分，前者重在全面系统地总结改革开放 30 多年来我国语文教育的经验教训，作为今后发展的借鉴；后者重在归纳梳理我国当代语文名师的教育教学思想，深入挖掘 20 世纪 80 年代语文名师的当代价值，同时推出一批当代语文名师，为新生代名师擂鼓助威。我们这一设想，与时任广西教育出版社副总编辑黄力平编审的想法不谋而合。他邀我们组织编撰“中国语文教育研究丛书”，纳入他们正在组织实施的中国学科教育研究系列图书的出版计划。

编辑这套“中国语文教育研究丛书”的基本思路是：

把握时代脉搏，聚焦立德树人。

这套丛书着眼于推进语文教育现代化，把握时代脉搏，聚焦立德树人。围绕语文教育改革创新，推出一批反映、代表乃至引领我国语文教育现代化的研究成果，具有鲜明的中国当代特色。从时间上说，以改革开放到新世纪的发展历程为主，尤其注重反映我国实行新课改以来的语文教育研究；从内容上说，则力求反映我国语文教育理论与实践研究成果。

树立整体观念，开展综合研究。

这套丛书力求树立整体观念，开展语文教育教学的综合研究，全面深入系统地梳理总结我国语文教育改革成就和存在的问题。既有语文教育语用观、传统文化教育、语文工具论、语文教育民族化等理论层面的深入剖析，又有语文教材编制、语文教师专业发展、语文教学创新设计、语文考试评价改革等实践层面的研究。

拓展研究视野，实现互联互通。

这套丛书强调语文教育整体观念，整体观照中国语文教育各领域。纵向上，打通小学、中学与大学，努力挖掘语文教育的共同价值，避免过去那种“铁路警察，各管一段”的情况；横向上，涵盖中小学语文教育、汉语国际教育及华文教育等，并以宽广的国际视野，从中华文化圈的角度，审视我国语文教育教学改革的成就与突出问题。

理论联系实际，研究注重实效。

本丛书注重沟通语文教育理论研究与语文教育教学各组成要素的实践，包括教材编写实践、教学实践、考试命题实践以及教师培训与专业发展实践，努力克服过去学科理论研究与教育教学实践“两张皮”，教育理论研究“不接地气”等缺陷，既注意反映我国语文教育理论研究的新成果，也注重将一线语文教师的教学经验、教学智慧进行理论上的梳理与提升。研究尤重建设性，以建设性思维为统领，着眼于解决我国语文教学领域存在的实际问题。

坚持守正创新，强调原创研究。

这套丛书坚持守正创新，注重权威性与代表性，继承我国语文教育优良传统，借鉴国外先进的母语教育理念和方法，注重吸收各种语文教育理论和各个教学流派的研究成果，反映作者最新的原创性研究成果。弘扬改革创新主旋律，传递语文教育教学正能量，在保证科学性的基础上，注意可读性。内容新颖，资料翔实，数据齐全，为以后的语文教育研究留下可资参考借鉴的理论成果。

我们这一设想，得到我国语文教育界专家同仁的积极响应和大力支持，他们同意将其最新研究成果惠赐给我们，列入本丛书。

广西教育出版社是我国很有影响的教育出版社之一，在教育理论、教材教辅及文化艺术等方面，均出版了不少影响深远的系列图书。尤其是出版于20世纪90年代的“学科现代教育理论书系”，曾极大地推进了我国教育改革，实现了社会效益与经济效益的双丰收。进入新时期以来，该社审时度势，又策划出版学科教育研究书系，立足于中国本土，以独特敏锐的眼光，打造具有中国特色的学科教育理论体系。这不仅是教育创新的要求，也是新时代的呼唤。

目前，这套丛书正在陆续出版，作为丛书主编，我既有欣喜，也有不安，深恐由于自己的浅陋和粗疏而使各位作者的佳构留下缺憾，更期待着广大读者尤其是语文教育界同仁的批评、指教。令人欣喜的是，在广西教育出版社诸位同仁的努力下，经国家出版基金管理委员会批准，“中国语文教育研究丛书”（第一辑）被确定为2017年度国家出版基金项目，获得经费资助。这也是对我们这套丛书的学术价值与出版意义的肯定。在此，我不仅要对黄力平编审、广西教育出版社相关编辑等同仁表达谢意，更要对北京大学中文系温儒敏、曹文轩两位教授的热情推荐表示感谢。

值此新中国成立70周年，中国教育学会中学语文教学专业委员会成立40周年之际，南国传佳音，我得到一个好消息，说这套丛书已出版的8种，经过教育部组织专家评审，全部列入全国中小学图书馆馆配目录，即将重印。这再次证明这套“中国语文教育研究丛书”的学术价值与出版意义。

学术总是薪火相传，研究贵在创新发展。牛顿说他站在巨人肩膀上，杜甫说“转益多师是汝师”。我们进入一个大众创业、万众创新的时代，改革创新成为当今中国的时代主题。建设创新型国家，培养创新型人才，语文教育工作者肩负着神圣使命。语文百年，众多语文人默默耕耘，浇灌出语文学科生态园的参天大树；百年语文，无数语文人直面问题，探寻语文教育改革创新之路。我们策划、组织这套丛书，就是想为实现中华民族伟大复兴的中国梦略尽语文人的绵薄之力。我们的愿望如此，至于效果怎样，那就要由实践来检验了。

顾之川

于京东大运河畔两不厌居
2016 年 3 月 23 日初稿
2017 年 4 月 18 日第一次修改
2019 年 9 月 24 日第二次修改

顾之川简介：浙江师范大学教授，人民教育出版社编审。兼任中国教育学会中学语文教学专业委员会理事长，国家社科基金评审专家，教育部考试中心特聘专家，教育部“国培计划”首批专家，国家统编义务教育语文（七至九年级）教科书主编。主要从事语文教育研究和语文教材编写工作，主编人教版多套初中、高中语文教材。著有《语文工具论》《顾之川语文教育新论》《顾之川语文教育论》《语文论稿》《明代汉语词汇研究》《顾之川语文人生随笔》等，并有古籍整理著作多种。

前　言

2008年2月我调到北京教育科学研究院（下文简称“北京教科院”）担任中学语文教研员，因工作需要，经常到各地听课调研。听课后自然要评课，评课怎么评？是教给老师们上好一节课的一招一式，告诉他们“应该怎样教”，还是基于一个课例，和老师们讨论“为什么这样教”？我选择了后者。做教研员的这几年，我把研究的重心转移到“为什么这样教语文”的学理性探寻上。2009年5月，北京教科院成立了李卫东特级教师工作站，第一批学员主要是获得北京市教师基本功展示评比一等奖的优秀教师和部分区县教研员，后来在北京门头沟、通州、朝阳等地成立了工作站分站。我和工作站的其他成员共同研发不同文类的教学课例，把一堂课的生成过程作为研究对象，研讨教这些内容而不教那些内容、选择这样的教学策略而不选择那样的教学策略的学理所在。

近10年教研员生涯，我和老师们一起备课、磨课、观课、议课，积攒了若干教学课例。这些教学课例是我和语文教师对话的媒介，承载了我对语文教学的思考和见解。这本《语文课堂的多维观察》选编了19个教学案例，从多层面、多角度观察语文课堂、研习教学案例，揭示语文教学的“道”之所在。这些课例涉及阅读教学、写作教学、综合性学习等领域，有初中课例，也有高中课例；课堂观察的方式有基于观察量表的定量观察，也有基于描述和阐释的定性观察；有我本人的独立评析，也有我和专家、学员的“茶馆式”议课；有现场评课，也有沉淀、加工后的评议；有随堂的听评课，也有专门开展的研究课观摩活动……19个案例归类编成6章，分别探讨语文教学内容的确定、语文教学方式的选择、语文课程形态的构建等。19个案例，其中评析性文字多是由现场录音转录而来的，除了删减一些重复性文字之外，基本保持原貌。这样的呈现方式，有利于读者产生代入感，进入评课“场景”，但也有碎片化、欠周密的弊端，因此每章都设有章首语，对每章的案例进行系统性思考，做些理论阐释的补足。

感谢每个课例的执教老师。尤其感谢特级教师程翔老师，他慨允课例《窗》入编，记载下我们之间的友谊，也增加了这本书的分量；感谢特级教师王屏萍老师，她几次创造机会让我走进北京市第五中学的语文“双课堂”观摩和学习，书中评析她的“史铁生散文专题”案例的文字留下了我们合作的印记；感谢韩文英、崔艳霞、邵红梅、张邺心、宋倩、李卫云等老师，他们多是特级教师工作站的成员，在奉献课堂教学智慧的同时，还要忍受我“吹毛求疵”的评说和不尽正确的苛议，感谢他们！他们以智慧、执着和坦诚成全了这本书！

感谢首都师范大学的王云峰老师、蔡可老师，感谢北京教育学院的吴欣歆老师、王漫老师，他们的真知灼见每每为我和工作站的学员带来新的启迪。我和诸位老师一次次的评课对话，既增进了知识，也共享了友情和欢乐！

感谢中国教育学会中学语文教学专业委员会理事长顾之川先生，蒙顾先生之邀，我忝列“中国语文教育研究丛书”的作者队伍，得以梳理十年教研员角色“观察”来的成果；感谢广西教育出版社责任编辑林春燕老师，两年来她的提醒和敦促，化解了我无数次的懈怠和拖延。

感谢读者翻开这本书，诚挚邀请您进入评课“现场”做出评判并不吝指教。

李卫东

2017年5月23日

目　录

第一章 文体、亚文体与交叉文体

人们喜欢一节语文课，往往给它一个通俗、形象的评定：有“语文味”。细究一下，“语文味”具体体现在哪里？相信每个人都有不同的看法。“语文味”是个模糊的概念，究其内涵，还是指向“语文教学内容的合宜性”。换言之，语文教学内容的合宜性程度高，“语文味”就足；语文教学内容的合宜性程度低，“语文味”就弱。而评判语文教学内容的合宜与否，重要的依据之一就是看是否切合文章体式的特性，是否把小说当小说教，把散文当散文教……

说起小说教学，老师们的第一反应多是想到“故事情节”“人物形象”“环境描写”等被称为小说“三要素”的概念，日常的小说教学往往也离不开“三要素”。比如扣住“开端、发展、高潮、结局”梳理故事情节；抓住人物的外貌、语言、动作、心理等分析人物的性格；有环境描写，就指导学生理解它是怎样“烘托”“突出”“深化”……小说是一种跟记叙文、散文不同的文学样式，那么，分层次、品语言、说人物的小说教学和记叙文教学、散文教学的区别在哪里？把小说当成一般文章来教学，不是不行，比如抓描写、赏语言、理结构、说主题，但这是教学所有叙述类文本的共性。共性，一定要讲。但，小说教学的个性呢？教小说，要把小说当小说来教，要更新小说阅读知识，教出小说这种文学样式的特点，比如引入“虚构”“艺术真实”“叙事者”“叙述视角”“突转”等概念，优化小说阅读的策略。

再来看散文。《现代汉语词典》这样解释“散文”，指“除诗歌、戏剧、小说外的文学作品，包括杂文、随笔、报告文学等”[1]。这个定义指出了散文的外延，但没有揭示散文的内涵。小说有叙述视角、叙述者、三要素，戏剧有戏剧冲突、情节突转，诗歌有韵律、节奏……散文有什么特点呢？“形散神不散”，我们一直这样习惯性地指称散文的特点。但小说的“神”能“散”吗？诗歌的“神”能“散”吗？小说和诗歌的“形”是整齐划一的吗？看来，“形散神不散”并不是散文的专利。那么，散文究竟有些什么特点呢？这样一追问，就把探寻的目光聚焦到散文的“文学性”上来。雅各布森将“文学性”解释为“让文学成为文学的那些东西”[2]，那不妨也可以说散文的“文学性”为“让散文成为文学的那些东西”，如果生造一个词的话，可以叫作“散文性”。寻找散文的“文学性”“散文性”，也许就是选择合宜的教学内容，优化散文阅读教学的一个出路。散文不是新闻，散文不是说明文，散文不是诗歌，散文就是散文。与记叙文、议论文、说明文等一般性文章相比，散文是“文学”，同小说、诗歌一样具有“文学性”“形象性”。阅读散文就要去寻找“形式感”，品析“形象”，涵泳语言。与小说相比，散文是“主情”的艺术，贵在“有我”。阅读散文就要缕析作者情感流淌的脉络，体会其独特的涵义和意境。散文的教学内容应紧紧抓住“情”和“我”，教学散文就要深究“我”之“情”怎样统摄人、事、景、理。也就是说，教散文不应只把目光放在事如何之奇、景如何之妙上，而应去深究人、事、景、理之后的“情”，深究“情”之投射如何使人、事、景、理变形、纯化、美化。

小说、散文都属文学作品，阅读文学作品离不开审美鉴赏。但审美鉴赏也是阅读实用类文本、议论性文本的通性法则吗？应该不是。王荣生老师比较中国和日本的语文教学大纲后指出：“我们语文课程中的阅

[1] 中国社会科学院语言研究所词典编辑室.现代汉语词典[M].7版.北京：商务印书馆，2016：1125.

[2] 艾亨鲍姆.“形式方法”的理论[M]//托多罗夫.俄苏形式主义文论选.蔡鸿滨，译.北京：中国社会科学出版社，1989：24.

读取向，是养成学生（鉴赏者）的阅读姿态、阅读方式，而日本语文课程中的阅读取向，则是养成学生（解读者）的阅读姿态、阅读方式。”[1]我们教学所有体式的文本，可能都习惯于（也喜欢于）取“鉴赏者”的阅读姿态和阅读方式，而这往往导致非文学类文本阅读教学内容的偏离。非文学类的文本阅读，其主要阅读过程和行为不是审美、鉴赏，而是理解、提取、辨析和批判。

仅仅注意到文学类文本和实用类文本、议论性文本的区别，小说、散文、诗歌之间的区别还不够，前者是停留在文类的区别上，后者是停留在文体的区别上。在具体操作层面，还要再精细一点，要透析到亚文体之间的区别。说到议论文，有些老师对教材编入的议论文颇有微词，觉得编入的议论文不像议论文，不典型，缺少《谈骨气》之类的典范议论文。事实上，从逻辑的严谨性上评判《谈骨气》，这篇文章并不是理想的议论性文本，日常生活中也很少读到类似的议论性文本。我们生活中经常读到的议论性文本多数是下列亚文体：时评、文化评论、思想评论、艺术评论、社论、书评、影评等。教材中能否编入一些影评、时评呢？学生喜欢读这些鲜活的议论性文字，也能由此养成敏锐、精细的议论体的文体感。文体感越精细，阅读就越有效。同是议论性文章，时评和社科论文就有不同特性，阅读的方式和策略也就有所不同。阅读什么样的文章体式就有什么样的阅读取向，有什么样的阅读取向就要求有什么样的阅读方式和策略。对于教师而言，培养自己敏锐、精准、丰富、开放的文体意识和文体感，是确定合宜的教学内容、提高教学效益的基础和前提。

[1] 王荣生.语文科课程论基础［M］.上海：上海教育出版社，2003：166.

第一节　从学科知识到学科教学知识：《动物游戏之谜》的三次教学

2015 年 11 月，我先后三次走进北京师范大学某附属中学，与语文组的老师们一起做改进教学的研究。语文组选派青年教师宋倩老师执教研究课。宋倩老师教龄三年，是北京师范大学语文课程教学论专业的硕士研究生，毕业后即到学校执教高中语文。她执教的篇目是人教版高中语文教材必修 3 的《动物游戏之谜》。基于学科知识和学科教学知识的视角，语文组成员讨论并调整了宋倩老师的原初教学设计，观察宋倩老师依据调整后的教案执教的课堂，历经三次磨课、观课、议课，意在探察青年语文教师学科知识和学科教学知识的现状，探究学科知识和学科教学知识对语文课堂教学改进的意义和价值。

一、关于学科知识和学科教学知识

学科知识主要有两种，学科的知识和关于学科的知识。学科的知识（knowledge of subject matter）是指学科内的概念、原理、规则，以及它们之间的关系。比如诗歌的意象、意境等概念及它们之间的关系，就是诗歌阅读中需要的学科的知识。关于学科的知识（knowledge about subject matter）是指如何理解学科的本质。比如如何理解语文学科的性质和属性，如何认识各种文本的不同特质及阅读规律等，就是关于语文学科的知识。关于学科的知识是一种元认知知识。

人们往往把学科知识和一般教学法的知识分开来研究，对此，美国教育学者舒尔曼提出了“学科教学知识”（pedagogical content knowledge）的概念，即“将特定的学科内容与教育学的知识融合为这样一种理解：如何将特定的主题或问题进行组织与重新表征，以适应学习者的能力与不同兴趣的需要”。后续研究者对舒尔曼的概念进行了扩展，提出了学科教学知识的四个内容：第一是学科教学的目标，教师对学科的看法反映在教师特定的教学目标中；第二是关于学生理解的知识，如对某一主题的理解、想法，教师需要知道学生如何思考及可能产生的迷惑与遇到的困难；第三是课程知识，包括教特定学科所具有的课程材料；第四是教学策略与教学表征，包括一系列的比喻、解释及活动等策略[1]。由此可以看出，学科教学知识融合了学科知识、关于学生的知识、教学法的知识等，是对学科知识的教学化。

二、教学改进的过程描述

（一）第一次磨课研讨：如何选择合宜的教学内容？

第一次研讨活动集中研磨了宋倩老师提交的原始教学设计，还没有观察实际的课堂教学。宋倩老师的教学设计首先从文章体式（科学小品文）、单元教学目标（传播科学知识，感受科学思维；语言表达的特殊美感）、文本特点（内容简单，层次清楚，语言准确生动，表述方式灵活多样）几个维度出发，确定本课的教学目标为：（1）理解科学小品文的文体特征；（2）通过变异文本的内部比较、变异文本与原文的比较，启发学生思考文本的语用策略；（3）在感受科学小品文语言表达的言语实践活动中，感受中国语言的运用之美。主要的教学策略是文本比较法。原文本的前三段是对不同动物游戏的情态做出形象描述，均以疑问句式结束，构成整齐的排比段。宋倩老师对这三段做了变异处理，比如第3自然段：

原文本：在美洲巴塔哥尼亚附近的大海里，每当刮起大风时，成群的露脊鲸把尾鳍高高举出水面，正对着大风，以便像船帆似的，让大风推着它们，得意洋洋地“驶”向海岸。靠近海岸后，这些巨大的海兽又会潜回去，重复刚才的举动……露脊鲸又是在干什么呢？

变异文本：在美洲巴塔哥尼亚附近的大海里，每当刮起大风时，成群的露脊鲸把尾鳍举出水面，利用风力游向海岸。靠近海岸后又潜回去，重复刚才的举动……露脊鲸又是在干什么呢？

宋倩老师意在通过原文本与变异文本的比较，让学生品味科普文（即科普文章）的语言特点，学习科普文的语用策略。宋倩老师的教学设计布置课后作业如下：假如让你选择四种假说中的一种，将其介绍给不了

[1] 李琼.教师专业发展的知识基础——教学专长研究[M].北京：北京师范大学出版社，2009：95-96.

解这种假说的父母，以引起他们对这种假说的兴趣，你会如何表达？请写一篇200字左右的科学小品文。

我首先对还原比较的教学策略给予充分肯定：对原文本做变异处理，拿变异文本与原文本做比较，实际上就是“挑起事端”。这样一比较，文本之间就有了缝隙、矛盾、张力，学生就有了辨析、探究的内在欲望。但教学的重心落在这里，我总觉得有些不对劲。对此，老师们进行了一番研讨：

“我有一个疑问，就是教学内容的选择，只是欣赏科普文生动形象的语言，是不是有点片面？”

“哦，也就是说你觉得有点以偏概全了。教学目的、教学重心确实有一点偏，或者说抓住了一个局部，对整篇文章，对科普文章的特性挖掘不够。你觉得应该教点什么呢？”

“这个单元的四篇文章我认为体现的是科学精神！”

“科学精神，这个比较抽象，怎么具体化呢？”

将《动物游戏之谜》定位为科学小品文并不准确，相比之下，将其定位为科普文章更加适宜。这篇文章中生动形象的语言集中在前三段，这部分内容用了疑问句式及诸多描述性的词句，以增加形象性，并用问句引起人们的注意，激发大家的阅读兴趣。但文章的主体部分介绍游戏的三种类型，阐释游戏原因的几种假说，基本上都是客观、平实的说明，因此从整体上应该将其定位为科普文。什么是科普文？科普文和介绍科技原理的科技性文章不同，科普性文章是从推介知识、教育普及的角度做深入浅出的说明。有老师会说，有必要对文体界定得这么清晰吗？说明性文章里边还细分科技作品、科学小品文、科普文章，有必要吗？非常有必要。界定文体并不是死抠概念，而是通过界定文体乃至亚文体，确定与之对应、匹配的阅读价值取向和阅读策略。若将这篇文章当成科学小品文来读，人们显然会在“生动形象”的语言表达上花比较多的时间。若将其定位为科普文章，前三段生动形象的解说肯定会涉及，但是不会把重心放在这里。

研讨中宋倩老师提出：“那样多可惜啊，做点这样的比较又何妨呢？”实际上，这里的变异比较，从严格意义上来讲，并不太妥当。变异文本依然形象并且简洁，与原文相比只删了部分描述情态的词句。这样的变异并不彻底，不能得出变异性文本与原文本孰优孰劣的判断。原文本好，但变异文本怎么就不好了？难道不断地把句子延伸加长，不断地添加修饰语，修饰语越多越丰富，情态描述得越细致，就一定好吗？未必。这是“仁者见仁，智者见智”的事情。严格来说，科普文的文学性应该适当加以节制。若是变异文本，一定要彻底，一定要有理据，有明确的目的。研讨活动针对《动物游戏之谜》教学能不能变异，该如何变异，做了深入的讨论：

“李老师（李卫东），如果不进行变异和比较的话，教什么好呢？”

“不是不能变异和比较，可以换一个角度。我想问，教这样一篇科普性文章，学生一般遇到的困难是什么？”

“文章的结构比较清晰，应该说学生读懂这篇文章没多大难度。”

“那我们能不能增加点难度，对文本做另一个角度的变异。把文本 15 个自然段的顺序全部打乱，先不让学生读课文，而是重新编排打乱顺序后的 15 个自然段，重组文本。另外，能否适当地链接相关的材料，给出新情境、新问题、新任务，通过新材料和原文本之间信息的比对、辨析、整合，运用信息去解决新情境中的问题、任务。”

教和学科普文章，应该教什么和学什么？与学习文学类文本相比，学生学习这类文本的快乐何在？这些是必须要追问和思考的问题。读小说、散文、诗歌，可能悲泣不已，也可能欢喜雀跃，因为文学作品有强大的移情作用，阅读文学作品获得的是一种审美的体验和愉悦。学生学习科普文章快乐何在？共性的东西肯定有——发现的快乐、创造的快乐，但同样是发现和创造，学习科学类文本所伴生的发现和创造的快乐自有其独特的价值。比如说完美组装、链接比对，这是理性思维之乐，运用迁移之乐。

（二）第二次磨课研讨：如何设计有意义、有价值的学习任务？

第二次磨课研讨活动是直接走进课堂听课，宋倩老师换了另一个班级用修改后的方案再教《动物游戏之谜》。简洁地导入课堂后，宋老师把打乱了 15 个自然段顺序的卷子发给学生，让学生重组文本。“完美组装”环节之后，是“漫漫求索”：你认同四种假说吗？同意或反对，找出依据来。

若有新观点，大胆假设，小心求证。阅读链接材料，完成对《动物游戏之谜》中某一个假说的验证（证实 / 证伪），也可提出新假说。宋倩老师把课前准备的 8 则阅读材料发给学生，这 8 则材料分别描述了不同动物的游戏行为。以下是 8 则材料中的第 7、第 8 则：

（7）小雄猴更喜欢跟同龄的小猴追逐打闹，而小雌猴宁愿跟妈妈在一起，试图帮妈妈照顾自己（还是婴儿）的弟弟妹妹。作为社会性动物，灵长类的童年要与玩伴一起度过，才能成长为心理健康的大猴子。在打闹追逐之中，小猴与玩伴建立起友情的纽带（从小一块玩到大的雄金丝猴，长大后也会成为互相帮助的亲密朋友，一起理毛，一起离开群体去开辟新领地），并学会在猴群中相处的方法。

（8）如果把食物挂在高处，给黑猩猩几根短棍子，它会把棍子连在一起，做成能够到食物的长棍子。但是，如果成年黑猩猩从小就没见过棍子，第一次给它这些工具，它只会感到困惑，不知要拿这些东西做什么用。

学生各自选择链接材料，要么证实要么证伪。然后小组讨论，全班交流。其中一名男同学回答说：“老师我怎么觉得第一种对动物游戏之谜的解说‘演习说’可以和第三种‘学习说’合并呢？我看没什么区别。”宋倩老师有些发愣，让其他同学发表意见。一名女同学认为，“学习说”对于成年人和孩子而言都可以，而“演习说”更多的是针对幼年期的孩子而言。宋倩老师说了句“不错”，就转入课堂的下一个环节。

相比第一轮施教，此次教学活动有了很大的进步。首先，第二轮施教基于科普文章的文体特征来提取教学内容，在学什么教什么的问题上，校正了偏差，内容选择的取向是对的；其次，老师费尽心思选取了 8 则有价值的学习材料。材料选好了，情境就搭起来了，就有了课内外文本的对接、比较、辨析，有了信息的迁移、运用，学生才会主动完成富有挑战性的任务。但学生完成任务只是口头作答，能否开发任务单，基于任务单展开有深度的语文学习呢？高中语文课堂不应总是“碎碎念”，而应给学生沉淀思考的“时间块”，基于任务单主动探究，完成有质量的语文学习。

课后互动评课环节我提了一个问题：语文老师教这样一篇《动物游

戏之谜》，和生物老师在课堂上用到这篇文章有什么不同？宋老师脱口而出，是语言吧。确切地说，是语言和思维的融合。生物老师如果用到这篇文章，仅仅视其为佐证材料，用来证明生物学观点，阐释生命现象，而语文课则是教会学生怎么读，使他们明白读懂这类科普文章要聚焦于逻辑思维和缜密语言表达的融合。比如说，老师让学生运用链接材料证实或证伪假说，即使是两三行句子也应是理性阐释，是逻辑化的表达，事例怎么和假说产生关联，需要做出逻辑的推演和分析。之所以设计任务单，原因也在于此。有老师质疑说："要是聚焦于逻辑化表达，是否教成了议论文，文体定位和内容选择又跑偏了呢？"其实，逻辑思维与缜密表达不只属于议论文体，说明文体乃至文学作品都需要逻辑思维和周密表达，只不过表现特点不同罢了。借用任务单，对学生的思维和表达提高一点要求，是有必要的也是可行的。

另外，运用链接材料进行探究时，一名男生问"演习说"和"学习说"是否可以合并，一名女生做了回答，宋倩老师当时没能组织学生做深入探讨。可能宋倩老师没想到学生会问这样一个问题，一时反应不过来，怕自己回答错了，只好轻轻带过去了。其实，可以让学生静下来读五分钟书，细致比较一下"演习说"和"学习说"这两个段落，也就是说在篇章阅读理解的基础上是不是有必要借那个同学所提出的问题，在课堂上相机进行段落的精研细读，然后再来解决那个疑问，不完全准确也不要紧，拿出几条合理的原因，就达到目的了。但是如果老师忽视了学生提出的问题，那么学生阅读科普性文章遇到的真实困难可能就被遮蔽掉了。

（三）第三次磨课研讨：如何让课堂有更丰富的、动态的生成？

与前两轮相比，宋倩老师第三轮施教《动物游戏之谜》时最大的变化就是设计并使用了以下任务单：

立足文本　大胆假设　小心求证

活动一和活动二的两个学习单，选择一个完成即可。

活动一：验证（证实／证伪）原文的某个假说。

（同意/反对）________说	聆听记录或启示：
概括原文事例或概括链接事例：	
理由：	

活动二：提出新假说。

我的新假说：________说	聆听记录或启示：
概括原文事例或概括链接事例：	
理由：	

开发了这个任务单，就把教学内容活动化、任务化了。尤其是第二个活动，具有一定的难度和挑战性。这节课基于任务单展开的学习样态是沉潜的，有立体层次的。但听完课后发现，整堂课似乎没有什么起伏，是在走环节，且走得匆忙。课后，宋倩老师反思自己对“社交说”的处理有些急躁。

课上，宋倩老师问有没有同学选择活动二，提出新的假说。一名男同学提出一个对动物游戏之谜的新解说——社交说。这名男同学用到了链接材料中的第 7 则材料，他认为小雄猴往往愿意找同性的伙伴一起玩，这是为了长大后与更多的同类进行交往，它是为了社交。一名女同学提出了不同意见。她认为，雄猴是为了社交，但雌猴愿意和妈妈待在一起不出去，是为了照顾弟弟妹妹，不是为了社交。这时，宋倩老师提出这个问题可能还探讨不清楚，下课再进行深入探讨，并向学生推荐科学网站，让他们搜集相关材料，然后进一步探讨社交说有没有道理，思考有没有新的假说。活动一仅是找佐证去证实，而开展活动二时宋倩老师引导学生提出新假说，这和活动一拉开了层次，是在模拟科学探究活动，让学生学会基于材料提出假说，进而证实。遗憾的是，宋倩老师放过了“社交说”这个极易出彩的环节。那名男生提出的假说能否得到他所提供的事例的支撑？女生的反驳有没有道理？教学时是可以在此环节多逗留一下的，让同学们互相倾听、质疑、辩驳，充分体验“大胆假设，小心求证”的过程。在这里多沉浸一会儿，也就是在逻辑思维和表达上，在信息的筛选、辨析和运用上多沉浸一会儿，极有可能让课堂变得丰富、饱满。理想的课堂要有高质量的任务、活动、项目，若匆匆“走”过这些环节，可能会失去课堂的精彩。教师要在课堂上随时观察学生的反应，关注即时生成的有价值的问题，并进行机智的处理，才能促进课堂上丰富的动态的生成。

三、结论及建议

教学是一门有遗憾的艺术，直到第三次执教，观课者及宋倩老师本人都不能说对此次教学十分满意。但毋庸置疑的是，每次施教都比前一次有所改进，我们基于课例的教学改进研究达到了目的。是什么促成了教学的改进？简而言之，是宋倩老师也包括每位参与者自身学科知识、学科教学知识素养的不断提升促成了教学的改进。

首先，教师关于语文学科的知识的改善，让课堂教学内容越来越合理、适切。关于语文学科的知识，或者说语文观，虽然不能直接提供教学内容，但却决定着教学内容的取向妥当与否。宋倩老师由最初纠缠于“品味语言”到后来倾向于信息的筛选、辨析、整合与运用，即得益于语文观的转变。教师怎样理解语文，怎样理解散文、诗歌、科技作品、新闻、社论等文本，决定着他（她）课堂教学内容的“品相”。

其次，教师语文学科教学知识的改善，促使教和学的方式的转变，拓展教和学的深度、广度。宋倩老师第二次施教设计了高质量的教学任务——链接新材料，印证假说，提出假说；第三次施教嵌入了任务单，把教学内容镶嵌在情境、任务、项目之中，激发了学生探究的兴致，提升了学习的质量。为什么能设计出这样富有挑战性的、有价值的任务？因为宋倩老师开始更多地关注学科知识的“心理学化”，想方设法把学科知识转化为适应学生学习特点的形式。在学科知识、关于学生的知识、一般教学法的知识方面的融合程度越高，教师的学科教学知识水准就越高，改进教学的效果也就越好。

有研究发现，“具有较强学科知识与学科教学知识的教师能够处理各种不同的教学情况；提供反例揭示学生思维中的错误；将学生的评论引入一个冲突性或可行的解决方法；将学生的方法运用到解决相关问题中，并在教学中比较学生的不同方法，引发学生之间的讨论”[1]。以此对照本案例中教师对“社交说”的处理，对“演习说和学习说能否合并”的应对，就会清楚地知道，教师的学科教学知识还有很大的提升空间，要在教学实践情境中不断累积和完善。

[1] 李琼.教师专业发展的知识基础——教学专长研究［M］.北京：北京师范大学出版社，2009：53.

第二节　读懂还是读美：《桥之美》“同课异构”引起的争辩

2013年11月，李卫东特级教师工作站门头沟分站举办“同课异构”教学研讨活动，崔艳霞和韩文英两位老师同教吴冠中的《桥之美》。《桥之美》文章不长，未入选以往教材。兹录如下。

桥之美

“我走过的桥比你走过的路还长”，现在大概很少有人用这口吻教训后生小子了！人生一世自然都要经过无数的桥，除了造桥的工程人员外，恐怕要算画家见的桥最多了。

美术工作者大都喜欢桥，我每到一地总要寻桥。桥，多么美！“小桥流水人家”，固然具诗境之美，其实更偏于绘画的形式美：人家——房屋，那是块面；流水，那是长线、曲线，线与块面组成了对比美；桥与流水相交，更富有形式上的变化，同时也是线与面之间的媒介，它是沟通线、面间形式转变的桥！如果煞它风景，将江南水乡或威尼斯的石桥拆尽，虽然绿水依旧绕人家，但彻底摧毁了画家眼中的结构美，摧毁了形式美。

石拱桥自身的结构就很美：圆的桥洞、方的石块、弧的桥背，方、圆之间相处和谐，得体，力学的规律往往与美感的规律相拍合。不过我之爱桥，并非着重于将桥作为大件工艺品来欣赏，也并非着眼于自李春的赵州桥以来的桥梁的发展，而是缘于桥在不同环境中的多种多样的形式作用。

茅盾故乡乌镇的小河两岸都是密密的芦苇，真是密不透风，每当其间显现一座石桥时，仿佛发闷的苇丛做了一次深呼吸，透了一口舒畅的气。那拱桥的强劲的大弧线，或方桥的单纯的直线，都恰好与芦苇丛构成鲜明的对照。早春天气，江南乡间石桥头细柳飘丝，那纤细的游丝拂着桥身坚硬的石块，即使碰不见晓风残月，也令画家销魂！湖水苍茫，水天一色，在一片单纯明亮的背景前突然出现一座长桥，卧龙一般，它有生命，而且往往有几百上千年的年龄。人们珍视长桥之美。颐和园里仿造的卢沟桥只17孔，苏州的宝带桥53孔之多，如果坐小船沿桥缓缓看一遍，你会感到像读了一篇史诗似的满足。广西、云南、贵州等地的山区往往碰到风雨桥，桥面上盖成遮雨的廊和亭，那是古代山水画中点缀人物的理想位置。因桥下多半是急流，人们到此总要驻足欣赏飞瀑流泉，画家和摄影师们必然要在此展开一番搏斗。

张择端在《清明上河图》里将桥作为画卷的高潮，因桥上桥下，往返行人，各样船只，必然展现生动活泼的场面，两岸街头浓厚的生活情调也被桥相连而成浓缩的画图。矛盾的发展促成戏剧的高潮，形象的重叠和交错构成丰富的画面，桥往往担任了联系形象的重叠及交错的角色，难怪绘画和摄影作品中经常碰见桥。极目一片庄稼地，有些单调，小径尽头忽然出现一座小桥，桥下小河里映着桥的倒影，倒影又往往被浮萍、杂草刺破。无论是木桥还是石桥，其身段的纵横与桥下的水波协同谱出形与色的乐曲。田野无声，画家们爱于无声处静听桥之歌唱，他们寻桥，仿佛孩子们寻找热闹。高山峡谷间，凭铁索桥、竹索桥交通。我画过西藏、西双版纳及四川等地不少索桥，人道索桥险，画家们眼里的索桥却是一道线，一道富有弹性的线！一道孤立的线很难说有什么生命力，是险峻的环境孕育了桥之生命，是山岩、树丛及急流的多种多样的线的衬托，才使索桥获得了具有独特生命力的线的效果。

南京长江大桥远看也是一道直线，直线美不美？直线是否更符合新的审美观？不宜笼统地提问，不能笼统地答复，艺术形式处理中，往往是失之毫厘，差之千里。为了画长江大桥，我曾爬上南京狮子山，就是想寻找与桥身的直线相衬托、呼应、引申的点、线、面！为了画钱塘江大桥，我曾两次爬到六和塔背后的山坡上，但总处理不好那庞大的六和塔与长长的桥的关系，因而构不成画面。虽然滨江多垂柳，满山开桃花，但脂粉颜色哪能左右结构之美呢！成昆路上，直线桥多，列车不断地过桥、进洞，出洞、过桥，几乎是桥连洞，洞连桥。每过环形的山谷，前瞻后顾，许多桥的直线时时划断陡坡，有时显得险而美，有时却险而不美，美与险并不是一回事。

摄影师和画家继续在探寻桥之美，大桥、小桥，各有其美。有人画鹊桥，喜鹊构成的桥不仅意义好，形式也自由，生动活泼。凡是起到构成及联系之关键作用的形象，其实也就具备了桥之美！

这样一篇文章，教些什么，又怎样教？两位老师做了不同的选择，以下是两位老师的教学简案。

第一节课　崔艳霞教学简案

教学目标

1. 了解作者依据说明对象的特征对事物进行准确、生动说明的方法。

2. 体会说明文语言的准确性。

3. 培养学生用审美的眼光看待事物的能力。

教学重点

1. 把握说明对象的特征，了解说明的内容。

2. 了解作者如何依据说明对象的特征，准确生动地说明桥之美的方法。

教学难点

体会说明性的小品文通过对比、描写或使用极富表现力的语言说明事物的特点。

教学过程

一、整体感知课文

1. 回顾文章写了哪些桥。

2. 用说、加、比、写的方法体会作者依据说明对象的特征对事物进行准确、生动说明的语言。

二、研读与品析语言

1. 品析把握内容的准确度。

2. 指导品析本文的语言。

小结：品析这些句子的方法。

三、巩固提升：完善自己的学案

四、学后测：品析句子

极目一片庄稼地，有些单调，小径尽头忽然出现一座小桥，桥下小河里映着桥的倒影，倒影又往往被浮萍、杂草刺破。

第二节课　韩文英教学简案

教学目标

1. 通读课文，感知桥"在不同环境中的多种多样的形式作用"。

2. 通过定向阅读，教给学生从某一角度欣赏艺术作品的方法。

3. 通过感受"桥之美"，提高学生的审美情趣。

教学重点

通过整体感知课文内容，把握桥"在不同环境中的多种多样的形式作用”的特征。

教学难点

理解文章第 6 自然段是从反面进行说明的。

教学过程

一、问题归类，找出难点

（一）词句理解（PPT）

（二）说明内容

1.“‘我走过的桥比你走过的路还长’，现在大概很少有人用这口吻教训后生小子了”，这句话说明了什么？

2. 作者写自己画南京长江大桥和钱塘江大桥的目的是什么？

（三）说明方法

1. 第 5 自然段为什么提到《清明上河图》？

2. 全文主要用了什么说明方法？

但是，我发现说明对象及特征是个难点，这节课咱们主要围绕这个难点来学习。

（四）说明对象及特征（PPT）

1. 这篇文章写了什么？

2.“桥之美”美在何处？

3. 作者从哪几个方面介绍桥之美？

二、整体感知，发现桥美

1. 同学们还记得文中都写了哪些桥吗？

2. 咱们一起看图片，你能把图片上的桥按一定的标准分类吗？（PPT）

3. 图片上除了桥，还有什么呢？

4. 好，同学们朗读第 4—6 自然段，看看桥与周围这些景物是怎样搭配的。

第 4 自然段：景中美，对比美。

第 5 自然段：画中美，变化美。

第 6 自然段：通过不美的三座桥与第 4、第 5 自然段的桥形成对比，说明桥的和谐美。

三、定向阅读，感受桥美

好，咱们把目光聚焦在第 4 自然段，看看景中桥是如何突出对比美的，作者是如何从某一角度欣赏艺术作品的。（完成表格）

	对比物	对比点	给人感觉
芦苇石桥	密密的苇丛与简单的石桥	疏密	令人舒畅
细柳拂桥	柳枝的动、细弱与石桥的静、坚硬	刚柔	令人销魂
长桥卧龙	单调的水面与充满灵气的桥	动静	令人满足
风雨廊桥	廊亭的安闲自在和水流的湍急	缓急	令人安闲

通过品析这些桥，我们不难发现，画家在欣赏它们时都注重桥与周围环境的对照与配合，那么你能模仿下列句式，概述本段中所说到的桥之美吗？（写作）

语言格式一：芦苇石桥美，美在与密密的苇丛配合的开阔疏朗；（PPT）

细柳拂桥美，美在与______________________________；

长桥卧龙美，美在与______________________________；

风雨廊桥美，美在与______________________________。

你能把语言转换成这种形式吗？

语言格式二：作者抓住芦苇石桥的特点，借助密密的苇丛突出开阔疏朗的感觉。（PPT）

作者抓住________的特点，借助________突出________的感觉；

作者抓住________的特点，借助________突出________的感觉；

作者抓住________的特点，借助________突出________的感觉。

你能按照说明顺序再说一遍吗？

语言格式三：作者先说芦苇石桥与密密的苇丛配合得开阔疏朗；再说______________；接着说______________；最后说______________。（PPT）

四、问题反馈，重现桥美

同学们，知道文章在写什么了吗？下面，老师考大家两道题，请同学们将答案写在练习纸上。

1.“桥之美”美在何处？（PPT）

2. 作者从哪几个方面介绍桥之美？

五、巩固提高，欣赏桥美

作业：（PPT）细读第 5 自然段，按照分析第 4 自然段的格式写三段话，品析桥的变化美。

板书设计：

桥之美

吴冠中

方桥 拱桥 线桥	在不同环境中多种多样的形式作用

两节课后，李卫东与北京教育学院的王漫老师及其他听课教师展开了互动评课，意见不尽一致，观点产生了碰撞。摘录对话如下：

李卫东：我们工作站上学期研究的主题是"文本解读"，这学期聚焦的主题是"学情分析"。上学期初，我做了一个讲座——"基于学情分析改进语文教学"。学期中间，老师们在教学实践中研究如何分析学情，如何基于学生的真实学习需求来选择合宜的语文教学内容和恰切的教学策略等。今天的活动相当于中期展示或者说是验收、研讨环节。我们观课和研讨的重心要落在是否基于学生的学习实际来设计和实施教学。既然是基于学生学习实际来设计和实施教学，那么，学生读这样一篇文章，读懂了什么，哪些地方读不懂，他们上课需要什么支持，这两节课满足他们的学习需求了吗？为了解答这些问题，我特意请了几名学生来参与讨论。

王漫：先问同学们一个问题，在上今天的课之前，你们自己预习了吗？

众生：预习了。

李卫东：预习中有不懂的问题吗？

生：有一些句子不是特别懂。

李卫东：试举一例，哪个句子？

生：比如第 6 自然段，"每过环形的山谷，前瞻后顾，许多桥的直线时时划断陡坡，有时显得险而美，有时却险而不美，美与险并不是一回事"。

李卫东：你现在懂了吗？

生：懂了。

李卫东：说说你的理解。

生：因为作者站在画家的角度，当只有山和桥时，画面的结构是完整的，它显得既险又美；当车从桥中穿过时，整个结构被破坏了，画面就不美了。

王漫（向学生）：为什么要写颐和园的孔桥和宝带桥的孔桥？请说说你的想法。

生：举例子。

王漫：为什么以这两座桥作为例子呢？

学生沉默。

王漫：请问上第一节课的同学，第5自然段是不是都在写画中桥？

生：不是。前半段是，后半段不是。

王漫：你还记得老师上课时是怎么总结的吗？

李卫东：记不清了，没事，请坐。上第一节课的还有哪个同学？这位同学，这篇课文有没有让你感到比较困惑、费解的地方？

生：我不知道最后一段起到什么作用。

李卫东：你觉得这是一篇什么文啊？

生：说明文。

李卫东：这篇文章与《中国石拱桥》相比有什么不同？

生：《中国石拱桥》主要写了两座桥，这篇写得更多。

李卫东：上这节课有什么新收获吗？

生：我知道了怎么具体分析一个句子。

李卫东：跟赏析散文的句子的方法一样吗？

生：不一样。赏析散文的句子主要是感受其优美，这篇文章主要是说明对象的特征。

李卫东：谢谢同学们。

王漫：接下来，我想问两位授课老师，你们是怎么判断这篇课文的文体的？

韩文英：首先从题目看，“桥之美”就是桥的美。因为作者吴冠中是一名画家，是从画家的角度去看桥，是在说它美的原因，所以我觉得这是一篇说明文。

崔艳霞：这个单元的第一篇文章是《中国石拱桥》，第二篇就是《桥之美》。这篇《桥之美》的语言非常优美，感觉不是那种特别标准的说明文的语言。后来查阅了一些资料，发现这是说明性的小品文。

王漫：如果我认为它是一篇散文，你怎么反驳我？

崔艳霞：散文的最大特点是形散而神不散，请您告诉我，这篇文章的"神"在哪里？

王漫：谢谢崔艳霞老师。我觉得我们的对话非常有趣，你的回答完完全全在我的意料之中。我做过很多次调查，如果问散文的最大特征是什么，但凡受过中等教育的人，肯定张口就是"形散而神不散"这几个字。当今学术界认为"形散而神不散"的说法已经不足以揭示散文真正的本质。只是老师们对这个说法太熟悉了，还习惯用它来概括散文的特征。那么如果不用这个说法去揭示散文的特征，更好的概括应该是什么呢？我提出来的是"贵在有我"。郁达夫曾说，现代散文最大的特征是每篇散文里作者的个性比以往都来得强。两位老师，我记得你们在课堂上跟同学们讨论的时候，经常提到"在作者眼里"怎么样，我想散文表达了作者对生活的独特发现和感悟，不同的作者有不同的发现和感悟。这是一篇艺术家写的美学小品文，是他个人的发现，我更愿意把《桥之美》看作一篇散文。这是我的个人看法，不是什么定论，也许李老师（李卫东）有不同的视角。

李卫东：是的，我有不同意见。我觉得这篇文章不是散文，我总体上将它定位为实用性文本。为什么呢？一个建筑学的观点，一个关于美的观点，都可以拿出来发表，表述"我"的意见，这也是"有我"，但是这个"有我"不是一种情的辨析，而是基于不同的视角得出不同的结论。我认为《桥之美》更像一篇社科论文。如果是散文的话，刚才王老师（王漫）说了"贵在有我"，散文的那种"有我"，更多的是一种审美的变形，一种情感的迁移，眼中的物、眼中的景实际上都被情所牵引而发生了变形。但《桥之美》并未发生审美变形。刚才崔艳霞老师说这是一篇科学性的小品文，可以这样解释。但是这篇小品文，它说明的对象是社会科学，在观点上具有主观判断性，是价值判断，不是纯粹的事实判断。所以我个人认为《桥之美》是一篇社科性的小论文，总体上属于实用文。从社科小论文的角度来看，我觉得第二节课教学内容的选择更为合宜。听听王漫老师的意见。

王漫：我非常理解李卫东老师的意见，这一问题争鸣告一段落。现在继续我们的探讨，咱们退一步，就把它看成说明文，我想更值得思考的是说明文该教什么，这是我们递进的话题。我们先整体梳理一下这两节课核心的教学内容，第一节课显然是在语言……

李卫东：我想插一句，第一节课有一个副标题“品析语言”，如果把《桥之美》定位为说明文或小品文，用“品析”这个词似乎有点重了，定位有些偏。我刚才为什么问同学们哪点不太理解，坦诚地讲，我没读过这篇课文，这次听课是初读，发觉“读懂”都成问题，如第3自然段、第4自然段各有几层意思，第3自然段最后一个句子引领了几段的内容，对此我还把握不准。我觉得“读懂”是教这篇文章的主要目标之一，好多句子和段落首先要让学生读懂，应该将教学重点定位在“理解”的层次。允许不允许赏析呢？我觉得是可以的，但将整节课的教学重心放在赏析，就有所偏颇了。崔艳霞老师这节课，内容理解上的难点好像被遮蔽了，有些难点没触及。

王漫：李老师（李卫东）的发言说出了一些我的想法，即说明文该教什么，是不是按我们以前熟悉的教法找出说明对象，明确其特征，辨认说明方法，理清说明顺序，然后体会说明语言的准确性……课标对说明性文章辨别说明方法、梳理说明顺序、体会语言的准确性的阅读要求，教学中可以涉及。但是据课标提示，说明性文章的核心教学内容是获取信息，这就是李老师（李卫东）刚才所说的——这篇文章能读懂吗？《桥之美》的信息量很大，说到了作者很多的观点与美学判断。这么密集的信息，学生真的都读懂了吗，真的把其中的层次、关系都看明白了吗？这也是我刚才问一个同学的问题，我说第4自然段为什么写那两座孔桥。两位老师都帮同学总结了第4自然段写到的几种桥，我就想问，这座孔桥是跟上文有关系，还是跟下文有关系？前面一句说人们“珍视长桥之美”，怎么下面突然开始说两座孔桥呢？其实说孔桥还是在说长桥，因为长桥一般有很多孔，孔越多估计桥越长，它是用这两座著名的孔桥来说明这种人们创造的富有变化的长桥在苍茫的湖水间带给人的感受。我是这么理解的，您说对吗？

李卫东：我补充一下，是“史诗性”的。你别看这两座桥的桥孔不是太多，长桥也不是无限长，但是走过这些桥就是穿过一段历史，具有史诗性。实际上这里有现在和历史之间的穿越，有一种历史的沧桑感。这是一种大的背景，从点、线、面的角度引出一种历史的概念。从历史的角度来看这里的点、线、面，是一种古老、沧桑的美。

王漫：我同意。概括第三个画面水面长桥的时候，老师概括的是动和静，其实这里面有一种单纯和繁复、自然与人文的关系。苍茫云水是自然景观，桥是人文景观。最后一个画面“风雨廊桥”，我忘了崔艳霞老师是怎么概括的了。

李卫东：急和缓。

王漫：其实能不能用人物和山水来概括呢？如果是一幅画，飞瀑、激流是自然山水，而桥上是要站人的，或许可以用“人物与山水”的关系来概括最后一个画面。

李卫东：为什么我总体上更欣赏第二节课呢？因为这节课是在引领学生读懂文章。课堂伊始，基于前测，基于学情分析，了解学生需求，突破难点，凸显主问题：作者认为这些桥都美吗？尤其聚焦于课文第 4 至第 6 自然段，直奔难点，直接、明确。引导学生理解作者对钱塘江大桥的态度和判断，这个方向是对的，这是阅读理解的难点，但不要过度阐释。读者能推断出的信息是什么呢？吴冠中想找到大桥点、线、面配合的美，但是没找到，仅此而已。我们不能说吴冠中否定了长江大桥。韩文英老师这节课，后半堂课做了几个练习，学生基本上都懂了。课堂上韩文英老师对第 4 自然段的处理是比较细致的，设计了多种形式的练习，让学生抠字眼，提取信息，难点突破得一点也不含糊。但是“语言格式二”和“语言格式三”的练习层次有点浅了，知识的含量和能力的挑战都有点浅显。

王漫：两位老师设计的表格、填空都是教师精心设计的学习支架，引领学生按照特定的方法、路径去学。第二节课，我比较欣赏韩文英老师刚开始的那个设计。通过表格，学生对比第 4 自然段所写的四座桥。这个对比的表格帮助学生获得一种整体的把握，清晰地凸显了对比点。但是，这样的练习可否加大思维训练的含量。比如说，上第二节课时韩文英老师直接告诉学生第 4 自然段四座桥的名称。对此，或许可以改变一下教学方法，先问同学们这一段写了几种桥，写了几个画面，这是一种直接问，是帮学生提取信息。或者就用这个表格，空出几个桥的名称，让学生填，加大思维训练的含量。再回到第一节课，崔艳霞老师也是精心设计了语言格式。我觉得她的意图很好，是让学生学会语言赏析的方法，但是否过于强调修辞方法的辨认了？无论教文学作品还是非文学性作品，凡是涉及品味语言、分析语言，老师首先想到修辞手法这个最容易的抓手，哪怕是教《大自然的语言》这样规范的说明文也是这样。这样处理可能会给学生的思维带来某种限制，也就是说在涉及语言品味的时候，学生容易习惯性地去辨认修辞格，很容易说套话。我把这个现象提出来，希望老师们在引导学生品味语言时不要过度模式化、简单化。

李卫东：我同意王漫老师的判断。崔艳霞老师这节课是经过精心设计的。考虑到同课异构，崔艳霞老师可能想和韩文英老师拉开一点距离，所以将教学内容定位为语言，但定位产生了一点偏差。阅读教学教什么比较合理，有两个比较重要的考量依据：一是文章体式，确定了文章体式，才能设计活动，教学内容的科学性才能得到保证；二是学情，一定要了解学生的学习状况。课堂前测和后测是把握学情的重要手段，但不是每节课必须有，把它定格了，就模式化了、僵化了。也可通过让学生预习、自主阅读，了解学生能掌握哪些内容，对哪些内容懵懵懂懂，哪些地方希望和老师沟通探讨。这篇课文，我初读一遍，觉得它和一般的说明文不太一样，不像《中国石拱桥》那样浅显易懂，而是读起来有点疙疙瘩瘩的，甚至有点读长篇论文的感觉。文章《桥之美》是一个交叉文体、边缘文体。学生阅读这样的文章还是有一定的困难。怎么样分析学情、把握学情、有针对性地实施教学，还需教师们给予持续的关注和研究。

北京市大兴区一名老师：我在教说明文的时候也是有困惑的，听了您的点拨后，有茅塞顿开的感觉。对于说明文该教什么，您刚才说到了一点，要读懂信息。我想请教两位老师，对于说明文，除了要让学生读懂信息，我们还可以让学生做些什么？或者我们通过引导学生阅读说明文，提升学生哪些方面的能力？

李卫东：一般性的说明文，可以分析它的说明方法、说明顺序。要是科学小品文的话，就要分析它怎么把科学性和文学性融合起来、采用了什么表达方法，除了了解信息、读懂信息，有时还可以品析它的语言形式。还要让学生获得一种科学精神、科学态度。另外，还可以迁移拓展，让学生利用获得的信息解决现实生活中的问题，学以致用，在新情境中完成新任务。

北京市门头沟区一名教师：学习说明文，让学生了解说明文的语言时，是不是也该引导学生品析一下语言？比如《苏州园林》，它的语言是很有特点的。您是不是不提倡教说明文时品析语言？

李卫东：不是这个意思。"品析"这个词要看用在哪里，还是要看文章体式。文学性作品的语言更适合品析。《苏州园林》实际上也属于特殊文体，它本是一篇序，带有比较浓郁的感情色彩，我们把它当作说明文来教了。有些说明文带有一些文学色彩，可以品析其语言，但是要注意把握度，不宜完全采用文学语言赏析的方法。

王漫：我接着李卫东老师说。感谢这位老师的问题。说明文教什么？李老师（李卫东）的意思是文学性作品的阅读姿态是鉴赏，而实用性文章的阅读姿态是信息式阅读。写得生动一点的说明文，也可以去分析它的语言，但是和纯粹的文学鉴赏不一样。欣赏生动的说明文绝对不能为欣赏而欣赏，要为理解特定的说明对象服务。比如这篇文章的第 4 自然段，"强劲的大弧线"，一般人说弧线都是柔和的线条，这里为什么用"强劲"？是为了凸显它和芦苇的对比，给人一种力量的感觉。文章举了哪些例子？为什么要举这么多例子，能不能删掉一些，能不能换换顺序，能不能合并？这样教也是在教说明方法，但又和读懂信息联系起来了，而不是简单地辨认说明方法。

张增芬：我想给台上的两位老师提一个难题。如果两位老师领了这次同课异构的任务，又会怎样设计你们的教学呢？我想给在座的老师提几个关于文本的问题。第 5 自然段写的是不是都是画中桥？对于第 4 自然段，老师们概括的内容并不是一样的，第一位老师概括的是石桥，都是石桥吗？第 7 自然段写鹊桥是什么用意呢？还有第 2 自然段，对比形式美，是不是源于多种多样的形式作用？我觉得都是源于作者的独特的审美感受。

李卫东：它就是一个美学判断，是从画家的视角做出的判断，类似于对形式美的一种判断。这篇课文的说明对象是美学现象。这位老师刚才给我们出了一个难题。如果我来教，可能就把您刚刚提出的问题当作课堂的主要问题，与学生讨论，让学生预习、提问题，整理、筛选、提炼学生所提问题，将其转化为教学问题。比如鹊桥美不美，就让学生用吴冠中的观点来回答，这也是一种迁移。那是放在前面还是后面讨论呢？我倾向于放在后面，因为这是一种拓展、迁移。还可以做资源链接，链接吴冠中的其他美学论文，设置更为复杂的情境，让学生运用信息去解决新问题。

王漫：简单说说我的设计思路。核心理念就是通过这篇文章训练学生提取和整合信息的能力。我现在初步判断八年级学生在读这篇文章时会断章取义。这节课的主问题就一个：桥之美，美在哪？若要他们回答这个主问题，他们的答案肯定是支离破碎的。比如看到形式美就说美在形式，看到结构美就说美在结构，还不能准确全面地找出信息。基于这样的学情预判，我会做一个调查，了解学生自己预习的时候是不是就找到这句话了，如果没有，找到的是什么，课堂上老师是怎么帮你找到的。为了改变学生的思维状态，我会把主问题分解，引领学生继续做文本细读。第一，先找一找这篇课文里都写了哪些桥；第二，细读第 4、第 5 自然段，思考第 4 和第 5 自然段分别描写了几幅画面，第 3、第 4 自然段和第 5 自然段的顺序能不能调换，文章举了这么多例子能不能删减；第三，和《中国石拱桥》做比较阅读。在将这个比较放在后面还是放在前面这一问题上，我有点犹豫。如果我对这个班的学情了解得更好的话，也许我会把它放在前面，一开始就让学生探究两者“美”的不一样之处。

李卫东：我再稍微补充一下。我刚才为什么要那么设计呢？这篇课文有它的独特性，有太多的语言难点，而这些语言难点是信息，是信息块，读不懂的信息块是学生在阅读中化解不掉的信息块。化解不掉的信息块比比皆是的时候，干脆就选取几个主要问题、疑难段落，引领学生去阅读和辨析，把所有的问题串起来。总而言之，还是要根据文本特点和学生的具体学情做出判断。

刘春：这次活动有两美，一是平实之美，二是真实之美。上课的两位老师没有花哨的东西，而是开门见山，直奔主题。老师和学生之间的交流也让我们感到很平实，是常态化的课堂情景。台上专家和老师之间，老师和老师之间的碰撞，不是带着硝烟的、带着火药味的，而是那么的平和和自然，让我们感到非常容易接近。这种平实之美使我很感动。说实话，我们这两位老师真是下了很大的功夫。第一位老师拿出了自己对课文的改编成果，然后让学生通过比较分析改编成果和课文，说出课文的特点。第二位老师也是很用心的，特别是她从文章的倒数第 2 自然段入手，用一个问句让学生把结构梳理清楚了，这是老师深入研究之后的结果。我和学生一样没读过这篇文章，所以我更容易接受哪种教学方法呢？是第二种。刚才提到一个教法的问题，还有对篇章内容的理解和把握，给我特别深刻的启示就是，作为教者，我们要更深入地研究教材，才能更好地组织教学。另外，作为教研员怎样搞好教研活动，这就涉及真实之美。这次教研活动是基于学生学情的教学，教研主题特别鲜明，进行的是真教研，把学生带入我们的教学研讨当中来，让学生来评价教学，评价老师，这才是最根本的。

杨秀治（北京教育学院）：谢谢老师们，今天下午整个活动我特别开心。整个活动从头到尾有人格的彰显，也有思维的历练，更有对教学的具体研讨。当我们真正地让学生动起来，让课堂活起来的时候，我们的学生就会有切实的收获。

第三节 《绿色蝈蝈》课堂评析

2013年11月，在北京大学中学语文“国培计划”的培训班上，我播放了北京市第四中学两位青年教师执教《绿色蝈蝈》的录像。观摩录像后，我与学员围绕“阅读教学教学内容的确定和教学策略的选择”展开了互动讨论。

一、两位教师的教学设计

表1–1 教学简案一

课题		《绿色蝈蝈》	
目标		1.体会文本语言的生动性、形象性 2.感受法布尔的文字背后对生命的敬畏与热爱之情	
重点		体会文本语言的生动性、形象性	
难点		感受法布尔的文字背后对生命的敬畏与热爱之情	
过程	教师活动	学生活动	目的意图
	导入	倾听、回答	温故而知新
	比较两段文字，说明法布尔的语言特点	朗读、体味	引导学生关注法布尔的语言特点
	组织与简单引导	四人一小组鉴赏、交流法布尔的语言之美，并从蝈蝈的特点和作者的情感这两个角度进行简单解说	体会法布尔的语言之生动性、形象性，并体会作者对蝈蝈投注的情感
	引导学生认识法布尔把蝈蝈写得如此生动的深层原因	思考，回答	感受法布尔的文字背后对生命的敬畏与热爱之情
	倾听	活动展示：一人饰演法布尔，两人饰演中国科学青年，一人旁白，以对话的形式呈现法布尔追寻科学真理、敬畏与热爱生命的一生	学生通过自己搜集材料去了解法布尔，和其他同学分享自己对法布尔的人文情怀的理解
	倾听、帮助完善	课堂练习：为《蚂蚁兵团》配法布尔风格的解说词	将学习法布尔语言的成果运用到实践中
	作业	假设不是沈复，而是法布尔看到了“癞蛤蟆吞吃小虫”的情景，他会怎么写？请改写《幼时记趣》第3自然段	继续将学习法布尔语言的成果运用到实践中

表1-2　教学简案二

课题		《绿色蝈蝈》	
目标		1.探究文本表述和研究方法的科学性 2.体会法布尔以善良之心描绘昆虫之美，探寻科学之真	
重点		回归课文，揣摩词句，体会文本表述的科学性	
难点		探究蝈蝈食性研究过程的科学性	
过程	教师活动	学生活动	目的意图
	抛出疑问导入	认真阅读课文思考	引发对课文描写是否具有科学性的争议
	出示证据一 对绿色蝈蝈的科学描述	查找课文中对蝈蝈外形描写的语句，进行反驳	发现描述语言的科学性
	出示证据二 对声音的科学描述	查找课文中对声音描写的语句，进行反驳	进一步体会描述语言的科学性
	出示证据三 用词的对比表	查找课文中相关描写，进行反驳	体会用词的科学性和严谨性
	教师补充	学生总结	体会文学性描述中的科学性
	出示同时代研究图片，再次抛出疑问引起争论	阅读相关段落，概括文中蝈蝈食性研究的方法	分析归纳食性研究方法的科学性
	教师补充	学生总结	体会超越其时代的求真的科学研究方法
	展示《微观世界》精彩片段	欣赏	感受法布尔笔下的美丽的昆虫世界
	联系法布尔生平际遇，总结其科学精神	倾听思考	体会法布尔以善良之心描绘昆虫之美，探寻科学之真
	作业	四人一组，任选一种校园内的昆虫进行观察描写，撰写《北京四中昆虫记》，作为校刊副刊，结集出版	

二、录像观摩后的讨论

学员分成八个组进行讨论，然后每组推荐一名学员做汇报。

学员 1：首先从教学内容选择这个方面来看，两节课各有侧重点。第一节课把教学目标放在了描述方面，让学生去感受文本的语言——生动、优美、讲究的语言；第二节课把教学内容确定在科学性上。李卫东老师提出要综合考量教学内容的价值所在。指导七年级学生阅读这样的科学小品文，抓住语言这个方向应该说是没错的。但是怎么紧扣科学小品文本身的特点来实施教学？是抓住描写还是生动的语言？课文的特点在哪里？对此，教师的思路还不够清晰。第二节课，我们认为这位老师比较机智，为什么呢？因为她用激发学生兴趣的方式促使其思考。别人都说《昆虫记》是公认的科学著作，但她并不这么认为，而且有几个证据。教师这样激发疑问，就激起了学生探究文本的好奇心，这是非常好的。但是第二节课连续的设问，也显得有点单调。相对于第一节课教师表现出很强的亲和力，第二位老师的语气和表情都非常理性，过于凸显严肃认真的科学性，可能会让七年级的学生对阅读科学类文章失去兴趣。科学小品文，它的理趣和情趣都值得关注。

学员2：首先肯定两位年轻老师，她们在课堂教学环节的设计中都力图创新，两节课的教学流程都有一些别开生面的处理方式。第二节课用质疑科学性来导入，在思维上给学生带来的震动应该是比较大的，为这一堂课接下来要展开的教学活动打下了很好的基础。第一节课的老师有点像导演，她的环节设计让学生把预先准备好的东西一一呈现出来。这节课的教学目标是让学生品味语言的特色，但很可惜，课堂很热闹，却没怎么接触文本。第二位老师像在教科学课，她将“课文描写是否具有科学性”这一问题抛出来以后，没有走到对语言特色的探究上去，而是走向了实验方法、科学方法，由观察、思考、推测再到实验，然后下结论，这是一个做科学研究的过程，而非一个语言特色的发现过程。两位老师布置的作业要求和标准太高了，如第一节课的作业，看完视频以后要用像法布尔一样的语言来配解说词，学生是难以做到的。第二节课的作业显得更难，撰写《北京四中昆虫记》，可能北京的同学会比较容易完成这项作业，但其他地区的同学未必有条件完成这项作业。

学员3：这两节课都有自己的特点，两位老师也很有自己的个性，第一节课的老师热情洋溢，第二节课的老师冷静理性，都给我们留下了深刻的印象。两节课一动一静：第一节课，学生参与不同形式的活动，包括不同形式的朗读，有齐读、接读等；第二节课很静，让学生静静地思考，虽然很静，但是学生的心是热的，因为他们有发现，有自己的思考。我更欣赏第二节课。第二节课可以讲是步步为营，从比较语言到比较研究方法，让学生了解了《昆虫记》的特点，了解了科普作品的特点。对第二节课的建议是，不仅要突出文章的科学性，还要多关注一下语言的特色。

学员 4：两节课都想将教学落实到语言文字运用上，从两节课布置的作业也可看出，这一点很好，但是在怎么落实这个问题上，两节课都还有需要改进的地方。我觉得语文课应该上得更简单一点，如果就把做好作业作为我们这一节课的目标，那么如何让学生更好地完成作业，就不会成为一项难做的任务。课前有那么多时间，为什么不为这项难做的作业（任务）多提供些支架呢？这是第一点，即目标、内容更简单一点。第二点，法布尔的这篇科学小品文写得非常生动有趣，语文课也应该让学生学得更有趣一点。科学小品文最突出的特点恰恰是把科学性转换成一般人容易读懂的那种普及性，这两节课都关注到了这一点，但是还不是非常明确。怎么让语文课更有趣一点？第一节课在这方面比较用心，但是什么都展示，结果反而没能使这个"有趣"更明显。第三点，语文课怎样上才能够上得更科学一点，语文课一定要上成语文课。第二节课刚开始时还有"语文味"，但到了第二个、第三个环节，已经上成科学课或者是生物课，而且从科学的角度而言，是不科学的"科学课"。真正的科学研究结论应该是用科学的准确的语言总结的结论，而不能用科学小品文的语言来表述。所以说语文的科学性在哪里，我觉得需要思考。归纳一下我讲的三个"一点"：简单一点，有趣一点，再科学一点。

学员 5：几位老师讨论得比较激烈，梳理下来还是两个问题。第一个问题，语文课教什么——教学内容的界定和框定；第二个问题，怎么教——用什么方法、什么策略。第一节课在教学内容的问题上，同时倾重于读和写，对教学内容的界定、"教什么"的适宜性，还是把握得比较好的。但是第一节课在"怎么教"这一点上处理得不太好，追溯其原因，是这位年轻教师在"教学评价"这一点做得不到位。学生在课堂上生成的教学资源，教师要抓住它，及时地、准确有效地、具体地做出评价，从而使整个课程向前推动，而不是由老师一个人把教学环节一个一个往前推。第二节课呢，把这篇科学小品文当成说明文来教，在内容的框定上做得比较好。第一是着重把握说明对象的特征，且落实得比较到位；第二是引导学生品味语言，把握说明文的语言特色。另外，前面几位老师也谈到了，第二位老师在"怎么教"这点上，把自己当成一个靶子，让学生来攻击，采用激趣的方法引起学生的探索兴趣，用任务来驱动学生不断地感知、阅读课文，这是一种教学的机智和策略。所以从“教什么”和“怎么教”，以及最后的教学效果来看，我们更欣赏第二堂课。另外，我还注意到一个问题，就是这两位老师都充分肯定法布尔的科学研究方法——观察，而否定了“解剖”“标本”等。其实教师应该培养学生的辩证思维，而不是为了教一篇课文就把一种研究方法捧到天上，而忽略其他方法。至于两位教师的教学或热情洋溢，或凝重严谨，这是教师的教学风格和个人素养的差异问题。

学员 6：前面的同仁都说到这两节课的教学内容，实际上这两节课的教学内容大致相同，都是鉴赏语言。第一节课的老师交代了一下，之前的第一课时聚焦说明对象的特点，这次第二课时的教学目标是鉴赏评析文章的语言，这节课内容的确定和课堂环节的推进是吻合的，但是预设的痕迹比较明显，设计的学生活动有些多且落实不够。第二节课呢，教师强调的是语言的科学性，忽视了文学性，这是教学内容值得斟酌的一个方面。第二节课的教学策略确实不错，步步为营，层层推进，但也有教师过度控制的嫌疑。

学员 7：先说第一节课，这节课有三个教学目标：第一个目标是培养学生热爱科学的精神；第二个目标是再现文本的情境，品味文章活泼生动的文学语言；第三个目标是学会使用法布尔式的文学语言。三个目标的设定大体上是合理的，但是没有很好地达成。先说第一个目标，“学生热爱科学的精神”是通过什么方式来达成的？是通过拓展延伸“法布尔与中国”这则材料，让同学用些简单的动作来表演，这是不是一个教学误区？第三个目标是活用法布尔式的语言，这个要求太高了，如果要学以致用，是否搭个台阶，降低难度。第二节课，整体来说设计思路很灵活，我觉得前面两个环节非常好，但是到了第三个环节探讨法布尔的研究方法，引导学生讨论怎么样进行科学研究，实际上就走偏了，就成了科学课。

学员 8：第一点，语言评析不应该和阅读过程分割开来。第二点，这篇课文是科学小品文，要科学，同时要生动，因此语言一方面是文学性的，一方面要讲究准确性。两节课，一节重在文学，一节重在准确，都不全面。第三点，第一节课很多环节都不是在阅读，而是过多地关注文本之外的东西；第二节课讨论科学研究方法，偏离了文本作者行文的目的。

李卫东：今天下午的讲座，我的意图大家可能看出来了，我差不多是在上一节互动的讨论课。刚才各组老师发表意见的时候，我都在黑板上写了一些要点，下面我就围绕这些要点来谈谈看法。从教学内容的确定上来看，这两节课都想从语言的角度入手，让学生把握法布尔语言的风格，以及科学小品文的语言特点，也就是说老师想教与一般说明文的语言不太一致的地方。第一节课更多地侧重了生动性，第二节课更多地关注生动性背后的科学性。"想教的"和"实际所教的"一致吗？应该说，这两节课不同程度地出现了"想教的"与"实际所教的"不一致的情形。第一节课似乎过于偏重生动性，让学生以诺贝尔文学奖评审委员会委员的视角，找出文章里面展示语言之生动、思考之敏捷的句子，于是学生就只关注语言如何生动形象，这样是否合适呢？上课老师有交代第一课时侧重处理了科学性，这是第二课时，偏重文学性。但是两者能简单切割开吗？两者的关系应该是一而二、二而一的关系，机械切割并不妥当。也就是说，可以从艺术性、文学性的角度切入，但是切入进去，一定要让学生认识到这是一篇科学小品文，其艺术性与科学性是整体融合的，与散文、小说等纯文学性作品是不一样的。文学性作品的文学性是其生命，可以不讲科学性，或者说不用太多地去关注科学性，对不对？文学作品可以"不讲理"，而是借客观的事物进行审美的变形、夸张，传达一定的艺术情趣和思想意境等。所以说第一节课有点向文学作品"跑偏"，"想教的"和"实际所教的"发生了一点偏离。再看第二节课，教师以自己为靶子，供同学批驳。教师质疑"这部科学著作不科学"，并提出三个证据，引发学生三层辩驳。前两层辩驳集中在"外形描述、声音描述的用词是否科学"，效果很好。第三层辩驳引发了科学研究范式的讨论，教师引入很多资料，包括"标本法研究"等，课堂在这里发生了一点偏移，"想教的"和"实际所教的"不一致了。在刚才的讨论中，就有老师质疑这是上语文课还是上科学课。即便是讨论科学研究方法和研究范式，这里也出现了一个问题，就是不能把一种研究范式捧到天上去，而把另一种范式踩到脚底下。我们现在的科学研究和实验不是还有"标本"吗？在遵循必要的研究伦理的前提下，控制变量进行科学实验、展开标本研究等，也是一种很重要的研究范式，对吧？我们不能说法布尔的自然观察法是好的，就否定其他的研究范式。课堂上为什么会产生这种非此即彼的讨论情形呢？我个人以为与“预设”和“控制”有关。课堂不应该预设、牵引太多，要多一些动态生成。实际上不少老师包括我本人，有时候无形当中还是落入那个窠臼里，会当导演，会控制，且总是过于急促，想把课前预设的东西都告诉学生。第二节课《绿色蝈蝈》下课后，学生肯定学聪明了，下一节课老师再给他们设“陷阱”，当反面角色，学生会认为老师又请君入瓮了，肯定不再上当，就会刻意往老师意见的反面想。我认为，课堂上应少一些“非此即彼”，教师不要过早地、有倾向性地介入，要让课堂成为学生的发现之旅。前几天我参加某个版本的语文教材的编写工作，讨论到《从百草园到三味书屋》的一道练习题：三味书屋虽然在作者眼里是全城最严厉的私塾，但是在作者的笔下却写得那样的有趣和生动，请你找一找这篇文章里有哪些场景写得有趣和生动。在讨论的时候我就提出一点意见，编制练习题时尽量不抛出结论，不能仅仅让学生去印证你的结论，可以向学生提问题，但不要把结论性的东西呈现出来。三味书屋怎么就是有趣的呢？有的同学读了文章之后可能就觉得百草园好，而认为三味书屋写得无趣，且能自圆其说。我们直接说三味书屋“有趣”，是不是就把学生的思维给框住了？课堂需不需要控制？需要。比如说今天我和大家一块讨论，我也需要控制，如果没有控制，只是让大家讨论，你们肯定不满意。适当的控制是可以的，但控制不是凌驾，不是堵塞。控制是一个中性词，本身无所谓好坏，但是当课堂控制过度的时候，教学效果就会走向反面。

我再补充一点，选择和确定语文教学内容，一个很重要的依据就是文章体式。这篇科学小品文和一般的说明文不一样，和散文也不一样。如果第一节课把《绿色蝈蝈》和作家流沙河的诗歌《就是那一只蟋蟀》或以“蝈蝈”为题的散文做比较阅读，是不是就会生成更为合宜的教学内容。日常教学中要培养学生的文体感，越精细越好，不应只停留在记叙文、议论文、说明文，也不只是小说、散文、诗歌和戏剧应该精细化。这个精细化不是搞烦琐哲学，不是抠概念、名词、术语，而是要让学生在长期的阅读过程当中，养成对文体的敏锐感知力。学生如果拿到法布尔这篇《绿色蝈蝈》，不用老师说，就知道这是一篇科学小品文，与茅以升的《中国石拱桥》写法不一样，与在科学画报上阅读的科技作品不一样，那么学生的文体感知力就达到了比较好的水平，阅读时采取的策略就会比较得当。从这一点上看，两位老师在把握文章体式、选择教学内容上，都有合理的成分，但是同时又各有偏差，导致了“想教的”和“实际所教的”有所偏离。

李卫东：刚才我侧重从教学内容角度对这两节课做了一个评述，下面结合刚才老师们提到的一些概念，集中谈谈教学策略。两节课学生的活动都比较多，但是学生在课堂上的发言、现场完成的书面作业，怎样才能成为教学资源，实现效益的最大化呢？需要展示，需要交流，需要评议，需要老师的追问和评析。两节课在这一方面还可以做得更好一点。

再看这个概念——激趣，实际上我更想换另一个词——矛盾激疑。第二节课，老师的“我认为这部科学著作不科学”就是矛盾激疑，是一个引发学生探究兴致的好问题。一个好问题就支撑起一个好课堂，好问题应该贴近文本的体式和特点，应该确定在学生认识的兴奋点、困惑点、盲点上。

再谈谈作业布置的问题。这两节课的课后作业，设计都有创意。第一节课的作业，老师竟然联想到沈复的《幼时记趣》，不得不赞叹老师的奇思妙想。用法布尔式的语言改写“二虫斗草间”，有其可行性，“二虫斗草间”与《绿色蝈蝈》在内容上有关联，在情趣上也有相通之处。当然也正如有的老师所言，这个任务有难度。学生要完成这个作业，要实现几层转换——文言和白话的转换、科学和文学的转换、中国和外国的转换等，可以考虑搭点台阶、降低点难度，学生在实现转换的过程中，各有发挥，各有表现，各有收获即可。比如，能以平等的口吻和平视的视角介绍和叙述，就算成功实现了转换，不要求全责备。第二节课布置的作业，也是好作业。刚才有的老师质疑，写校园的昆虫记是不是脱离语文了？我想，我们强调语文的“语文味”也不要走向极端，不要走向狭隘的学科本位。写昆虫记要观察，要表达，要和生物等学科打通，这是综合性的、实践性的语文学习，可能过于理想了一点，但其方向难道有问题吗？我们是不是还要保持必要的理想主义色彩，葆有语文的情怀和诗意。我想借此指出另一个问题：有些教师在公开课上布置的作业，仅仅是为了公开课而布置的，至于学生课后有没有完成，完成得怎么样，没有过问，没有反馈，甚至再也不提及。老师们明白我说的意思了吗？我想说两点意思：一是作业的内容和形式应多样化一点，提倡布置点长作业，提倡有创意的作业，而不仅仅是机械的填空式的阅读题；二是要有反馈和交流，而不是布置了事。作业也是语文教学的一面镜子，什么样的作业就折射出什么样的语文教学观。

第二章　教材文本、教师文本与学生文本

帕克·帕尔默在《教学勇气：漫步教师心灵》一书中说："好的老师具有联合能力。他们能够将自己、所教学科和他们的学生编织成复杂的联系网，以便学生能够学会去编织一个他们自己的世界。"[1]好的语文老师所具有的联合能力，就是把教师、语文、学生编织在一起，帮助学生编织他们自己的语文世界。就阅读教学而言，语文教师的联合能力体现在对三种形态的文本的整合融通：教材形态的文本（体现编者意图）、学生视野的文本（学生的原初理解）、教师理解的文本（教师直接解读、资料助读后的理解）。理想的阅读课堂，就是教材文本、学生文本、教师文本视野融合的过程。

如何整合融通三种形态的文本？首要的是做到四个倾听。

倾听文本的声音。即教者如何以一个成熟阅读者的角度直面文本，发现有价值的"语文"内容。从语文学科的角度解读文本，就是要看哪些教学知识、教学内容是有价值的，是有语文含量的。对于一篇文章，不从语文学科的角度确定其有语文含量的东西，教师教了一

[1] 帕尔默.教学勇气：漫步教师心灵[M].吴国珍，等译.上海：华东师范大学出版社，2005：11.

节课的东西可能是非语文的东西，或是语文元素非常少的东西；师生讨论了一节课，这节课可能是泛语文的、泛人文的，是大学的人文思想课、人文教育课，是中学的班会课、政治课、历史课。这样的例子在新课程改革初期出现得比较多，现在比较少了，但是这种倾向完全绝迹了吗？还没有。在一些语文课堂上，语文因素时不时地就被稀释掉了。从语文学科的角度来解读教材，首先要“裸读”。裸读就是把所有教学资料先悬置起来，包括自己以前读这篇文章的“先见”也搁在一边，不带任何先见地直面文本。直面文本，就是去捕捉阅读的第一感觉，发现文本中有语文含量、“语文味”的，富含语文元素的东西。

倾听学者的声音。吸纳学术界，包括语言学界、阅读学界、文艺学界、写作学界等领域成熟的学术成果，尤其是专家学者解读某篇教材的成果。参照名家解读教材文本的相关资料，可以帮助我们甄选、确定教学内容。这里的参读，更多的是随教而读，以教促读。比如说教鲁迅的《故乡》，参阅一些鲁迅研究方面的著作，翻看一下有关章节；在网上输入关键词“故乡”，看看有没有名家解读《故乡》的文章。专家的研究成果一般都是被学术界认可的，他们的学术水准按照常理来说应该不会有大波动，他们对文学作品的解读的可信度应该是比较高的，最重要的是他们的成果代表着学术研究的前沿方向。但吸纳不是照单全收，而应有所选择，有所转化。

倾听编者的声音。即理解教材的编写意图，理解和把握教材的提示、注释、练习等。领会编者的编写意图，并不是照着编者的意图“讲”，而是要“接着讲”，要在理解教材编写意图的基础上，对教材进行再度加工。

倾听学生的声音。即教者要从教育的视角了解学情，基于学情、基于学生的发展需求对教材内容进行甄选。语文学科视角的解读，保证了教学内容的“语文性”，但是否意味着所确立的教学内容就是合宜的？未必。还要倾听学生的声音，要掌握学情。充分掌握了学情，才能保证老师所教的内容教到学生的需求上，不至于捣鼓来捣鼓去，学生对教学内容不产生任何兴趣。有的教学内容学生课前已经熟稔于心了，不用老师教；而恰恰学生感到困惑的、不懂的、需要老师帮助的地方，老师没讲，或者讲得很少、和学生一起讨论得很少。这样就没有教到学生的需求上。

老师呈现给学生的教学内容没有落到学生的“最近发展区”上，教学不就是无效的吗？低效重复的课是调动不起学生的兴趣的。

教师个人独立解读所得和专家的解读意见就一定是适宜的教学内容吗？未必。同样，学生感兴趣、有困惑的内容也未必都可以被选定为教学内容。教学内容的选择需要经过综合考量，是“兼听”中的“混成”，是语文学和教育学视角融合的成果。

第一节　教师、学生与教材的和谐共振：《范进中举》案例述评

以我自己备教《范进中举》为例，做点阐释。

2014年10月，成都的文老师邀请我12月份去成都讲课，课程主题是“文学作品阅读教学操作指南”，邀请特级教师执教小说课、散文课、诗歌课等，探讨“如何统整教学目标、学情、教材等三要素，将文学作品文本加工处理后转化为情境化、问题化、结构化的教学内容”等问题，给我分配的是小说教学。

之所以选择《范进中举》，当然考虑到了教学进度，但更促使我做出这个选择的可能还是孙绍振的那篇文章——《〈范进中举〉的双重喜剧性》。我写作《今天怎样教小说——基于“学科教学知识”的视角》时曾经引用过孙绍振介绍的一则资料：

明末高邮有袁体庵者，神医也。有举子举于乡，喜极发狂，笑不止。求体庵诊之。惊曰：“疾不可为矣！不以旬数矣！子宜亟归，迟恐不及也。若道过镇江，必更求何氏诊之。”遂以一书寄何。其人至镇江而疾已愈，以书致何，何以书示其人，曰：“某公喜极而狂。喜则心窍开张而不可复合，非药石之所能治也。故动以危苦之心，惧之以死，令其忧愁抑郁，则心窍闭。至镇江当已愈矣。”其人见之，北面再拜而去。吁！亦神矣。[1]

孙绍振认为，清朝刘献廷的《广阳杂记》中的这段记载应该就是《范进中举》的原始素材。孙绍振据此分析道：“在《范进中举》中，吴敬梓把袁医生治病的神效法门改为胡屠户的一记耳光。这说明，在医生看来最重要的东西（‘你死定了’的恐吓），在文学家看来是要放弃的。吴敬梓借范进中举这样一个突发的事件，把人物打出常规，让人物本来潜在的情感，得以层层深入地显现，让读者看到，人物似乎变成了另外一个人，而这另外一个人和原来的那个人，恰恰混为一体。精神从表层到深

[1] 李汉秋.儒林外史研究资料[M].上海：上海古籍出版社，1984：170.

层逐渐立体化。”[1]当时我读到这则材料和孙绍振的分析后，眼前一亮，多好的一则素材啊！要是提供给学生，让学生拿来与《范进中举》做比较，探讨小说文体的文学性，这则小说文本的“形式”的独特意味不就能抽丝剥茧般显现出来吗？

孙绍振《〈范进中举〉的双重喜剧性》一文的更为独到之处是对未选入课文的故事尾声的关注：接着又有许多人来送田产、送店房，甚至投身为奴仆，两三个月之间，范进家里不但陈设豪华，而且仆妇成群。他的母亲还以为房子家具是从他人那里借用的，叮嘱家人不要弄坏了。当得知这一切都属于自己之时：

老太太听了，把细磁细碗盏和银镶的杯盘逐件看了一遍，哈哈大笑道：“这都是我的了！”大笑一声，往后便跌倒。忽然痰涌上来，不省人事。

课文不予关注的，孙绍振却能从中挖掘出深刻的东西来：“范母之死，可以说是神来之笔，把喜剧性发挥得淋漓尽致，是范进中举昏迷的高潮之后的又一高潮。这个经典片段因此就具有了双重高潮。难能可贵的是，这双重性，不仅仅是形式上的，而且是意味上的。第一度高潮，是单纯喜剧性的。第二度高潮，带来了一点悲剧的色彩。大喜付出大代价，幸运与代价成正比，使悲剧的死亡，变成可笑。由于悲喜的反差，更加显出喜剧的怪异。”“我国古典悲剧大都受大团圆模式束缚，但是《范进中举》却对这个模式有所突破，悲喜交加，大喜大悲交织。可惜的是，这一点没有得到后来者，包括作家和评论家的充分珍视。”[2]之前阅读《范进中举》，我们可能都忽略了这个尾声，或者注意到了但也认同教材编者的删减。孙绍振执意把被遮蔽掉的尾声捡回来，而且捡回了被遗弃的价值。仔细想一想，有这个尾声的关照和没有这个尾声的关照，《范进中举》这个文本所能触及的思想深度和广度会有质的区别。

孙绍振的《〈范进中举〉的双重喜剧性》给我的启发还有很多，但最能触动我的还是对小说原始素材的发掘和对小说尾声的还原。虽然我为准备成都讲课而再次进行的课文细读没有什么特别的发现，但我在玩味小说文本和咀嚼孙绍振的解读文章的交叉阅读中，对小说文体及《范进

[1] 孙绍振.《范进中举》的双重喜剧性 [J].语文学习，2007（12）：46.
[2] 同 [1] 48.

中举》这个小说文本有了更深一层的把握。

我已经有几年时间不太在外地借班上公开课了。表层的原因是我自2008年始做教研员，研究的重心有所变化，但这并不具有说服力，作为教研员做理论研究并不能脱离课堂教学，应该时常上上公开课，找找感觉；深层的原因在于理念发生了一些变化。近几年，我和工作室的学员一起做课例研究，每学期学员都要上汇报课，我都要求他们在备课过程中做两份扎实的"作业"——细致的文本解读报告和精准的学情分析报告。尤其是做学情分析报告，给自己的学生上课如此，借别人的班上课更应如此。因为只有摸清了学生初步感知学习材料的反应和表现，心里才有底，才好确定教什么和怎么教。钱梦龙老师曾说："有时我借班上课，课前先让学生提出问题（通常要求学生制作问题卡片）。尽管我完全不熟悉学生，但只要一看问题的质量，对怎样教读就已经有了七分的把握。"[1]他三十多年前借班执教《故乡》，该班学生在自读中提出600多个问题。他说："我备课的最后一道工序——确定教读内容及步骤，是在看了学生的问题以后开始的。第一步工作是筛选问题，这几乎是一项披沙拣金的工作，花了我一个多小时的时间。质量不高的问题很多，还有不少重复的，好在问题总数较多，经过淘汰，剩下的问题倒也颇有讨论的价值。第二步工作是按问题的内容和性质排定讨论的顺序，并估计学生讨论时可能出现的情况，初步考虑了应付的办法。"[2]我很赞同钱梦龙老师的做法，通过收集学生问题掌握学情，在很大程度上就规避了借班上课不了解学生的弊端。接下《范进中举》的公开课任务时，我对主办方的要求就是烦请上课班级的语文老师组织学生自读，让同学们提出疑惑不解或者需要深入探讨的问题，收齐问题后转交给我。

讲课前一天晚上到达成都后，我收到了学生的纸条。在我看来，来成都前重读《范进中举》，细读孙绍振的文章及其他资料，是备课的准备阶段，而实质性备课的选择、筹划、调度是从收到学生的问题条之后才开始的。我共收到50个同学的纸条，大多数同学提了两三个问题，问题质量参差不齐，我做了一个初步的分类：

[1][2]钱梦龙.导读的艺术[M].北京：人民教育出版社，1995：163-164.

（1）大而泛的问题。如：作者写这篇小说的目的是什么？全文的线索是什么？文章的主题是什么？这样的问题套在哪篇文章上都可以，这一类学生并不会提问题，语文学习的套路化痕迹较重。

（2）具体而细微的问题。如：胡屠户去找范进，为什么“连斟两碗酒喝了”？“天上的星宿是打不得的……”，这段心理描写的作用是什么？这类问题指向细节，且多聚焦人物的心理、语言等，多探讨“为什么这样写”“这样写有什么作用”。

（3）真而切的问题。如：范进为什么会疯，为什么只有打他一个巴掌才能治好他？胡屠户对范进的态度是怎样变化的？范进最后的结局是令人高兴的还是不高兴的？范进中举是喜剧还是悲剧？这类问题反映了学生阅读中的困惑和纠结，多指向文本的矛盾、裂缝处，牵连着文本深层意蕴。

（4）态度不真诚的问题。如：范进大人一天杀 3 只猪，一年杀多少只猪？一只猪 3 文钱，一年卖多少钱？ 50 个同学的纸条中只有 7 个同学未署名，这是其中一个，问题中透出散漫和轻佻。像这样态度不真诚的同学虽然很少，但反映了一种学风，应予以注意。

经过统计、分类和比较，我决定重点处理第三类问题，原因如下：第三类问题数量最多，是真问题且指向文本最核心的内容；处理好第三类问题，第二类问题一般能迎刃而解；解决第三类问题，顺带也就能对第一类问题做出解答，同时就如何提出有价值的问题给予点拨；第四类问题不具代表性，姑且搁置。且重点解决第三类问题中的两个问题：范进为什么会疯，为什么只有打他一个巴掌才能治好他？范进最后的结局是令人高兴的还是不高兴的，范进中举是喜剧还是悲剧？为什么选这两个问题而不选别的问题呢？因为这两个问题指向了文本最为突出的特性，也是学生阅读文本时最为纠结、困惑之处。不理解范进为什么会疯、为什么要靠打一巴掌才能治好，说明学生对文本的夸张、变形、反讽的文学特性缺少感知，习惯于从实用理性的角度进行解读；对究竟是悲剧还是喜剧的纠结，说明学生难以理解喜剧、悲剧的形式特点和这篇文本的形式意味，这是个有难度的问题，却又是个引领学生最大限度地读出文本价值的好问题。我心里清楚，仅就学生提出的问题进行归因分析，只凭借经验做出判断，可能会与学生思维认知的实际状况有所出入。理想的做法是提供相关任务单和资料，让学生自读文章后，完成任务单并提交；教师批阅任务单，通过分析学生的答题思路，由过程分析来判断学生的思维理解水平，进而选择需要解决的问题，拿出解决问题的方案。但由于借班上课的诸多不便，只好用问题条这种比较粗疏却也算有效的方式了。另外，能从之前解读的资料（如孙绍振的文章）中得到学理的支撑也是选择这两个问题的一个原因。

一篇文章（文本素读、文献助读）加上一份调查（学情分析）孕育出一个教学的预案。这个教学预案并非一个填得密密麻麻的教案，而是一个教学的框架，简单地概括就是几个问题，一个流程，若干资料。内容都呈现在幻灯片上，如下所示。

问题 1：希望讲一讲古时候的科举制度。

资料：

清朝科举制度

- 初级考试
  1. 童试：儒生
  2. 岁试：秀才（县里每年一次）
  3. 科试：取得举人考试的资格（三年一次）
- 正式考试
  1. 乡试：举人（做官的资格，三年一次）
  2. 会试：贡士（次年二月）
  3. 殿试：进士（两月后，直接做官）

问题 2：范进中举后，为什么会疯呢，为什么只有打他一个巴掌才能治好他？

资料（任务）1：

填入两个成语，把对联补充完整。

回忆去岁饥荒，五六七月间，柴米尽枯焦，贫无一寸铁，赊不得，欠不得，虽有近戚远亲，谁肯__________？

侥幸今朝科举，一二三场内，文章皆合适，中了五经魁，名也香，姓也香，不拘张三李四，都来__________。

资料（任务）2：

同样是治疯病，下列素材（有专家认为是“范进中举”的原始素材）与《范进中举》的治愈手段一样吗？文本传达出的东西一样吗？试做比较。

明末高邮有袁体庵者，神医也。有举子举于乡，喜极发狂，笑不止。求体庵诊之。惊曰：“疾不可为矣！不以旬数矣！子宜亟归，迟恐不及也。若道过镇江，必更求何氏诊之。”遂以一书寄何。其人至镇江而疾已愈，以书致何，何以书示其人，曰：“某公喜极而狂。喜则心窍开张而不可复合，非药石之所能治也。故动以危苦之心，惧之以死，令其忧愁抑郁，则心窍闭。至镇江当已愈矣。”其人见之，北面再拜而去。吁！亦神矣。

问题3：范进最后的结局是令人高兴的还是不高兴的？范进中举是喜剧还是悲剧？范进中举的后续如何？

资料（任务）1：

范进中举的故事本还有一个尾声：接着又有许多人来送田产、送店房，甚至投身为奴仆，两三个月之间，范进家里不但陈设豪华，而且仆妇成群。他的母亲还以为房子家具是从他人那里借用的，叮嘱家人不要弄坏了。当得知这一切都属于自己之时：

老太太听了，把细磁细碗盏和银镶的杯盘逐件看了一遍，哈哈大笑道：“这都是我的了！”大笑一声，往后便跌倒。忽然痰涌上来，不省人事。

资料（任务）2：

悲剧是将人生的有价值的东西毁灭给人看，喜剧是将那无价值的撕破给人看！

——鲁迅

为什么这样安排解决问题的进程，三个问题解决的顺序能否调整？显然不能调整，由了解科举背景到分析范进疯癫的原因，到探究小说的现实意义，由浅入深，由简单到复杂，符合学生阅读认知的规律。三个问题形成逻辑关联，渐次展开，是在教学生如何阅读一个文本。如果不把学生提出的问题重新组织，而是随意讨论，就是孤立地解决一个个问题，是碎片化的学习，不利于学生知识能力的整体建构。第一个问题是铺垫性的，做一般性介绍即可。对于第二个问题拟进行开放性讨论，在讨论中引导学生对比分析胡屠户等人前后迥异的态度，把握小说主题。在此基础上，再讨论“为什么只有打他（范进）一个巴掌才能治好他”

这个有难度的问题。化解难点的策略之一就是引入孙绍振提供的原始素材，进行“还原比较”，帮助学生领会小说夸张变形手法的艺术特性。为解决第三个问题，也拟让学生先充分言说，再视时机引入小说原尾声，组织学生讨论：这个尾声删掉好还是不删掉好？事实上，正如孙绍振所分析，有了这个小说尾声，有了范母戏剧性之死，才平添一抹悲的色彩，才构成悲与喜的张力，更加冲击人的心灵，唤起读者的一丝同情，也会促使读者反问：我们的身上有无范进、范母的影子？如果删掉尾声，可能只是强化种种丑态，强化“将那无价值的撕破给人看”，更是一出充满鞭挞、讽刺意味的“喜剧”了。学生对小说的理解一时可能不会深入到孙绍振所说的“双重喜剧”的层次，但通过还原小说尾声，让学生比较辨析，使学生对小说的理解再往前一小步，是我们应持的教学期待。当然，以上都是预案，学生会有怎样的反应，哪些资料会用上，哪些资料用不上，还要在课堂上随机应对。

头天晚上做好预案及幻灯片，已入子夜，有点兴奋，迷迷瞪瞪中睡去。次日醒来，忽然想到：为什么那么多学生不明白范进为什么疯？究竟什么是“疯”？此前读《范进中举》，我自己可从未觉得“疯”是一个问题，学生为什么会觉得“疯”是一个问题？只是开放性地让学生讨论，他们能化解这个疑问吗？于是我想穷究“疯”这个字眼的意味。

网上查阅到的“疯子”的词条内容触发了我的灵感：何不让学生据此线索为范进的“疯病”做一次会诊呢？于是我把词条内容做成幻灯片，并附上一个任务：假设你就是医生，抛除生理遗传因素，请主要从家庭、社会等因素方面诊断范进发疯的病因。为什么想到引入词条的内容呢？不是为了好玩，而是为了帮助学生更好地解决问题：一是提供了解决问题的框架，提示了解决问题的思维路径，从家庭、社会等因素入手，自然就会触及对胡屠户等人前后的对比描写，更关键的是凸显这些对比和反差背后的意味；二是设置了情境，设定了医生的角色和诊断的任务，以情境和任务驱动学生更加主动地去发现和探究。此前设计中让学生一般性地讨论“为什么会疯”，不是不可以，但有些干硬，也容易导致课堂讨论的散乱；对对联的资料，导引的痕迹又过重，在学生探究原因之后再用其来巩固、加深认识，效果更好一些。引入“疯子”的词条内容，为学生提供一个解决问题的支架，更易引发学生的兴致，更能给学生思维方法的启迪。

改毕幻灯片，距离上课还有一个小时，我颇有些兴奋，同时对上好这节课也有了更多的自信。

上课了。引入“疯子”的词条内容，让学生扮演角色完成任务，效果果然不错，课堂讨论不蔓不枝，围绕文本几处精彩的对比描写做了人物心理分析。原始素材的引入也促进了学生的深入思考，在学生还原比较的基础上，我做了点提炼和升华，强调胡屠户的一巴掌是夸张变形的一巴掌，打出了人物心灵深处的丑陋；是文学的一巴掌，极具讽刺的意味和刺穿的力量。课上我一时兴起，还让一个学生在黑板上画出一个巴掌的图形，意在让学生加深对这一文学性巴掌的认知。对悲剧和喜剧的讨论，出现了意料之中的纠缠，同学们的讨论很热烈，有同学从小说的意义的角度认为范进中举是社会的悲剧、人生的悲剧，有同学从夸张、讽刺等艺术表现形式的角度认为这是喜剧。而针对小说原尾声，多数同学认为不应该删去，理由有增强讽刺的力量，小说更有内容表现的广度了，等等。最后借孙绍振的观点，我对这个文本的双重喜剧的特性做了一点阐释。应该说，同学们对于悲喜剧的理解不那么单一了，思考深入了一层。上完课后，在返回北京的航班上，我意犹未尽，随手在报纸上编了一首小诗：

神奇的巴掌

——读《范进中举》

一只粗茧峥嵘的肉掌
混着猪油味，酒精气
凌空抡去
向着老书生嶙峋的脸

乾坤大挪移——
屠户的脸肿胀隆起
菲利普夫妇的脸隆起

奥楚蔑洛夫的脸隆起
鲁镇酒店看客的脸隆起
炸开五色的彩，五色的声

3D 大屏幕——
那手掌冲破屏幕
从清王朝走来
从十八世纪法国走来
从沙皇俄国走来
无限伸长，放大
向着二十一世纪中国语文《范进中举》的课堂
满座皆惊
耳畔生风，凛然作冷

我有一个为所教课文写课本诗的习惯，备课、教课过程中，偶有触发，落笔成句，写作倾吐的过程也是深入阅读理解的过程。有时写在课前，还用到课堂上；有时写在课后，是反刍和进一步的消化。我向来以为，备课不只在课前，也发生在课中，延续到课后。苏霍姆林斯基在《给教师的建议》中曾讲过一个故事，一位有三十年教龄的老历史教师上了一节公开课，很成功。课后，一个青年教师追着这位老历史教师走出教室，好奇地问："老师，这节课上得这么成功，您花了多长时间备的课啊？"那位老历史教师说："我用了终生时间来备这节课，不过现场准备这节课只用了 15 分钟。"这位老历史教师是故弄玄虚吗？不是，他用积累了多年的教学经验做出了真诚的回答。我们语文教师更需以终生备课的态度执业从教，终生与书籍为伴，终生以学生为友，不断累积语文学科知识，累积关于学生的、学情的知识，这样我们的课堂才能充满创造的活力，我们的语文教育生涯才能更加充盈而有意义。

第二节 超越修辞：《济南的冬天》课堂评议

《济南的冬天》是经典篇目，同教此篇课文，张文玲老师定位于“赏雪”，李连静老师定位于“品析词句”。异构“异”在何处？“异”得合理吗？不同的内容取舍符合文本的内在逻辑吗？先看两位老师的教学简案。

张文玲教学简案

一、创设情境，导入新课

同学们，一提到北方的冬天，我们会想到雪，一提到北方的雪天，你们会用哪些成语和诗句来形容？

（大雪纷飞、雪花飞舞……；忽如一夜春风来，千树万树梨花开……）

二、整体感知，梳理特点

1. 大声诵读课文，感受济南冬天的天气特点。（温晴）

2. 文中写了哪些景物来体现济南冬天“温晴”的特点？

（城、山、雪、水……）

三、深入文本，体悟妙处

1.“最妙的是下点小雪呀。”请同学们讨论思考“妙”在哪里。

（妙在色彩映衬，妙在精致，妙在层次，妙在动感，妙在轻盈，妙在希望，妙在娇羞……）

2. 如果删除这些词，同学们喜欢原文还是删改文，为什么？

（喜欢原文，原文亲切等）

3. 作者用哪些方法来描写济南雪景的美妙？

（修辞手法、色彩词语、修饰语……）

四、课外拓展，比较阅读

用学过的方法分析峻青笔下的雪。

五、抒发情感，表达热爱之情

李连静教学简案

一、导入新课

有一位曾经住过北平，到过伦敦，经历过燥热，体验过北风的人，对济南的冬天情有独钟。今天就让我们一起走进老舍写的《济南的冬天》，一起来感受那山、那水、那阳光……带给我们的别样的感受。

二、讲授新课

（一）整体感知，认识济南冬天的特点

1. 同学们浏览课文，熟悉课文内容。

2. 听课文朗读录音，说说济南的冬天给你的感受是什么。

3. 概括济南冬天的天气特点。（追问：哪个词最能体现这一特点？）

（二）品析词句，感受济南冬之美

1. 作者描写了济南的山景水色，处处体现着温晴，给人温暖如春的感觉，使我们陶醉其中。那么，文中哪些内容体现了“温晴”，是怎样体现的？结合具体语句说一说。

教师提示答题思路：

句：什么句子，用什么修辞手法，写出了什么内容，从而体现了温晴这个特点或表达了什么情感（感受）。

词：什么词是什么意思，写出了什么内容，给人什么感受，从而体现了温晴这个特点。

教师示范：

句：“那点薄雪好像忽然害了羞，微微露出点粉色。”

这句话运用了拟人手法，赋予了雪人的情感，写出了雪的娇羞之美，更写出了济南冬天温晴的特点。“微微露出点粉色”中“微微”一词是一点点的意思，写出了阳光的柔和，更加突出“温晴”，而不是“热”。

2. 配乐朗读你觉得最美或最喜欢的段落，简单说说理由。

（三）体悟作者的感情

我们常说，景以情动，景以情起，一切景语皆情语。统观全文，这篇文章表达了作者怎样的思想感情？

补充材料：

老舍 25 岁前一直生活在北京，1924 年孤身一人应邀赴英国任教，他漂泊在外，身处异乡，饱尝孤独之苦。为了结束这没有家的生活，他在 1929 年夏动身回国，但因路费不足，中途在新加坡逗留了半年；1930 年春回到祖国；后来到山东，在济南的齐鲁大学任教达 7 年之久。正是有了这样的经历，老舍回到祖国，找到了归属，看到祖国美丽的山河，抑制不住热爱之情，写下了《济南的冬天》。

老舍用他独有的语言诉说着对济南的喜爱。那么，哪些句子体现了这种情感呢？

接下来请同学们比较一下下面两段文字，你觉得删改后的文段和原文相比，哪一个更能表达作者的感情，为什么？

第一组

（原文）他们由天上看到山上，便不知不觉地想起："明天也许就是春天了吧？这样的温暖，今天夜里山草也许就绿起来了吧？"就是这点幻想不能一时实现，他们也并不着急，因为这样慈善的冬天，干啥还希望别的呢！

（改后）他们由天上看到山上，便想起："明天就是春天了？这样的温暖，今天夜里山草就绿起来了？"就是这幻想不能实现，他们并不着急，因为有这样的冬天，干啥还希望别的！

第二组

（原文）那水呢，不但不结冰，倒反在绿萍上冒着点热气，水藻真绿，把终年贮蓄的绿色全拿出来了。

（改后）那水，不但不结冰，反倒在绿藻上冒着热气。水藻绿，把贮蓄的绿色拿出来。

课后，李卫东老师与首都师范大学王云峰老师等展开互动评课，以下为评课实录。

李卫东：两位老师对文本的解读都是到位的。两节课的教学内容都有层次感和立体感。第一节课有这么几个环节：一是直读；二是改读，把含蓄的改为直白的，把丰美的改为干瘪的，通过还原比较，感悟语言之美；三是比读，篇章与篇章之间的比较阅读；四是写读，在写的过程中内化阅读的成果，学生写雪这个环节，让课堂有了纵深感，而不是整节课单纯以"你喜欢哪一句"贯穿始终，那样没有层次，学生会腻烦，老师也会腻烦。一根筋的方式用到底，学生得不到多角度的训练，对问题的认识只是在一个平面上徘徊。第二节课也是如此，第一步是直读，直接面对文本，理解和赏析；第二、第三步也是改读、比读。比读没在课上进行，而是作为一个作业，让学生拿《济南的冬天》和《济南的秋天》进行比较阅读，属于同一作家不同作品的比读。两位老师"同课异构"，且都有想法，那么异在哪里？比读的内容不一样，改读的内容也不一样，角度有不同，也有个性化的处理，异曲同工，这一点我非常欣赏。但不可否认，这两节课还有不少值得改进的地方。

王云峰：观摩公开课，大家不仅要关注优点，更多的是要思考如何改进，不是刻意挑毛病，而是希望通过质疑和辩论来引发大家的思考。这两堂课上得好，好在老师带着学生一起品味语言。

《济南的冬天》是篇老课文，大家都很熟悉。我刚开始工作的时候，也教这篇课文，所以，听老师读课文的时候，我就问“奇迹”是读“qí jì”还是读“qíjī”，1998年以前的字典标注的是第一声，之后是第四声。这样的课文在教材里历来是经典篇目，而且老舍的文章历来都是以语言精当著称，所以认真研读文本，引导学生品味语言，体现了语文课的基本教育价值，让学生在语文教学中学会运用语言。大家有没有注意到，课标修订稿在课程的性质方面特别强调语文课是一门学习语言文字运用的课程。我也同意李卫东老师说的，老师可以进行篇章与篇章之间的比较阅读，甚至对文本做些调整，通过调整来比较语言运用。

同课异构，“构”从表面上看是指课堂结构、课堂环节、教学安排方式运用，那么同课异构的核心在哪？不在形式，在于教师追求的基本教育价值、基本目标、基本教育思想。“异”不是教师为了“异”而异，而是因学生不同而异。今天听下来，我觉得学生们非常棒。读完文本以后，学生对文本的感受其实都是很到位的，非常准确的。他们会感觉到这篇文章读下来很温暖、很温馨，济南很美、很可爱，甚至有的学生说很奇妙，这说明学生在把握文本上达到了基本的水平。在这样的学生学习基础上，我们该教什么、怎么教？最关键的是读透文本。

我觉得读透文本这件事还是有空间可以挖掘、有事情可以做的。如一讲到《济南的冬天》，从20世纪70年代末到现在，大家总用“温晴”来概括济南冬天的特点，为什么呢？这值得琢磨。从另外一个角度来讲，还有一个问题，就是老舍写济南之“温情”，是以一种温情脉脉的态度来写济南，所以他在语言运用方面很独特。“冬天的济南”之所以是一块宝地，就是因为它与别处不同，不同在哪，老舍是怎么表现的呢？这是值得琢磨的。“济南的冬天是没有风声的”，不是没有风，而是听不见风声，轻轻的一点小风，吹起一层小雪，让我们感受期望看到更美的山的肌肤这种感觉，所以老舍的语言是从情感而来的。我们读文本不是光看用了什么修辞手法，用了什么样的句式，用了什么样的语言。老舍的语言恰恰传递了他对济南的那种温情。

他感受的是那种没有风声、安安静静、晴朗温暖的济南。这个济南，山、水乃至人都是那么亲切自然。在老舍笔下济南的人是这样的，“他们由天上看到山上，便不知不觉地想起：‘明天也许就是春天了吧？这样的温暖，今天夜里山草也许就绿起来了吧？’就是这点幻想不能一时实现，他们也并不着急，因为这样慈善的冬天，干啥还希望别的呢”。这里的人是不着急的，是平和、温和、自然的，这就是济南的人。所以我们研读文本，不仅仅是读文字，还要透过文字去读人的情；读，不是所谓的去挖修辞技巧，而是进一步去体会情之所托、情之不同。

李卫东：要看到济南的山，济南的水，还有济南的人，归根结底不仅要看到修辞，更要看到修辞背后的情，讲到这个“温晴”继而就想到那个“温情”。在观课的过程当中，我和王云峰老师也在讨论，两位老师框架搭得很好，但是如何让这堂课的血肉饱满起来、丰满起来，这里面还有许多文章可以做。比如《济南的秋天》和《济南的冬天》读透了吗？老师只有读透了才能知道比较点在哪里，才能引导学生进行高质量的比较阅读。

王云峰：读文其实是读人。教学生品味语言、读文也是在教他们读人，工具性与人文性是统一不可分的，为什么？语言就是人认识世界、表达思想的工具，也正因为有了语言，人才有了对这个世界的感受和理解。就拿雪景来说，老舍写得很温情、很柔美、很柔和，而峻青写的不能说不好，但是看峻青写的文本材料时，你能感受到，他受所处时代的影响，想写得细腻生动，又不能摒弃“霸气”，因为那个时代要蒸蒸日上，有宏大的主题。所以即使写雪，峻青用的仍然是“万里江山变成一个粉妆玉砌的世界”。文是“人”啊，毛泽东看到的是“山舞银蛇，原驰蜡象”，峻青极目远眺，半壁山河还是“粉妆玉砌”的。文是“人”，比什么？比来比去比的不是词，而是由词体现的情，通过语言认识人。在张文玲老师心目中雪是精灵，所以她在课堂上写的下水文是小姑娘的文，很可爱。不同的学生有不同的表达风格，应该以文教人，既要让学生学会用修辞手法，也要让学生学会表达情感。“比”就比这，这样的课上得才有味道。

李卫东：对，要超越修辞，不要只在修辞格的形式上兜圈子，而是强调如何由语言表层进入语言核心层。就两篇文章而言，其实峻青没有在文中写出自己真实的感情，没有一种把本心写进去的远观，而老舍笔下的济南是文学的济南，心中的济南。因此我和王云峰老师在观课的时候觉得第二节课李连静老师可以不播放图片，为什么呢？老舍心中的济南不是这样的，图片放出来反而损伤、消减了文意之美。还有一个问题，王云峰老师讲到了济南的人不着急、不慌不忙，我感觉两位老师稍微有点着急，缺少一点等待。比如说第二节课给出两段改写文字让学生进行比较，这个设计太好了，但是比的过程中缺少等待。一名男生说，“不知不觉”不能删去，他说这表示是偶然想到的，我要是上课的老师，会跟进一句：不是偶然想到的，而是自然而然想到的。

王云峰：所以老师要把文本读透，因人设教，因势利导。教师的耳朵要随时听学生的反馈，学生说好的地方要肯定好在哪，学生说的话意思有了但用词不准，老师得帮找一个恰当的词，通过与学生进行对话交流，通过分享阅读经验、表达经验，使学生学会更好地运用语言文字。上今天这两节课的学生已经对文本有了基本的品味与把握，他们能感受到这个文本的基本特征，我们的功夫应该做到哪呢？“品”是三个“口”，老师得帮学生慢慢地咀嚼，让他们感受到这个文本的与众不同之处。老师的任务是让学生在原有的基础上往前走一步，是教学生所不能，使其逐渐进步。我听课的时候常常想：换作是我，我该怎么教？两位老师抒情性的导入语和结束语全都可以不要，第一件事就问各位同学读过这篇文章了吗；有什么感受；喜不喜欢，为什么；如果喜欢，请举个例子说一说。这样切入，直截了当、干净利落，直接就知道学生会什么、不会什么。

李卫东：要在课堂中随时把握学情，捕捉流动着的学情，教育时机出现在学生发现问题时。如果只想着往前推进教学进程，按既定的预设推进，框架搭得再好，血肉也不会丰满，课堂就会缺少生气。我们平时所说的“动态生成”，这样的契机在这次教学中有好几处。一个学生说到对景物的“宠爱”，这个时候老师能不能追问，甚至“刁难”他，问他：为什么这样说？怎能说“宠爱”呢？“宠爱”体现在哪里啊？从哪些句子可以看出老舍宠爱济南？经过这样的追问和辨析，学生就会明白，“宠爱”在这里是指不讲理地、毫无保留地爱着济南，这是文学化的济南，老舍自己的济南，还和你讲什么理啊。还有一个环节，教师问济南的特征是什么，学生张口就说“响晴”，老师没回应就让学生坐下了，然后另一个学生站起来说“温晴”，说到老师的心坎上了，老师就板书在黑板上。这时候能不能多一点辨析，追问学生为什么说“响晴”呢？用“温晴”概括好还是用“响晴”概括好？在这里做点停留，这个停留不是无意义的停留，而是有价值的停留。

王云峰：要知道学生在想什么，知道学生在哪方面做得不够好。识势，是识学生的思维走势。第一个班的学生比第二个班的学生表现得弱一点，不是感受弱，是说得不够到位，如果我是上课的老师，我会在文本语言的深层做文章，引导学生思考文中为什么说济南的人不急。其实这要联系上下文来看，因为有这样的济南，小山把济南围了个圈，有这样的山，这样的水，人是踏实的，心里踏实才不急。所以在教这个文本的时候不宜截一段而言，可以从一段入手，但是要带动全篇。我们不能让学生只停在字句的理解上。因为文本是人的文本，是表达人的理解和情感的，读文也是读人，所以从任何一个语句切入都无妨，但是要带着学生回到整体联结文本上，而且在这个过程中还要教学生读懂文本，使学生能把懂的说出来，能用自己熟悉的语言把它说清楚，并力图说准确。“说准确”不是简单地给一个表达格式，而是关注能不能用语言把意思说清楚，这就是语文课。语文课的核心是怎么运用语言、理解词句与篇的意思，所以把话说准就是把意思表达清楚，把意思讲明白，再读出来。学生读得很好，就不用放朗读录音，因为他们已经读出那种感觉了。我要是老师，会问学生为什么这样读，这里为什么要轻轻地读，讲讲道理给大家听。这个讲道理的过程就是培养学生文本鉴赏能力的过程。读出来能感受到是欣赏，“鉴”就是区分，是鉴别，“鉴”一定得比，不比没法鉴，通过比较才有区别。那么在比较的过程中，把自己认识到的说清楚，是我们追求的目标。七八年级是学生从感性认识走向理性认识的一个阶段，这个阶段对学生形成自己的文本认识，并把认识表达出来很重要，如果我们面对文本都能让学生做这样的工作，学生运用语言的能力会得到提高。学生不仅可以模仿写冬天，更可以写写怎么读《济南的冬天》，以及读《济南的冬天》的感受。这样一来，学生的语言学习就从靠朗读的感性认识，靠分析评价这种口头表达，发展到书面语言，学生的认识就固化了。所以说老师除了要读懂文本、因人设教、因势利导之外，还要特别注重学生的语言实践。总之，读透文本、因人设教、因势利导、注重实践，是今天的课还可以挖掘的地方。

李卫东：谈到注重学生的言语实践，我再补充几句。要在课堂上引导学生把自己的思考成果周密地表述出来；不只是口头表达，更要书面表达。学生在课堂上思考问题，基本意思想清楚了，但让其表述出来，他只是蹦出单个词、单个句子，句子与句子、词与词之间没有关联，不是逻辑化的表达，这种碎片化思维一旦形成惯性，到了语文试卷上，就会表现为答题七零八碎。所以这两节课中间都有一个写的环节，我觉得很好。课堂上不仅有读，还适当地写，把思考所得完整准确地表述出来，写和读形成良性互动，这样的课堂是我们追求的。

第三节 促成学生阅读理解的进阶：《幽径悲剧》课堂评议

2011 年 11 月，北京市育英学校（以下简称“育英学校”）语文教研组组长李卫云联系我，请我参与他们语文组的一次深度教研活动，活动定在 11 月 20 日。此前的两三周，李卫云老师不时给我发来电子邮件，内容有两位执教研究课教师的教案初稿、修改稿等。两位老师同教季羡林的《幽径悲剧》，文章如下[1]：

幽径悲剧

出家门，向右转，只有二三十步，就走进一条曲径。有二三十年之久，我天天走过这一条路，到办公室去。因为天天见面，也就司空见惯，对它有点漠然了。

然而，这一条幽径却是大大有名的。记得在 50 年代，我在故宫的一个城楼上，参观过一个有关《红楼梦》的展览。我看到由几幅山水画组成的组画，画的就是这一条路。足征这一条路是同这一部伟大的作品有某一些联系的。至于是什么联系，我已经记忆不清。留在我记忆中的只是一点印象：这一条平平常常的路是有来头的，不能等闲视之。

这一条路在燕园中是极为幽静的地方。学生们称之为“后湖”，他们很少到这里来的。我上面说它平平常常，这话有点语病，它其实是颇为不平常的。一面傍湖，一面靠山，蜿蜒曲折，实有曲径通幽之趣。山上苍松翠柏，杂树成林。无论春夏秋冬，总有翠色在目。不知名的小花，从春天开起，过一阵换一个颜色，一直开到秋末。到了夏天，山上一团浓绿，人们仿佛是在一片绿雾中穿行。林中小鸟，枝头鸣蝉，仿佛互相应答。秋天，枫叶变红，与苍松翠柏相映成趣，凄清中又饱含浓烈。几乎让人不辨四时了。

小径另一面是荷塘，引人注目主要是在夏天。此时绿叶接天，红荷映日。仿佛从地下深处爆发出一股无比强烈的生命力，向上，向上，向上，欲与天公试比高，真能使懦者立怯者强，给人以无穷的感染力。

[1] 所附课文来自2016年苏教版《义务教育课程标准实验教科书·语文　八年级（上册）》。

不管是在山上，还是在湖中，一到冬天，当然都有白雪覆盖。在湖中，昔日的潋滟的绿波为坚冰所取代。但是在山上，虽然落叶树都把叶子落掉，可是松柏反而更加精神抖擞，绿色更加浓烈，意思是想把其他树木之所失，自己一手弥补过来，非要显示出绿色的威力不行。再加上还有翠竹助威，人们置身其间，绝不会感到冬天的萧索了。

这一条神奇的幽径，情况大抵如此。

在所有的这些神奇的东西中，给我印象最深、让我最留恋难忘的是一株古藤萝。藤萝是一种受人喜爱的植物。清代笔记中有不少关于北京藤萝的记述。在古庙中，在名园中，往往都有几棵寿达数百年的藤萝，许多神话故事也往往涉及藤萝。北大现在的燕园，是清代名园，有几棵古老的藤萝，自是意中事。我们最初从城里搬来的时候，还能看到几棵据说是明代传下来的藤萝。每年春天，紫色的花朵开得满棚满架，引得游人和蜜蜂猬集其间，成为春天一景。

但是，根据我个人的评价，在众多的藤萝中，最有特色的还是幽径的这一棵。它既无棚，也无架，而是让自己的枝条攀附在邻近的几棵大树的干和枝上，盘曲而上，大有直上青云之概。因此，从下面看，除了一段苍黑古劲像苍龙般的粗干外，根本看不出是一株藤萝。每到春天，我走在树下，眼前无藤萝，心中也无藤萝。然而一股幽香蓦地闯入鼻官，嗡嗡的蜜蜂声也袭入耳内，抬头一看，在一团团的绿叶中——根本分不清哪是藤萝叶，哪是其他树的叶子——隐约看到一朵朵紫红色的花，颇有万绿丛中一点红的意味。直到此时，我才清晰地意识到这一棵古藤的存在，顾而乐之了。

经过了史无前例的十年浩劫，不但人遭劫，花木也不能幸免。藤萝们和其他一些古丁香树等等，被异化为“修正主义”，遭到了无情的诛伐。六院前的和红二三楼之间的那两棵著名的古藤，被坚决、彻底、干净、全部地消灭掉。是否也被踏上一千只脚，没有调查研究，不敢瞎说，永世不得翻身，则是铁一般的事实了。

茫茫燕园中，只剩下了幽径的这一棵藤萝了。它成了燕园中藤萝界的鲁殿灵光。每到春天，我在悲愤、惆怅之余，惟一的一点安慰就是幽径中这一棵古藤。每次走在它下面，嗅到淡淡的幽香，听到嗡嗡的蜂声，顿觉这个世界还是值得留恋的，人生还不全是荆棘丛。其中情味，只有我一个人知道，不足为外人道也。

然而，我快乐得太早了，人生毕竟还是一个荆棘丛，绝不是到处都盛开着玫瑰花。今年春天，我走过长着这棵古藤的地方，我的眼前一闪，吓了一大跳：古藤那一段原来凌空的虬干，忽然成了吊死鬼，下面被人砍断，只留上段悬在空中，在风中摇曳。再抬头向上看，藤萝初绽出来的一些淡紫的成串的花朵，还在绿叶丛中微笑。它们还没有来得及知道，自己赖以生存的根干已经被砍断，脱离了地面，再没有水分供它们生存了。它们仿佛成了失掉了母亲的孤儿，不久就会微笑不下去，连痛哭也没有地方了。

我是一个没有出息的人。我的感情太多，总是供过于求，经常为一些小动物、小花草惹起万斛闲愁。真正的伟人们是绝不会这样的。反过来说，如果他们像我这样的话，也绝不能成为伟人。我还有点自知之明，我注定是一个渺小的人，也甘于如此，我甘于为一些小猫小狗小花小草流泪叹气。这一棵古藤的灭亡在我心灵中引起的痛苦，别人是无法理解的。

从此以后，我最爱的这一条幽径，我真有点怕走了。我不敢再看那一段悬在空中的古藤枯干，它真像吊死鬼一般，让我毛骨悚然。非走不行的时候，我就紧闭双眼，疾趋而过。心里数着数：一，二，三，四，一直数到十，我估摸已经走到了小桥的桥头上，吊死鬼不会看到了，才睁开眼走向前去。此时，我简直是悲哀至极，哪里还有什么闲情逸致来欣赏幽径的情趣呢？

但是，这也不行。眼睛虽闭，但耳朵是关不住的。我隐隐约约听到古藤的哭泣声，细如蚊蝇，却依稀可辨。它在控诉无端被人杀害。它在这里已经呆了二三百年，同它所依附的大树一向和睦相处。它虽阅尽人间沧桑，却从无害人之意。每年春天，就以自己的花朵为人间增添美丽，焉知一旦毁于愚氓之手。它感到万分委屈，又投诉无门。它的灵魂死守在这里。每到月白风清之夜，它会走出来显圣的。在大白天，只能偷偷地哭泣。山头的群树，池中的荷花是对它深表同情的，然而又受到自然的约束，寸步难行，只能无言相对。在茫茫人世中，人们争名于朝，争利于市，哪里有闲心来关怀一棵古藤的生死呢？于是，它只有哭泣，哭泣，哭泣……

世界上像我这样没有出息的人，大概是不多的。古藤的哭泣声恐怕只有我一个能听到。在浩茫无际的大千世界上，在林林总总的植物中，燕园的这一棵古藤，实在渺小得不能再渺小了。你倘若问一个燕园中人，绝不会有任何人注意到这一棵古藤的存在的，绝不会有任何人关心它的死亡的，绝不会有任何人为之伤心的。偏偏出了我这样一个人，偏偏让我住到这个地方，偏偏让我走这一条幽径，偏偏又发生了这样一个小小的悲剧；所有这一些偶然性都集中在一起，压到了我的身上。我自己的性格制造的这一个十字架，只有我自己来背了。奈何，奈何！

但是，我愿意把这个十字架背下去，永远永远地背下去。

执教教师张海英和虞玉荣的教课思路是在教研组内部做了多次研讨后确定的，是精心设计的"同课异构"，是在刻意寻求教学内容选择的多种可能性。

张海英教学简案

教学课题

《幽径悲剧》（第二课时）

教学设想

《幽径悲剧》是苏教版八年级上册"人与环境"主题单元中的一篇。文章借燕园幽径中一株美丽古藤被砍，表达了对人们毁灭美、无视生命被践踏的悲愤、谴责之情，表现了知识分子悲天悯人的情怀。

这份深沉的感情十几岁的学生难以读出，他们的视线定格在爱护自然、与自然和谐相处上，学生止步于此很正常。但是老师的眼光要深邃，思想要尽量与作者发生共鸣，要能有效利用文本，引导学生感受藤萝的象征意义，体会文章着力表现的悲剧色彩，挖掘悲剧的根源。从美到悲，毁灭可能只是瞬间的，思想认识的过程却可能很长。

扣住"美"和"悲"，串起文章思路。重点感悟"悲剧"根源，感受作者情怀。

教学目标

1. 反复品读文章，充分感受藤萝之美。

2. 唤起维护美的意识。

教学难点

初步理解"十字架"的含义。

一、问题引入

1. 出示问题：课前预习，学生提得最多的一个问题是为什么"我愿意把这个十字架背下去，永远永远地背下去"。

先思考：是什么事情让"我"背上了"十字架"？（一句话概括事件：燕园一株古藤被砍断）

2. 什么是悲剧？

（1）作者为什么称之为“悲剧”？

（2）鲁迅论“悲剧”。

二、速读课文，感受藤萝之美

藤萝被毁前，原本是一株怎样的藤萝？（回顾：哪几段集中写被砍断前的古藤萝？第8—10自然段）

1. 速读第8—10自然段，思考作者是怎样描写古藤的美丽的。

要求：速读课文，圈画出描写被毁前的藤萝的句子，简单批注，自由朗读或者读给同桌听，小组合作讨论后全班交流。

（1）“它既无棚，也无架，而是让自己的枝条攀附在邻近的几棵大树的干和枝上，盘曲而上，大有直上青云之概。”这一句话写藤萝的形状，写出它苍劲有力的美。

（2）“然而一股幽香蓦地闯入鼻官，嗡嗡的蜜蜂声也袭入耳内。”这句话写了藤萝的香气四溢，花朵繁多。写蜜蜂声其实是为了侧面表现藤萝花的香气和美丽。

（3）“在一团团的绿叶中——根本分不清哪是藤萝叶，哪是其他树的叶子——隐约看到一朵朵紫红色的花，颇有万绿丛中一点红的意味。”这一句话着力写藤萝的颜色之美。

在学生回答的基础上小结：作者调动视觉、听觉、嗅觉等感官观察藤萝，抓住它的形态、香味、颜色运用正面、侧面描写相结合的方式描写出了藤萝的外在美。（板书）

2. 学生有感情地大声朗读第8自然段。

作者每每从这株集形、声、色、香于一身的藤萝树下走过，就觉得如沐春风，心旷神怡。你读后有什么话想说？

美丽藤萝，我想对你说________________________。

三、再读课文，深度感受藤萝的品质

1. 作者季羡林仅仅爱慕古藤的外在之美吗？请同学们擦亮慧眼，读一读文中能体现藤萝内在品质的语句。

“它在这里已经呆了二三百年，同它所依附的大树一向和睦相处。它虽阅尽人间沧桑，却从无害人之意。”这句话表现了藤萝和人相处和睦及和善的品质。

“每年春天，就以自己的花朵为人间增添美丽。”这句话表现了藤萝无私奉献的美好品质。

学生总结：此时你怎样评价这株藤萝？

这株藤萝已不仅仅是美的化身，它更是一种精神，一种品质，一种胸怀，那就是——善、美！（板书）

2. 美文还需要美读，让我们再次朗读第8自然段，感受此刻我们心中对藤萝油然而生的敬意。让我们大声赞美这人世间的精灵吧！

四、再读“幽径”之“美”，体会渲染之妙

1. 思考：文章在写这一株古藤萝之前，为什么用大量笔墨写“幽径”？

明确：衬托藤萝之美（板书）。

引导：作者写被毁前的藤萝时，不惜笔墨，大力渲染，表达了什么情感？

要求：速读第8—10自然段，画出表现作者感情的词语、句子。

表达情感：顾而乐之，安慰、留恋。

小结：这株让作者“顾而乐之”，感到“安慰”“留恋”的古藤萝“神奇”、美好，但是被砍断了，这不能不说是一个悲剧。

2. 提问：请你思考作者要背的“十字架”有什么含义。

学生讨论交流：维护善、美的信仰、决心。

教师小结：这样一株生长环境优美，又有着内在美和外在美的藤萝却被“毁”了，这是一场悲剧。但是，造成悲剧的根源在哪里？作者要永远背下去的“十字架”仅仅是“维护真、善、美”的决心吗？

下节课，咱们继续研读课文。

虞玉荣教学简案

学习目标

1. 感受藤萝之美，探究作者之悲。

2. 巩固细读文本、读书动笔的阅读习惯。

3. 训练依据要求提取外显、内隐信息并整合、概括的能力。

4. 感受作者维护美的情怀。

学习难点

理解“十字架”的内涵，感受作者维护美的情怀。

设计思路

文章由幽径起笔，极力渲染幽径的美，“无论春夏秋冬，总有翠色在目”。字里行间透露出这是一条充满生机与活力的神奇的幽径。“在所有的这些神奇的东西中，给我印象最深、让我最留恋难忘的是一株古藤萝。”为什么呢？因为这棵藤萝“最有特色”，而且是“鲁殿灵光”。然而让“我”有“惟一的一点安慰”的古藤萝居然在“文化大革命”以后在“燕园”中被“愚氓”毁了，成了“吊死鬼”，更让人悲痛的是“茫茫人世中”，人们没有闲心来“关怀一棵古藤的生死”，所以作者只好自己来背负“十字架”了。

预习的时候，学生在扫除字词障碍的同时，最重要的是对文章进行了质疑。统计时发现提关于怎么理解“十字架”的问题的学生最多，达18人次（一个班）；其次是“作者为什么如此喜欢、留恋古藤？”，有7人次。这两个问题恰是比较好的理解文章的突破点，这两个问题之间的联系很紧密。因此，这节课把学生提出的问题当作抓手，基本由学生提出的问题串起整个课堂，引发思考，解决问题，理解文本。争取达到问题从学生中来，由学生解决，并引发新的问题这样一种效果。在学习、思考、探究、交流的过程中，巩固细读文本、读书动笔的阅读习惯，训练依据要求提取外显、内隐信息并进行整合、概括的语文能力，感受作者维护美的情怀。为达此目的，设计两大环节：感受美，探究悲。从而理解“十字架”的内涵，如此也就理解了文章的主旨。

学习过程

以学生的问题导入：“十字架”指什么？为什么“我”愿意永远背下去？

环节一，感受藤萝之美。

1. 速读第8至第14自然段，思考：藤萝被毁前，作者是怎样写它的美丽的？作者对这株古藤怀有怎样的情感？

2. 默读第1至第6自然段，思考：文章在写这一株古藤萝之前，为什么用大量笔墨写“幽径”？

3. 初解“十字架”，作者要背的“十字架”的寓意是什么？

环节二，探究作者之悲。

1. 从记叙要素的角度感受“悲”。

2. 品读第11至第14自然段，体味“悲”。

（1）哪些语句写出藤萝被砍的惨状？

（2）哪些语句写出作者的悲痛？

3. 品读第14至第16自然段，探究作者之悲。

4. 小结：理解作者愿意自己背“十字架”这一行为。

课后学习：给季羡林老师写一封信，以告慰他老人家的在天之灵。

两节课后，所有与会教师团团围坐，开展了“茶馆式”课例研讨，以下为研讨实录。

李卫云：今年（2011 年）10 月 26 日，在座的老师去北京市海淀区教师进修学校听了李卫东老师的报告《阅读教学教什么，怎么教》。李卫东老师当时说，要倾听文本的声音、学生的声音、学者的声音、编者的声音、课堂的声音。我们今天就特别荣幸，来倾听李卫东老师的指导。

一、教什么，大家说

李卫东：很高兴到育英学校来参加教研活动。下面我客串主持人，大家一块来搞一个“茶馆式”的讨论，先来讨论这篇课文应该教什么，你确定的依据是什么——教学内容的确定。

李卫云：悲剧。读完文章以后，最深刻的印象是作者给我们展示了一幕悲剧。可以从“悲剧”入手确定教学内容。

李卫东：也就是抓文题，从题目入手。确定“教什么”首先要考虑文本——文本的特点决定了“教什么”。这篇文章是一篇散文，写了什么内容？用两个字概括的话，就是“悲剧”。文题也告诉我们，就是“悲剧”。至于这个“悲剧”是什么，怎么理解这个“悲剧”，要考虑学生的因素。

李卫云：学生在文字理解方面，最大的问题是“十字架”是什么。

李卫东：最大的问题——“十字架”。大家讨论一下，“十字架”在这篇课文里指什么？

王净：用来点醒人们对愚氓的认识。文人只能用笔点醒人们对社会无知的认识，但是作者觉得自己的笔，自己的文字的力量很弱，所以他觉得背负得很沉重。让他觉得沉重的就是“十字架”。对于“十字架”如何卸下来，作者很茫然，所以我感觉这悲剧不是幽径悲剧，也不是藤萝悲剧，是人性悲剧。

李卫东：您觉得这“十字架”是什么？

王净：是人的素养。藤萝被毁坏，不是在“文化大革命”时，而是在“文化大革命”后。这棵藤萝能够躲过“文化大革命”，却躲不过现代人的戕害。这种戕害是因为人的素养不够高导致的，这种素养让作者感到悲哀。

李卫东：我们看一下第15自然段，“偏偏出了我这样一个人，偏偏让我住到这个地方，偏偏让我走这一条幽径，偏偏又发生了这样一个小小的悲剧；所有这一些偶然性都集中在一起，压到了我的身上”，四个“偏偏”，一个“压”——

刘冀：“十字架”代表着受难、受折磨，不被别人理解，不被别人关注。美被伤害，不被人关注，并成为一种常态，就是一种悲哀。

李卫东：美被破坏，不被关注，这是一种悲哀。只有季羡林在关注，在悲天悯人，在为美被破坏而感到痛心。世人的淡漠更让人痛心。因此，他就背上了情感的“十字架”，责任的“十字架”。

刘晓旭：他背负的是一种社会责任。

李晶：我觉得这里有作者自己内在的悲哀。由于性格方面的因素，季羡林与他人相处十分困难，他并不认为别人能真正了解自己，古藤暗含着没能被人真正了解的伤感，他是借古藤说自己。

李卫东：您觉得这里面还有另一层意思，就是有如他自身不被人真正了解那般的悲伤与落寞。老师们有不同意见吗？

虞玉荣：古藤可能有作者自己的影子在里面，作者可能是借古藤抒发自己的感慨。但这个古藤肯定不仅仅指作者自身，而应是以小见大，从一棵古藤延伸到普遍的美的东西。作者的悲，浅层上说是古藤的悲，更重要的是人们对美被毁掉之后的态度：伟人们不屑于关注，世人们争名于朝、争利于市，燕园中绝不会有其他人注意到这一棵古藤的存在、关心它的死亡、为之伤心。这是作者真正所悲的东西。

李卫东：还有其他意见吗？

孙影：我越读越觉得季羡林有点当代鲁迅的味道。当社会上发生冷漠丑恶的事情时，季羡林就拿它“做文章”，让众多的人认识这个问题。鲁迅笔下的很多人物都有美的、善良的、淳朴的一面，比如闰土、豆腐西施。鲁迅写他们时把美揉碎了，让人们了解悲剧。但我们的学生不了解这些悲剧。我讲这篇文章时，没写“幽径”，先写的是“悲剧”，一看到这两个字，学生就说“罗密欧与朱丽叶”，他们想到的是这个。

李卫东：爱情悲剧。

孙影：对，爱情悲剧。后来我说，你们还知道莎士比亚写的其他的悲剧吗？除了《哈姆莱特》，别的悲剧学生就说不上来了。然后我再说到幽径上去，当时我们就研究把这悲剧先揉碎了，讲明白了。现在很多文章，尤其是前几年的，都讲了美好的事物被毁灭，这也是中考常考的内容，而中考里面主题思想的挖掘是学生的薄弱之处。

虞玉荣：我感觉，鲁迅呼喊的是救救孩子，季羡林呼喊的是救救美，救救生活中这些美好的、温情的东西。

李卫东：我说说我的感受，教这篇课文，一是要基于文本的特点，二是要基于学情特点。基于文本的特点——散文，从第 1 自然段到第 11 自然段多是叙事和描写，第 12—16 自然段是抒情议论，这样一篇散文，重要的部分都在后面的抒情议论。如果把后面第 14—16 自然段去掉，那这篇散文就成了非常一般的文章——写一株藤萝被砍掉，“我”觉得很可惜，没闲情逸致了，不敢再来了。这样虽然也能促使人思考，读者也能进行多元解读，但是这篇散文更深的意味就体现不出来。后面的第 13—16 自然段，我个人认为是这篇散文的最大价值所在，前面描写得怎么生动，文笔怎么优美，不是这篇散文主要的特点。我这个结论是不是过于武断？我认为写景的语言也可以出现在其他文本中，比如《济南的冬天》，这篇散文的独特之处应该在后面，教学时应该分析其怎么熠熠生辉，怎么画龙点睛。而《曲径悲剧》有了后 5 个自然段抒情议论的关照，通篇文章活起来了，显得大气，展现了一个人文学者的博大的人文情怀和不凡的散文表现功力。如果去掉后 5 个自然段，这篇文章就变得很一般，就是一篇中学生作文，这是武断一点的说法。恰恰是后面 5 个自然段使文章上升了好几个档次。这篇散文后几段文字值得品味，教学过程中可以研究文本后几段中特殊语句的含义、抒情议论的作用，以及怎样使文章的中心思想得以不断升华。

二、背景资料要不要补充

李晶：我自己有一个问题，这篇文章写给谁看？是写给文中那些人看的还是写给自己的？

李卫云：散文写的是作者自己的人生况味。我们现在做的是挖掘它的教学价值。

李晶：那么我们没有必要给学生挖掘那么多（背景资料），比如关于“文化大革命”，不用解释太多。

李卫东：也就是说你觉得可以不介绍这个背景？

李晶：解释会用很多节课，这是语文课。

虞玉荣：必须提。

李卫云：“文化大革命”时古藤没有被毁，其后被人毁掉，更可悲了。

王净：如果没有背景资料，学生怎么能读懂？学生的大部分阅读是没有背景资料的。

刘冀：背景知识应该给。

李卫东：我以为，读文学作品，引入背景材料要谨慎，不能喧宾夺主，背景不是不可以引，要看介入什么，介入到什么程度，在什么情况下介入。我问了三问：介入什么背景，介入到什么程度，在什么情况下介入？这三问非常重要。如果不加选择地介入，就不是背景助读，而成了读文本以外的东西；就不是倾听文本的声音，可能无形当中成了社会学解读、传记学解读。韦勒克、沃克的《文学理论》里提到要进行文学内部的阅读和考察，而不是文学外部的。当然必要的知人论世是可以的。我的一个观点，背景是参考。比如这篇文章，我认为可以不介入。但是如果学生不知道“文化大革命”，简单介绍是应该的。想要介入也可以，教师可以在学生读出了对美的破坏、美的践踏的寓意之后，再引入背景，让学生的认识深化，使学生的情感升华。也就是说这时候的背景介入是在不断地强化学生的认知，而不是让学生先入为主。如果教师过早给出背景知识，会把学生解读的无限可能性、无限丰富性和多元性堵塞了。考虑好这三个问题，背景介入还是不介入，不用争论。介入有介入的做法，不介入有不介入的做法，殊途同归。归根结底是让学生读懂文章，这是根本。

三、学生问题≠教学问题

李卫东：阅读教学教什么、怎么教？首先要依据文本特点，其次是依据学情。我推测，学生的疑问绝大多数集中在后6个自然段，对写景部分学生没有太多不明白的地方，除了对一些细枝末节的不理解，可能涉及字面意思、知识范畴，在语句深意上不会有问题。

李卫云：学生问得最多的问题是“十字架，为什么他要永远永远背下去”。今天在张海英老师的课堂上有15个学生问这个问题，在虞玉荣老师的课上有13个学生问，在我的课堂上有17个学生问。

刘冀：有学生问“因为天天见面，也就司空见惯，对它有点漠然了”，既然“漠然”，为什么还要描写这条小径？

虞玉荣：还有学生问，什么是“文化大革命”？

张海英：“留在我记忆中的只是一点印象：这一条平平常常的路是有来头的，不能等闲视之。”学生不理解“等闲视之”，不理解前10个自然段的作用。

李卫东：我们先充分说说学生提出的问题，然后再来讨论学生提出的哪些问题是有价值的。

赵红霞：我的学生曾问，“他是否精神有问题？不就是一棵古藤被砍了”。

李卫东：这是从文章整体发问。

虞玉荣：有学生说，“至于这么悲伤吗？那么矫情，神经兮兮的”。

王净：“其中情味，只有我一个人知道”，“其中情味”是什么？

李卫云：学生提到，文章用了很多个转折连词，第2、第8、第11、第14、第16自然段都有“然而”或“但是”，作者怎么这么矛盾，前面刚说一个意思，下一段马上否定转折。

张海英：第15自然段用了四个“偏偏”，为什么就他一个人听到哭泣？

李卫东：学生提出的问题集中出现在后几个自然段，这就给我们一个启发——后半部分是重点。并不是所有疑问都可以作为教学问题，学生问题不等于教学问题。因为学生的理解程度不一样，有的可能停留在浅显层次。教学问题一定是具有普遍性的问题，或者是可以牵拉出好多有价值的内容的问题，从这些角度去思考汰选哪些问题、哪些问题值得探讨、哪些问题可以转化为教学问题，从而生成教学内容。比如“漠然”“等闲视之”可以不作为教学问题而单独解决。这就是散文笔法，前面的起笔很淡，是在铺垫、蓄势，与后面形成反差，反差大到什么程度，感慨就大到什么程度，愤慨、指责、忏悔就浓烈到什么程度。起笔很淡，进入情境，越来越美，形成反差，为抒情议论服务。我在上《故乡》这一课时，学生问什么叫“狗气杀”，“伊”是什么意思。这些问题就不必作为教学问题。当年钱梦龙教《故乡》，提前一两天安排学生自读课文并提出疑问，他从上百个学生问题中梳理出课堂问题，然后在课堂上基于学生的问题组织学生展开讨论。这里面要经过汰选，哪些问题是有代表性的，哪些问题是普遍性的一般疑问，哪些问题代表学生的阅读偏差，哪些问题可以牵拉出更有价值的问题，都要仔细琢磨。

四、抓关键词句，提供支架，向青草更青处漫溯

李卫东：两位老师确定教学内容时做得很好。先讨论哪一个，后讨论哪一个，有没有设计，为什么？

张海英：我是从主问题出发的。“十字架”的含义是信仰。写前面的美是为了衬托悲，如何写美、如何衬悲值得讨论。

虞玉荣：我俩整体设想一致——感受美，探讨悲。为了解决“十字架”的问题，往前推：古藤被砍，这是一株怎样的藤萝，为什么能让作者如此悲伤？先从要素的角度整体把握悲剧，再从人物来看作者的悲的深层含义，也就是只有作者听见哭泣。

李卫东：两位老师能自圆其说。那么，能不能不把美和悲切开？怎么解决学生的问题？我的设想还是从“悲剧”入手。什么是悲剧，悲在哪里？从大问题入手，整体感知，拎起全篇。藤萝被毁——怎样的藤萝？找出文字，写写批注，四五分钟就可以了。那么，这就是悲剧的含义吗，悲剧难道仅仅是指这吗，怎样才能让学生品味出悲剧的含义？这时候得提供点支架，大家想想怎么提供支架。

虞玉荣：我的支架是时间、地点、人物。

李卫东：这个支架不错，引入记叙要素。虞玉荣老师在课上能否进行适当追问呢？有名学生说“争名于朝，争利于市”，能不能追问一下：你为什么认为世人与悲剧有关呢？老师可以明知故问，请君入瓮。这样就可以问出第二层甚至第三层意思来。读第 14 自然段，朗读，反复朗读，在这里稍停留一下，做一些逗留，学生会领悟到：“争名于朝，争利于市”的人虽然没有直接破坏美，但他们无视美的东西，对破坏美的行为是冷

漠的，无形中助长了破坏美的行径。这一层意义很深，只要支架合适，不用担心学生回答不出来。

虞玉荣：对，在课上这层意义是我说出来的，应该让学生自己说出来。

李卫东：教学内容的深与浅要看提供的支架，不提供支架，再浅的东西学生都会觉得深；你教的东西很深，但只要支架合适，学生也能深入下去，获得阅读文本的愉悦和发现的快乐。支架对于帮助阅读很重要，或者问一个学生感兴趣的问题，或者迂回一下，或者比较阅读，实在没办法的时候，做点背景助读也是一种催化，这些方法都可以拓宽学生的思路。

虞玉荣："为什么世人听不到古藤的哭泣？"这是学生提出的问题，也是我想用的支架。

李卫东：这个问题好，你就可以问，难道悲剧仅仅是古藤被砍断吗？还有一个同学的问题是：为什么世人听不到古藤的哭泣，而季羡林能听到？有的同学说是因为季羡林精神有问题，你觉得他精神有问题吗，原因是什么？学生会对这些问题很感兴趣，甚至会产生争论。散文应该是审美阅读，不是实用阅读。文学本身是审美的，文字背后是悲天悯人的情怀，读文学要读出情怀来，要有一颗尊重生命、敬畏生命的心。老师能不断提供支架，提供一些知识要素、思路、背景资料，引进其他材料，形成对比、张力，构成矛盾，比较拓展，解决问题；还可以把大问题化小，比如将"他精神有问题吗？"化大为小，对理解悲剧的深层含义起辅助作用。惯常的课堂上我们总说：同学们你们想想，再想想！老师说很多遍，学生还是答不出来。关于悲剧的含义，我当时写下四五种，学生能读出两种就很不错了，在课堂上千万不能让学生只读到第一层。有人认为讲到尊重美，就行了。我个人认为这样做对这个文本而言还是有些浪费，应该帮助学生读出更深层的意思来。结合全文来看，悲剧是什么？答案满分是 4 分的话，答出藤萝被砍得 1 分；答出尊重生命，爱护美只能得 2 分；读出季羡林和世人的反差，这是第三个层次。最后这一层次是有区分度的。我个人的解读如下：十字架是沉重的责任，是信仰，说得深点还有忏悔。这是情感的、责任的、信仰的十字架，是悲天悯人的情怀。

五、以任务驱动和活动设计激发兴趣

李卫东：这两节课的优点已经说过了——教学起点都是学生问题，倾听文本，倾听学生的声音，做得挺好。这两节课确定的教学内容是合宜的，抓关键词、抓裂缝、抓缝隙，抓得挺好。“悲剧”，“十字架”，四个“偏偏”，三个“绝不会”，五个转折词，恰恰流露出作者的纠结、痛苦、折磨、煎熬，且是自然流露。阅读者循着这些关键词读出作者的心理，这就是解读的魅力，作者想不到的，读者循着蛛丝马迹看到了。

还有，这两位老师都注意到了要做批注，给学生读书和思考的空间，这也要坚持。别只顾着追求热闹，课堂上得穿插一点静的时间，让学生静静地思考，静静地写。笔答和口说不一样。这些都应该坚持。

最后提一点建议，在扎扎实实训练学生做批注、笔答、思考的同时，再多来一点任务驱动，或者其他活动设计，在趣味性上稍微再下点功夫。两者结合，千万别畸轻畸重。不要一强调课堂活跃，就这堂课热热闹闹，什么也没落下来；不要一强调扎实，就沉闷，让学生觉得学语文很累。

怎样才能让学生对学习产生兴趣呢？

1. 设置问题，激发兴趣

问题设置要吊起学生的胃口，比如“他是否精神有问题？”，让学生产生探究兴趣。把问题设置在学生的心坎上——兴奋点、困惑点、盲点。

2. 适当地多一些任务驱动和活动设计

任务和问题要结合起来。设置教学问题，通过教学问题来讨论教学内容，这是最基本的。但是我建议，能不能多点任务驱动和活动设计？比如今天这节课，我初步想，以写促读也是一种思路。文中有好几处可以设计的地方：

（1）“其中情味，只有我一个人知道，不足为外人道也。”结合全篇，你觉得作者要道些什么？写一段话——季羡林的自白。

（2）“人们争名于朝，争利于市，哪里有闲心来关怀一棵古藤的生死呢？于是，它只有哭泣，哭泣，哭泣……”以古藤的语气来写一段话，表达出古藤哭诉什么。

（3）以“十字架”为题写一段感想。

（4）这是一出悲剧，给这出悲剧列一个清单：悲剧发生的时间、地点、情景，悲剧的人物（有主角、配角、群众角色吗？）。完成了这样的任务，就相当于在课文里来来回回走了几遍。

（5）古藤墓志铭。

以写促读选取哪一个，放在哪一个环节，要根据学情处理。这本质是为了阅读，顺便训练了文字表达能力。这些活动和任务，适当地用、组合着用，课堂效果会更好一点。

李卫云：今天李卫东老师带给我们的，用音乐名词来说有强弱音、主和弦、高音区、变奏、休止。第一，李卫东老师带我们倾听这篇文章的强弱音，我们理解强音在后面的抒情议论段。第二是主和弦，从学生问题出发，抓住关键词句，提供支架，向青草更青处漫溯。第三是高音区，李卫东老师引导我们关注思维的层次，关注学生的深度阅读。第四是变奏，就是李卫东老师所说的裂缝、矛盾处。第五是休止，填充文章的空白。李卫东老师以“以写促读”为示例，引导我们多做一些任务驱动和活动设计。李卫东老师的设计巧妙灵动。

第四节 《台阶》课堂观察

对《台阶》课堂教学的个案研究，重点观察和评价课堂教学中教师是否关注学生的学习过程和结果，以何种方式关注，采取何种教学跟进行动，取得的效果如何等。

一、个案的选择

本次个案研究对象是北京市城区一所普通中学，所选的教师是该校参加2008年语文学业水平测试班级的任课教师。教师对课堂教学没有进行事先准备，因此反映的是课堂教学质量的常态。

二、个案研究的方法

1. 课堂观察法

首先，编制了课堂观察的工具，依据各个学科观察的重点内容，确定需要观察的各个要点和评价的指标。其次，深入细致地观察，做好观察记录，并采用一定的观察记录表，对发生在课堂教学中的教师和学生的一些行为的类别、频次和持续时间进行记录，通过课后整理分析，判断教师的行为是否适宜，对课堂教学出现的好的经验和问题进行深入分析。

2. 录像分析法

为了深入分析课堂教学活动，辅助运用了录像分析的方法。依据个案研究方案，对反映研究主题的一些活动和内容进行录像分析，写出录像分析报告。

3. 访谈法

为了深入了解影响课堂教学质量的一些相关因素，采用了访谈的方法，对任课教师进行访谈。访谈的内容主要包括教师本人对课堂教学的感受和评价，影响课堂教学的一些现实因素，如环境因素、管理因素、生源因素、教师群体的培训和学习现状等。

4. 文献研究法

通过研究教师的教学设计、学生的作业及其他相关资料，了解影响教学的一些因素。

三、个案研究的过程

第一，项目组研讨并确定个案研究的方案，包括研究的内容、课堂观察的量表、访谈提纲、观察方法、设备等方面的准备。

第二，与任课教师进行课前交流。为了更好地观察课堂教学，项目组在课前就教师的教学设计进行交流，了解教师对这节课的整体设计和安排，为进行课堂观察奠定基础。

第三，深入课堂，观察课堂教学，完成课堂观察记录报告单。

第四，对教师进行访谈，完成访谈报告。

第五，对课堂教学进行录像分析，完成录像分析报告单。

第六，在分析教师课堂观察记录报告单、访谈报告、录像分析报告单的基础上，完成个案研究报告。

四、个案研究的结果

（一）课堂教学质量状况

1. 课堂教学基本情况

本节课教师依据教材单元安排的特点，确立了两个教学目标：（1）通过对人物语言、动作的分析，把握人物形象；（2）通过把握人物的内心世界，丰富自己的人生体验。教学目标的确立紧紧抓住了体裁特点，并充分考虑了单元目标的统筹和整合。整个课堂分为四个教学板块：第一，学生谈预习后的印象和感受；第二，学生找出最欣赏的语段并阐明理由；第三，教师提出问题，师生讨论人物的深层意义；第四，课堂小结。四个板块由浅入深，由感性到理性，渐次展开，有机统一。确立的主要教学策略是开放式对话，从教学问题出发，师生一起读书、思考、讨论，在对话讨论中实现知识能力的建构。课堂效果较好，基本实现了课前制订的教学目标。

2. 课堂教学值得肯定的地方

第一，教学目标的确立体现了语文学科“工具性与人文性统一”的学科性质。

如前所述，本节课确立了两个教学目标，“通过对人物语言、动作的分析，把握人物形象”侧重于能力和方法，“通过把握人物的内心世界，丰富自己的人生体验”则侧重于情感、态度、价值观的培育。

两个目标的确立充分体现了语文学科“工具性与人文性统一”的学科性质。教小说并不是从简单的概念出发，比如小说三要素知识，而是要紧紧抓住具体的语段，通过对语言、动作、心理描写的揣摩和体味，走入人物的内心世界，进而把握小说的深刻内涵。在把握人物内心世界的过程中，学生的阅读经验和人生体验自然得以提升，这样就把“能力、方法”“情感态度、价值观”等不同维度的目标融合在一起，也契合了语文学科“工具性与人文性统一”的特点。因此可以说，抓住了具体的语言和细节，就抓住了语文教学的主要矛盾，就有了“语文课就要上出语文味”的可能性。

第二，注重过程方法的指导，积极促成学生的知识建构。

本节课教师彻底摆脱了“灌输式”的教学，充分引导学生去自主阅读、赏析，走的是开放式教学的路子。一名刚参加工作一年的年轻教师，没有按部就班、条分缕析地逐段讲析教材，而是提供问题情境，启发学生去发现、探究、交流，的确很难得。教师在课堂教学策略上能有这样的胆识，有其基本的依据：

其一，在单元教学的框架内确立本课课型，选择教学策略。之前的几节课，通过讲读结合的教学，学生对小说、一般记叙文的阅读策略已经有所体认，这节课即以“放”为主，让学生在自主阅读中自觉运用已有的知识积累，得到能力的训练。由“讲读”为主到以“自主体验”为主的过渡，体现了单元教学的层次性。

其二，教师和学生对“自主阅读，赏析交流”的阅读策略已经具备初步的积淀。在课前、课后与执教教师的交流中发现，教师很注意培养学生自主读写的兴趣和能力。对于教材阅读，教师一般是先提前布置预习作业，关于文章的字词等，让学生自己回去查资料；上课时先让学生汇报交流预习的成果，然后学生在课上把预习中不能解决的问题提出来一起探讨。执教教师和学生努力践行一种语文学习的理念：在阅读中学会阅读，在分享中互相提升。这一点在本节课上也有较好的体现。《台阶》这一课上，学生的发言次数达到42次，对于精彩的细节描写的妙处，对于人物性格的评判，学生具有充分的发言权。而教师的"作为"在于倾听、点拨和讲解，这些都是在交流中自然发生的，而不是机械的讲授和灌输。能力不是讲出来的，而是读出来的，是促发出来的，是学生在亲历亲为的过程中训练出来的。我们经常讲三维目标，但在实际教学中，却往往对"过程和方法"关注不够，或者说教学方法不多。假如学生不能充分体验语文学习的过程，不能形成语文学习的方法，所谓的"知识能力""情感态度"也就没有了着落。另外，执教教师在访谈中还提到自己在大学时期如何把书读薄——列知识清单，并且在日常教学中也指导学生掌握这种方法，从这也可以看出执教教师在"过程方法"指导方面的浓厚意识。

第三，以教师的个人知识经验再度开发课程。

在课堂的第三个教学板块，师生就几个问题讨论了人物形象的意义之后，教师朗读了自己为这节课的教学专门撰写的一首诗歌：

台阶

父亲坐在那个很高很高的台阶上
看着别人从自己脚下走过
曾经这是他的梦想
如今，他却羡慕常人的忙碌

他的一生与台阶不可分离
劳作是他生命中不可或缺的主题
但那曾经少年的追求，青年的希冀
却被深深地埋进了台阶里

九级台阶如古琴上齐整的琴弦
只不过演奏这古琴的
是父亲苍老的脚步

这是一首沉默的歌
在轻轻诉说
父亲低头
只看见自己失望的手
像青石板一样粗糙

教师在课堂上朗读自己撰写的诗歌，学生们两次报以热烈的掌声。这首诗歌已超出一般意义上的教师“下水文”的范畴，而是作为课程教学内容的一个部分，促发学生的互文式阅读。诗与文的互文性阅读，师与生的互文性阅读，体现了难能可贵的课程开发意识。在本节课问题讨论的深入阶段，学生围绕“最喜欢的语段”的讨论在思维的广度和深度上未能进一步拓展，教师适时引入自己撰写的小诗，学生无疑又从新的认知材料中获得一层新的阅读刺激，思维的紧张和兴奋再次被唤起。不仅如此，这首小诗并不游离于教材文本和本节课教学目标之外，而是教师基于自己的阅读体验，对教材文本进行的开发和创造，使问题讨论跃上一个新的思维高度。学生讨论教师写的诗，实际上是换一种角度重读教材文本，获得诗与文的互解；教师提供一首诗，一个特殊的教学文本，也是在提供一种解读策略和思路。更值得一提的是，教师的个性解读，教师的自创小诗，会给学生积极的影响。课后访谈中了解到的，本班学生乐意品评课外读物、创作诗歌，即是明证。

3. 课堂教学存在的问题

第一，教师的教学理答能力需进一步提高。

如前所述，本节课学生发言的次数多达 42 次，教师乐于倾听，也注意在过程方法维度上的点拨和评价，但也正是在对学生发言的反应和点拨上，还有一些值得改进之处。本节课的观察者针对“教师对学生发言的反应”制作了专门的课堂观察量表，下面是统计分析结果：

表2-1 教师对学生发言的反应

问题	教师的反应					
	不反应	启发其他学生回答	简单肯定，未做进一步的跟进	引申评析	追问	讲解
第一个问题			4			
第二个问题	3	3	11	1	5	1
第三个问题	2		1			
第四个问题	1		1			1
第五个问题			3	1		
第六个问题	2		1			
第七个问题						1

注：表格中的数字为教师对学生回答不同类型“反应”的发生次数。

其中，“不反应”是指教师未做言语或眼神、动作上的反应；“简单肯定”是指只做出“很好”“不错”之类的回应；“引申评析”是指不但做出对错与好差的评价，而且由此引申强调，点拨启发。从表格中可以看出，“不反应”和“简单肯定”合计29次，占教师“反应”总数的69%；“引申评析”和“追问”合起来才7次，仅占16.7%。前者比例过大，后者比例过小，直接导致的后果是教学答问效益的流失。高质量的对话不应仅满足于“说了什么”，而且要揭示出“为什么要这样说”。就这节课而言，课堂主体部分是让学生说出自己欣赏的语段并陈述理由，有些学生在陈述理由时仅仅停留在这句话或这段话表现了父亲的什么品质上，而没能说出为什么体现和是怎样体现的。也就是说停留在“写了什么”上，而未向“怎样写的”和“为什么要这样写”迈进，而后者恰恰是语文学习的核心所在。如何发生高质量的对话？要靠教师较强的理答能力，尤其是对引申评析和深度追问的娴熟运用。

第二，对不同学生群体的关注，尤其是对学困生的关注还要加强。

本班共38名学生，上课前教师在名单上画出9名绩优生，6名学困生，其中9名绩优生中有6名发言（其中2名学生每人发言6次，3名学生每人发言3次，1名学生发言1次），6名学困生无一人在课堂上发言。具体统计如下：

表2–2

发言次数	人数
0次	18人
1次	9人
2次	6人
3次	3人
4次	0人
5次	0人
6次	2人

全班38名学生中有20名发言，发言的总体情况尚好，但暴露出一个问题：绩优生发言次数过多，学困生无一人发言。如果长期如此，就会形成恶性循环，越是学习好的学生，课上表现的机会越多；越是学习差的学生越是沉默，学习成绩越是停滞不前。如果适时鼓励一些学困生做课堂发言并细心引导，在矫正思路、启发思维的过程中，受益的是全班每一个学生。某种程度上，学困生的发言比绩优生的发言更具教学价值，其原因在于学困生的“困难”得以浮现，学困生能在教师的点拨、同学的启发下，认知错因、矫正思路，包括学困生在内的全班同学都能对“过程和方法”有更真切的体验。关注每一个学生，尤其不遮蔽学困生的思维，是一种应该努力追求的课堂文化。

第三，教师对文本的挖掘可再深入开阔一些。

课堂后半部分讨论的几个问题，“父亲为什么造高台阶”“造完高台阶后父亲为什么失落”“父亲这样做值不值”，有很好的探究价值，而在讨论过程中，有学生脱离文本对“父亲”的行为做出了肤浅的解读，教师没能及时做出反应。比如有学生认为“父亲”从造台阶的行为中没有获得最终的快乐，所以这种行为本身是无意义的；还有的学生说“考完试之后，我回到家，看到我的床上，我的桌子上，都是我的一些复习资料，我就感到很迷茫，一直坚持做的事做完了，不知道下一步要做什么，这就是一种和‘父亲’类似的空虚吧”。对这些解读教师都只是做了简单的肯定而未做出进一步的质疑和辨析。为什么出现这种情况？教师对文本的解读准备得还不够充分是其中一个原因。实际上，评判“父亲”的行为应抓住“台阶”的隐含意义。“台阶”是文本的一个隐喻，在“父亲”

的眼里指“地位”，“父亲”一生追求的是地位，是精神地位。结合广阔的时代背景来看，我们可以看到改革开放之初新一代农民的“面子与尊严”的问题，改革开放后农民在物质追求方面得到了满足，而在精神方面出现了问题，陷入莫名的困惑和迷茫之中。如果只是用“考试后的空虚”来做简单的类比，“父亲”这个人物形象的更深层的意义就可能被遮蔽。教师尊重学生的多元解读本身没错，但如果教师本身对文本的解读不够深刻和全面，这样的“尊重”就会失去价值。

（二）影响课堂教学质量的因素分析

1. 教师本身的因素

教师因素对课堂教学质量的影响主要体现在三个层面。

（1）教学观念。本节课教师充分调动学生自主阅读的积极性，教师作为参与者、指导者给予必要而及时的支持与帮助，收到了较好的效果。教师既不能做灌输者，也不能做观望者，而是要在两者之间找到一种平衡，相信学生又帮助学生，这才是教师的合理定位。另外，在学科教学上很重要的一点是教学观念要充分体现学科的主体性，要做到这一点，语文课就应上出语文课的味道。本堂课之所以能基本实现课前制订的教学目标，与执教教师正确的教学观念有很大关系。

（2）教学素养。具体又分两个方面，首先是学科知识素养。本节课的执教教师自创诗歌、诗文互读，表现了语文教师良好的学科知识素养，如果说有不足之处，就是对文本解读的视野还不够开阔。随着课程改革的深入，教师教学的开放性也在加强，如何保证“开放性”教学的收益？教师解读文本的语文素养愈显重要。在课后访谈中，执教教师本人也说，其最大的困难就是备课，备课时抓不住东西，就先上网看看别人的课例，看完之后自己还是没有办法确定教学目标，因为每个人的思路都不一样，一篇课文有很多的点可以抓，包括对它的中心，不同的人有不同的理解。像《台阶》这篇文章，有的人能理解当时农村生产力低下，觉得“父亲”这一辈家庭生活贫困；有的人看重“父亲”一辈子所坚持的理想，认为它是积极的；又有人认为它是消极的。再次是一般教学素养，如教学理答的能力、对话阐释的能力、开发课程的能力等，这些在前文中已有分析，此不赘述。

（3）教学行为。教师的教学行为对课堂教学质量影响的大小，关键看教师能否把“教师的个人文本”与“学生的文本”融合，能否把“教师的个人知识经验”与“学生的个人知识经验”融合。先进的教学观念和良好的教学素养最终还要落脚在“教学行为”的实现上。比如针对真正达到让学生“通过语言、动作把握人物形象”这个教学目标，教师要拿出更加具体的教学策略，以使教学行为更加富有成效。

2. 管理方面的因素

在课后访谈中了解到，执教教师所在的学校在课堂教学管理尤其是青年教师培养方面，有两点很值得肯定。

（1）“师带徒”的教学管理机制。访谈中执教教师提到“我有一个师父，每上一节课我都要请教他，他也确实给了我不少具体的帮助，我从‘师带徒’中受益不少”。青年教师要从一名教学新手成长为优秀教师，老教师的专业引领和帮助必不可少。

（2）给青年教师适宜的工作量。执教教师谈到自己备课常常要用5个小时左右甚至更多的时间，而老教师可能用一个小时就备出一节课。令执教教师庆幸的是，她的工作量并不太大，还能应对。对于刚参加工作的青年教师来说，面对的新问题很多，学校起初给予并不繁重的工作，可能会更利于他们专业的成长和提高。

3. 学生方面的因素

从课前课后的访谈中还可得到以下两点启示。

（1）学生“亲近语文”与“亲近语文老师”是相互支撑的。教师本身喜欢语文，喜欢阅读，喜欢写诗，学生一般也会喜欢语文，喜欢读写，进而喜欢教师。教师亲近学生，学生也会亲近老师，进而亲近语文。

（2）学生喜欢交流，也不排斥课外阅读。执教教师本节课采取的主要教学策略是鉴赏交流，课外她和学生也是这样做的，师生乐此不疲。我们经常说课外阅读对于语文学习很重要，但苦于学生的不读和不认真读。这时我们就要问问自己：我推荐给学生有价值、有意思的阅读材料了吗？我和他们进行过阅读材料的交流了吗？我交给他们阅读欣赏的方法了吗？

4. 课程教材方面的因素

执教教师所在的区县统一使用人教版初中语文教材，她对教材比较满意，在访谈中说："像这一学期拿到书以后，我就叫学生看目录，了解我们要学这本书中的什么。我说，《背影》这篇文章，不仅仅我学过，你们的父亲也学过，这是一篇很经典的文章。我又说后面的一些诗，多好啊，好多诗我是在大学时才有机会认识的，你们现在就能够了解，你们比我幸运啊。我觉得这教材蛮好的，文学性很强。"教材的质量令教师满意，教师就会将对教材的兴趣，对语文课本的喜爱，迁移到学生身上，未学教材先领着学生感知整本教材，好比领着学生到了一个美轮美奂的宫殿，饶有趣味地和学生东瞧瞧西看看，做一番评说，无形中使学生进一步探幽访胜的兴致更加浓厚。还有一点值得注意的是，目前语文课程的开放性构架不但为利用教材学习语文提供了可能，而且为教师再度开发教材、开发课程提供了可能，比如本节课中执教教师将自己写的诗歌引入课堂，与语文课程开放性的构架不无关系。

五、思考与建议

基于以上个案分析，提几条语文课程改革方面的建议。

1. 关于教师的个人业务学习

课程改革终究要落脚在教师、课程的改革。教师对课程标准的重温，对照课程标准对自己教学行为的反思，教育素养的再提升，在课程改革的深化发展阶段不可或缺。尤其是语文教师，各方面的业务素养要求更高，面临的挑战也更大，不但要具备扎实的语言文化素养，而且要有过硬的教育教学素养。读书学习是教师专业发展的硬道理。建议语文教师研读语文学科教学论的书籍，经常翻阅一些语文教学期刊，掌握语文课程改革的前沿理论和吸取相关经验。教师还要进行创造性的"行动"，在"行动研究""个案研究"中建设充满活力的语文教学课程，过幸福而有意义的教学生活。

2. 关于学校的教学管理

加强校本教研，整合学校教学资源，是提升整体教学水平的有效途径。建议开展以备课组、教研组为单位的"课堂观察"活动，让听评课走向专业化，切实让教师在单位教研时间里有实实在在的收获，互相借鉴，共同发展。每次课堂观察活动确立一个集中观察的主题，比如“教师理答”，而后切分几个不同的观察角度，由备课组的成员分别承担观察任务，开发不同的观察量表，把量化观察和质性分析结合起来。经过课前说课—课中观察—课后报告和分析，听评课不再是泛泛的主观经验的裁断，而转化为严谨科学的课堂研究，如此方能切实提升教师的专业水准。

3. 关于教师培训

建议一：教师培训应基于课堂、基于实践。这并不是说教师不需要理论指导，理论必须有，但最好是在具体的课例分析、课堂观察、教学问题研讨中灵活渗透和呈现，因为基于课堂实践的培训更能使理念生长在教师的头脑里，活化在教师具体的教学行为里。

建议二：进行教学能力的微格训练。把教学能力分解为不同的要素，每次培训有不同的侧重点，比如“教材解读”“问题设计”“教学理答”等，分而练之，再有机整合。

建议三：分层次有针对性地开展教师培训活动。成熟的教师和教学新手面临不同的发展困惑，有不同的培训需求，分层培训效果更佳。

第三章　先学后教、边学边教与混合式学习

“教育的过程是教育者与受教育者相互倾听与应答的过程……倾听受教育者的叙说是教师的道德责任。”[1]应答的前提是倾听，教师不仅要能够听到学生真实的声音，而且要在学习开始前、学习进行中和学习结束后都能够倾听学生的述说。有效的倾听与应答需要科学的调研，需要教师对调研结果进行深度分析与合理转化。学情调研是教师了解学生学习基础的主要方式。具体到语文学科，我们需要的学情至少包括以下四个特点：

首先，需要真实的学情。不能站在教师本位凭空臆造，而是把切实的、真正的学情描述出来。真实的学情不是摆设，而是学生的真实的学习状况和学习需求。凭空臆造出来的学情，往往是搁到备课本上应付检查用的，这样的学情，我们宁可不要，因为虚假的学情是无益的，不会和我们的教学发生任何关联。

其次，需要具体的学情。有的学情分析，说了一大堆既是语文也是数学，既是政治也是历史，既是这个学期又是那个学期，普遍的、具有共性的、一般的学情，这样的学情有没有用呢？有用，但用处不大，原因就在

[1] 李政涛.倾听着的教育——论教师对学生的倾听 [J].教育理论与实践，2001（7）：1-4.

于它空泛笼统，缺少针对性。学情分析停留在这里是远远不够的。教一篇课文，就要分析学生学习这篇文章会有哪些反应和表现，会有哪些困惑，会对什么感兴趣，需要教师提供什么支持。把学生面对新的学习任务的具体反应和表现揭示和描述出来，并做初步的归因分析，再来确定“教什么”和“怎么教”，就合乎逻辑，是“讲理”的语文教学。

再次，需要动态的学情。学情并不仅仅存在于教学实施前的设计阶段——备课。还有一种状态的学情，是在课堂之上“流淌”着的，是动态的学情。课堂上随着师生对话的展开，学生的反应也会千变万化，教师要随时观察学生的反应，做出教学应对。比起课堂口头答问，课堂上让学生拿起笔来学语文，形成一段文字，完成一个项目，更能让教师从容、准确地发现学情，基于学生的作业纸展开的教学也更有教学的深度和广度。学情还包括教学实施后学生的学习状态和学习反应，而这也恰是下一节课教学设计阶段需要关注的学情。如此循环往复，形成教和学交互缠绕的链条。动态的学情最难把握也最容易被忽略。尤其在公开课上，有的教师怕学生的回答超出教师的预设，一发现学生跑离预设的轨道，便想方设法遮掩或制止，殊不知，遮蔽掉的可能是真问题，流失掉的可能是矫正、点拨、生成的好时机。

最后，需要联系的学情。把教学设计、教学实施、教学评估等三种不同阶段出现的学情勾连起来，这是一种联系。还有一种联系非常重要，即要让学情和“教”发生实质性的关联。如果做完具体的学情分析，包括在课堂上动态捕捉学情，做出教学诊断，但是教学应对没有跟进，没有匹配的教学反应，只有判断，没有行动，那么学情便不能产生效用。一定要基于学情判断、学情分析，及时、有效地跟进教学，把“学”和“教”联系起来，才能产生有价值的教学。人们所熟知的“先学后教”中，“学”和“教”不是简单的时间先后关系，也不是简单的拼接和相加，而是逻辑上的关联，“教”是在“学”的逻辑起点之上的。学生自学即会的，教师不放心，又从头到尾教一遍；学生学习中懵懂不知的或自以为知却有偏差的，教师反而没有帮助解决。这样即便是学在先，教在后，也是形式上的先学后教，而不是逻辑关联意义上的先学后教。据此来看“翻转课堂”，如若尊重教育的常识，利用互联网技术、大数据，通过精准的学情诊断实现有针对性的、个别化的教学，把错位的教和学的关系扭转过来，便是加强版的逻辑关联上的先学后教；如若偏于互联网的形式，不能把学生的学和教师的教关联起来，不能实现线上和线下实质性的混合，反而可能是加强版的“满堂灌”和“题海战”。

第一节 《故都的秋》《拉萨的天空》课堂观察

北京市潞河中学的邵红梅老师和宋久峰老师在“基于‘学’的视角改造语文教学”研讨会上分别执教《故都的秋》和《拉萨的天空》，两位老师在课前以不同的方式了解学情，并基于学情分析设计与实施教学。

一、邵红梅的学情分析与教学目标设定

邵红梅老师在开展《故都的秋》的教学之前，设计了调查问卷，进行了充分的学情调查和分析。

《故都的秋》学情调查统计

一、你觉得这篇文章美吗？你喜欢这篇文章吗？如果你认为它美，喜欢它，你能说出几条理由吗？

美（26） 不美（1） 一般（9）

喜欢（20） 不喜欢（4） 一般（12）

（学情）认为它美，喜欢它的理由：

1. 描绘了五幅秋日图景，语言虽不华丽却有一种秋之美。
2. 修辞方法很多，语言优美，作者见闻广博。
3. 借景抒情，语言美，情感丰富。
4. 这篇文章景美，能抓住细微的景物写北国之秋，情美。
5. 介绍了秋天，使人感受到秋天之美。

（学情）不喜欢它的理由：

1. 虽然景物写得很全面，但是太琐碎，全文没有太强烈的情感。
2. 太过平淡，不太吸引人。
3. 景色过于凄凉，情感有些低沉。
4. 文章让我有一种荒凉、寂寞的感觉，不是很喜欢。
5. 没有明显的喜欢的感觉，说不出哪里好，不觉得美。

二、通过预习，你知道了什么？理解了哪些内容？哪些是你不知道、不理解，需要老师帮忙的？哪些是你迫切想知道的？你觉得自己还需要知道哪些内容？

学情：

1. 我不知道为什么那些水果成熟到八九分的七八月之交才是北国清秋的佳日。秋与中国文人的关系为什么便特别深了？文章中除爱、怀念的情感以外，还有何情感？这篇文章的写作背景是什么？

2. 我还想知道更深一层的情感。

3. 我还想知道作者写这篇文章是否还有别的用意，想知道作者为什么这么喜欢秋味。

4. 作者认为北国之秋令人难忘，但为什么是“悲凉”的呢？“悲凉”的内容和原因分别是什么？

5. 我想知道这篇文章的写作背景，调查问卷的用意，文章中的知识点；希望能仔细分析、学习文章内容。

6. 北国的秋是悲凉的，为什么作者还如此热爱与眷恋？“秋并不是名花，也并不是美酒，那一种半开、半醉的状态，在领略秋的过程上，是不合适的”，这句话的意思是什么？作者的写作目的是什么？

7. 我不理解为什么作者要在文章中使用英语。我想知道为什么作者要写北方人的读音和中国赞颂秋的诗文，我觉得我需要了解作者写作的背景。

8. 我了解了北国秋天的大致景象。我想要了解作者的情感。我不理解作者的写作意图。我很想知道作者为什么提起外国文学。

9. 作者为什么写北国的秋而不是南国的秋？作者为什么说“悲凉”？作者在什么情况下写出这篇文章？这篇文章是否蕴含特殊意义？

10. 我不理解倒数第 2 自然段有什么作用，我想知道更多有关中心主旨的内容。

11. 我想知道结尾处的比喻有什么用意，在文中的作用是什么，表达了怎样的情感。文中描写的景物之间有联系吗？我认为作者的情感是悲凉与落寞的，是否还有别的情感？怎么理解第 4、第 5 自然段？

12. 这篇文章通篇写了故都秋天的悲凉，然而作者又为何在结尾表达出自己对北国秋天的喜爱？这不是矛盾吗？还有这篇文章通过南国和北国的秋景的对比，写出作者更偏爱北国的秋景，这是为何？南国的秋天富有活力，但作者为何不喜欢呢？有什么更深的含义？第一个问题是我迫切想知道的，我觉得我还需要知道作者写这篇文章时的背景。

13. 作者是南方人，应对家乡感情较深，即使北国秋景有美感，但毕竟清、静、悲凉，又怎会令他眷恋呢？我还需要知道文章的写作背景，以及作者生平。

14. 我不理解作者的悲情从何而来，我还需要知道文章的写作背景。

15. 作者为何在文中穿插英语？我迫切地想知道最后一个自然段的含义，还想知道作者写这篇文章的背景。

16. 我想知道这篇文章的写作背景和写作目的，作者的写作技巧，文中的描写方法。

17. 我不理解第 10 自然段作者写“阵”字与文章主旨的关系。我迫切地想知道作者写这篇文章除了想表达对北方的秋的赞美，还有什么时代性的情感。我觉得自己还需要知道作者写这篇文章的背景。

18. 在时局动荡的年代，作者写本文有什么特殊意义？他在怎样的背景下写这篇文章？写中外诗人一段有什么用意？我们怎样才能写出这种作文？

19. 为什么选这些景，为什么不写陶然亭的芦花？

20. 我想知道文章最后一句话的含义。

21. 我不理解作者的写作手法，我还想知道其他类似的文章和作者其他的著名文章。

22. 我想知道作者写此文除了怀念故都，还想表达什么情感；想了解此文的时代背景。

23. 文章多处运用修辞手法和美的意境吸引人，但我总对这些反应很迟钝，有些地方读不进去，不像读记叙文那样容易进入。我想知道为什么作者会有这么深的情感而我却没有。我还需要知道作者的过往经历和他的其他著作。

24. 我不理解作者为什么愿把寿命的三分之二折去，换得一个三分之一的零头来留住北方的秋天。我迫切地想知道作者这么喜欢秋天，为什么十年不曾回来。

25. 作者着重描写北方的秋，但为什么会突然写道“有些批评家……颓废色彩”？结尾为什么又写到南国之秋，仅仅是与北国之秋做对比吗？

26. 整篇文章让我觉得似懂非懂，我不是很能理解作者的情感，想知道作者写这篇文章的背景及作者是怎样的人。

27. 作者是浙江人，为什么把北国的秋天叫作“故都的秋”？

28. 我想知道作者的写作目的和写作背景。

29. 我迫切地想知道作者写这篇文章的目的是什么，想表达什么样的感情。作者明明是浙江人，为什么把北方的秋叫作“故都的秋”呢？

30. 我不理解第12自然段写故都北平的秋和秋之于人不分国别、人种阶级有什么必要联系。说到秋，人们很容易想到落叶，文中却并未出现这一景象，作者为什么没有从霜叶变红、黄叶落地这些方面写北国的秋呢？我还需要知道作者为何认为牵牛花以蓝、白最佳，有何象征意义。

31. 我想知道作者除了表达对秋的喜爱，还有什么情感。想了解写作背景、作者生平，进行课外拓展。

32. 我想知道作者怀念北平的秋的缘由。为何用那么多概括性的语言来写北平的秋？

33. 没读懂的地方：郁达夫是浙江富阳人，是南方人，但他却写北国之秋，并且称之为“故都的秋”，为什么？写北方人念“阵”字的特点有什么作用？需要老师解答的问题：作者认为这样的秋令人向往，为何还要写“悲凉”？他此时的心境怎样？我还想知道：古今中外有许多诗人、文人写秋，因写秋的角度不同、选景不同、心境不同，所表达的情也不同，那么古今中外都有哪些诗文与郁达夫所写的《故都的秋》有相似之处？

34. 作者喜爱北国秋天的同时，为什么用“悲凉”这个消极的词语？牵牛花为什么“以蓝色或白色者为佳，紫黑色次之，淡红者最下”？

35. 我在杂志中读了一首写郁达夫的诗，感觉他像有精神病，割破手指就说是自杀未遂。但读完《故都的秋》又觉得他挺正常的，为什么？

36. 我想了解当时的政治文化背景，因为我想给作者一个定位，似乎我目前对郁达夫的定位略显偏激。

三、学情分析。

关于《故都的秋》，学生的现有学情归纳如下。

已知：本单元学习写景状物散文，已学过《济南的冬天》《荷塘月色》。学生能通过文中南国之秋和北国之秋的对比、文章描绘的五幅画面等，体会作者对故都的秋的热爱、眷恋、怀念之情。

未知：题目“故都的秋”的含义是什么？为什么选取的景物多是冷色调的？倒数第2自然段的作用和意义分别是什么？文中为什么使用英语？第12自然段读不懂。

想知：既然作者认为北国之秋令人难忘，且对其如此热爱眷恋，又为什么说它是“悲凉”的呢？“悲凉”的内容和原因分别是什么？景与

情似乎矛盾。(迫切想知)

需知:作者的过往经历、时代背景、创作主张等知识。进一步阅读拓展,郁达夫究竟是一位怎样的作家,如何定位他?

能知:结合课文注释、课外阅读,了解郁达夫其人其事;结合古人写秋的诗词歌赋,体会王国维的"一切景语皆情语",体会中国文人之于秋或悲或颂的情感。

基于以上学情调查和分析,邵红梅老师将本课的教学目标设定为:

1. 理解文章"景"和"情"的和谐统一,领会以情驭景的写作手法。

2. 深入理解文本,体会作者独特的审美情趣。

二、《拉萨的天空》原文及宋久峰的教学设计

作家王宗仁的《拉萨的天空》篇幅不长,兹录如下:

拉萨的天空

40 多年间,我曾数十次到过日光城拉萨,每次看到那里的天空总是那么湛蓝、透亮,好像用一种特制的清水洗过的宝石一样清爽。说话的声波能碰到蓝天,伸出手来能触摸到蓝天。有人在描述拉萨的天空时讲了这么一句话:"掬蓝天洗脸。"说得实在精妙。我则常常这样想,也许有贴着山顶的白云映衬,拉萨天空的湛蓝才越发显得深邃、纯净;也许有拉萨河畔草地的对照,它的湛蓝也更加鲜活、美丽。

拉萨天空的蓝色是属于那种纯粹得淋漓尽致、无拘无束的色彩。它蓝得可以发出声音,它可以把你的视线冻结,使之长久地凝固在天幕的某个地方,让你尽情而贪婪地享受人间的碧蓝所带来的无限宽阔。我站在这个城市里任何一条并不讲究的街头或陋巷中,都会看到许多人在荧屏上和书本上看到过的那座高大的、依山而建的气势磅礴的房子——布达拉宫,它头顶的天空在一年四季中不管是深冬还是盛夏都净蓝净蓝地发亮。有了这蓝天,布达拉宫的雄伟、壮丽变得更加神秘、诱人!于是,我有了这样的猜想:拉萨的天空之所以这么湛蓝,就是因为有这座独特的圣殿,如果少了它,拉萨的天空就会冷得像结了冰,寂寞得像一所空房子。

在藏语中,拉萨是"圣地"的意思。那么,这湛蓝的天空就是"圣地"的窗帘了。

就在浮云碧空下的石块砌成的通往大昭寺路上，我不时地能看到一些磕着长头的虔诚的信徒，他们全身伏地，朝圣拜佛，一步一磕头，用即使伸长了仍然佝偻的身体丈量着大地。衣褶里雪霜搅和着的沙尘和满脸的沧桑告诉人们，他们是从遥远的山那边河那边匍匐而来的。这些朝觐者的手上戴着皮套，两个膝盖上扎绑着护膝，他们做好了应付旅途上一切艰险磨难的准备，然而他们心灵上因急切企盼而聚集的灼痛，因极度寂寞而结痂的伤痕，却是什么也难以抚慰和弥合的。漫长的朝圣路上，他们只知道磕头，从不说话。没有话语反而显得他们说了许多话。现在大昭寺就在眼前了，这是他们此行的终极目的地，也是极辉煌极鼓舞人心的最后一段里程。据说，磕长头到"圣地"来朝拜，一个人一生中只有一次。我没有想到在这些朝拜者的队伍里，竟然有一个藏族少年，他认真磕长头的动作却怎么也掩盖不了他的笨拙。只剩下最后一个长头的距离，他就到大昭寺了，他却没有磕这个长磕，突然站起来，大喊一声："拉萨！我的亲娘！"喊完后，他觉得肚子好像饿空了，静静地伏卧在地上，舒展着四肢，倾听着日光城从地心里传来的呼唤藏家儿女的声音。

藏族少年的头不偏不倚地正朝着布达拉宫的方向。他从阿爷的嘴里就知道，这圣殿的墙上彩绘着文成公主当年进藏的故事，他此次进日光城就是为了亲眼看看这位祖祖辈辈受到藏家人尊敬的公主的铜塑鎏金像。

就在藏族少年全身伏地在大昭寺前虔诚地朝拜时，布达拉宫的金顶在蓝天下格外耀眼，闪金闪银。有一朵白云飘飘而来，打扫着天空的灰尘……

下面是宋久峰老师的教学设计方案：

教材分析

本文选自北京市义务教育课程改革实验教材第十五册第五单元，单元的学习重点是感悟记叙的人、事、景、物中所蕴含的人文精神，提高文化素养。本文对自然风光和人文景观的描写非常精彩，但教学过程中很容易忽略对人文内涵的充分挖掘。本课时将按照学生的学习过程进行指导，发现并解读文本的潜在内容。

学情分析

总体分析：八年级学生对散文阅读有一定的兴趣，能通顺地朗读，能大致理解作品情感和主题，能结合文章对精彩语言进行基本的赏析，部分学生能主动学习、模仿作品语言。主要的问题在于绝大多数学生只关注文字表面的内容，不能发现文本的缝隙以深入解读。

第一次预习情况分析：课前老师布置了三道预习题，一是拉萨的天空是怎样的天空，作者是如何描述的？二是你认为这篇文章想要表达什么思想感情？三是你认为哪些语句不太容易理解？三个问题比较宽泛，目的是让学生可以相对自由地表达自己的学习感受。从学生的反馈来看，第一项作业体现的问题表现在学生能从文本提炼词句，但缺少层次，将词、句、修辞混在一起；第二项作业体现的问题是学生对文章主题理解肤浅，甚至存在偏差；第三项作业的完成情况和老师预想的结果很接近。以上作业暴露出学生在阅读方面比较关注字面内容，深入思考不够，也缺少整理的意识和能力。

第二次预习情况分析：针对学生的预习问题，老师提出提示性指导意见，让学生阅读文章四遍以上，用一小时上网搜集与文章内容相关的资料，如布达拉宫、大昭寺、朝觐者、西藏历史等，重新解答三个问题。部分学生完成第一题时层次感增强，能够注意分类解答；完成第二题时对主题的理解明显集中，主要是汉藏团结、信徒虔诚；完成第三题时疑难句减少。可见，通过教师的提示性指导，多数学生对作品有了进一步的认识。

根据以上情况，本课时将针对学生的学习问题，指导学生学会整理文字信息；根据文本或者拓展材料解读富有内涵的语句，帮助学生理解作品情感和主题，逐渐学会深入解读文本。

教学目标（内容框架）

1. 整理文字信息，赏析作品语言，挖掘人文内涵，了解基本的写作技巧。

2. 学会结合文本、资料，发现问题、解决问题的学习方法。

教学过程（文字描述）

一、学会比较，学会整理

问题一：拉萨的天空是怎样的天空，作者是如何描述的？

1. 第一项练习的两次预习情况比较。（PPT）

2. 教师点拨。（PPT）

学习经验小结：在学习的过程中，学生要比较其他同学的意见，也要比较自己在不同学习阶段的理解，整理已经掌握的知识。

二、学会搜集资料，发现并解决问题

问题二：你认为这篇文章想要表达什么思想感情？

1. 第二项练习的两次预习情况比较。（PPT）

2. 交流搜集到的资料信息。

3. 发现问题，研讨问题。

4. 语句理解。

学习经验小结：学生还应该学会参阅资料，与文本对照，发现问题，思考问题，解决问题。

三、学生尝试独立解答问题三

问题三：你认为哪些语句不太容易理解？

三、现场评课实录

李卫东：接下来我们进行互动式的评课。我想请老师们先说，然后我再说说我对这两节课的意见。哪位工作站成员来发表一下自己的意见？

陈玉福：今天研讨会的课题，李卫东老师在一个月之前就布置给大家了。我个人的体会是“一个中心两个基本点”：“一个中心”就是以学生发展为中心；“两个基本点”，一个是基于“学情”，另一个是基于“课标”。今天研讨会的主题抓得非常准，“改造语文教学”中用的是“改造”，而不是“改革”，也不是“改变”。李卫东老师给我们提了一个问题，我们的“学”和“教”是为了什么？这两节课“改造”得非常好。有几个关键词，第一个是“新”。这两节课是新课程理念下的新课堂，都是基于课前的调查，无论是宋久峰老师还是邵红梅老师，都以学生问题为前提来设计本课的教学目标，而我们平时的教学大多缺少类似环节。我们一般是拿到课本之后，看看课标，看看单元要求，就开始备课，学生究竟需要在课文中学什么，我们不知道。学生是在老师的问题引领下理解课文的。第二个是“实”。“实”在什么地方呢？完全基于“学情”，这也是我们教的出发点和落脚点。两位老师不是作秀，是在做研究课，有针对性，有对学生的尊重。

李卫东：我想阐发一下您的理解。是不是说，这两节课从观感上来说可能不漂亮，但直面的是学生初读这两篇课文时遇到的真问题，至于这两节课的问题解决得怎么样，我们还可以评估。这两节课解决了真问题，直面了学生的疑问，这就是很好地改造教学的起点。如果改造教学，学生的问题都不敢直面，只想着这节课如何教得漂亮，如何教得行云流水，那么何谈改造啊！

陈玉福："实在"在什么地方呢？语文教学是工具性和人文性的统一。这两节课重视对词语、句子的理解，让学生理解语言，掌握语言这个工具；同时也都体现出丰富的人文内涵，比如《拉萨的天空》后半节课对人文思想的理解和挖掘都做得非常好，《故都的秋》一课也在试图引导学生一层层走进郁达夫的情感深处。

李卫东：有不足之处吗？

陈玉福：有。语文教学应该培养学生的三种思维：第一种是想象思维，第二种是思辨思维，第三种是批判思维。在这两节课上，我认为学生缺少自己的独到评价。假如学生能够大胆质疑，我觉得会更好。

李卫东：谢谢陈玉福老师。来自厦门的林老师能否谈谈您的看法？

林老师：我是来自厦门双十中学的语文老师。今天是我第一次接触"基于'学'的视角改造语文教学"这个话题，比较孤陋寡闻。我有一些困惑。我的第一个问题是，老师是不是要花很多时间来统计学生问题，是不是每篇课文都这样上，如果这样上可以完成教学计划吗？第二个问题是，老师就学生问题来讲问题，对于这么美的散文我觉得解读得有点支离破碎了，学生会有兴趣继续读这样的文章吗？第三个问题是，如果让学生先写《潞园的秋》，再去读郁达夫的《故都的秋》，他们是否能够更好地理解作者的感受和心情？

李卫东：第一个问题，基于"学"的视角改造语文教学，老师了解学情的方式多种多样，可以课前调查，可以有导学案，也可以在课堂上给学生资料，然后小组讨论，老师巡视发现问题……总而言之，一定要让学生先学，学生学了之后才能暴露出问题，呈现出具体的学习状况和情态，然后教师才能有针对性地教。教和学要翻转、改造，至于如何翻转、改造，形式可以灵活，不一定非要预习两次。我本人对宋久峰老师所提的"预习"有不同意见。预习实际就是正式学习，第一课时的学习或课前的学习学了什么，第二节课又学了什么，然后教师针对学生学不会的、学得有差错的、有疑问的东西来集中解决。对“预习”这个概念可以反思一下，我们以前提“预习”是为了使老师能更顺畅地讲课。

第二个问题，基于充分的调查，老师搜集、整理了学生的问题，课堂上怎么去解决问题？在课堂上解决搜集到的学生问题，很容易使课堂机械化，容易把课堂变成习题讲解课。梳理出问题后，不是像解习题一样顺次捋下去，课堂上还是要有读书、讨论、交流的过程，只不过在这一过程中，学生已读懂的问题不再涉及，老师通过提供支架、资料，通过朗读、比较等方式集中解决学生读不懂的问题。语文学习活动终归还是活动，不能成为讲习题。这需要我们在教学中不断完善。

第三个问题，林老师提出一个建议，可以让学生课前先写一篇《潞园的秋》，然后针对如何解决学生习作中出现的问题，来导入《故都的秋》的学习。这样的课堂导入已经不仅仅是一个导入，而是通过先前的写，以学生的问题导入后续的读，是读写结合，也是先学后教。我觉得这也是一个创意。当然，学生初读《故都的秋》会有阅读障碍，如果一上来就让学生把该文本与自己所写的《潞园的秋》进行比较，可能有点勉为其难。总之，还是要考虑学情。

李卫东：我再来发表一下对这两节课的意见。宋久峰老师执教的《拉萨的天空》有一个很大的优点，就是通过让学生进行预习来确定主要的教学问题，确定得非常准，保证了这节课的教学内容的合宜性。在实际教学中，宋久峰老师主要处理了文本中的重点段落和句子。他在课堂上引导学生关注“藏族少年的头不偏不倚地正朝着布达拉宫的方向”这个句子，通过分析这个句子让学生明白文章倒数第 2、第 3 自然段是理解的难点。宋久峰老师基于学生的学习状况引导学生探讨，那么他这节课讨论的内容就是有价值的，是合宜的，是学生需要的。另外，宋久峰老师也给了学生一些认知上的挑战和满足，就是讲了“移就”，比如“疯狂的石头”“燃烧的彩霞”等，这都是一种新的挑战。对教学而言，重要的不是教概念，而是将有用的方法性知识教给学生。这节课设计了具有适当的学习难度的任务，确定的教学内容对学生来说有一定的挑战性。课上得很从容，有板有眼，动态生成也比较好。接下来，我想探讨两个问题：王宗仁的这篇文章散文味道浓还是小说味道浓？布达拉宫和大昭寺在西藏人民心中的功能定位有什么不同？

宋久峰：很多关于这篇文章的理解，包括对一些句子的理解，都没有资料可查。从教材编写的倾向看，这是一篇散文，基本没人将其当成小说来看。但也不是那么绝对，比如《风筝》，它是鲁迅用小说的笔法写的散文，而王宗仁也很喜欢用这种笔法，有时候很难严格区分小说与散文，所以我没有在文体上进行区分。我觉得这篇文章中有很多隐形内涵的东西，我们揭示出来即可。大昭寺和布达拉宫这个问题比较敏感，这两座建筑有非常繁复的、交叉的关系，在这篇文章中，作者有自己的倾向。

李卫东：谢谢宋久峰老师。这节课，宋久峰老师和学生探讨藏族孩子“头的朝向”及汉藏友谊，我觉得这应该是一种选择也是一种教学的可能，有其合理性。是不是还有这样一种教学选择：苏教版和北师大版的小学语文教材都选了这篇文章，但节选时没有选后三个自然段的内容。如果我来教学的话，就不妨给同学们抛出一个问题——小学语文教材节选时没有选后三个自然段的内容，那我们今天学习这篇课文，也把后三个自然段删掉可不可以呢？因为后边就不是写拉萨的天空了，可以删掉啊。我觉得可以让学生比较、争论，这种比较就是一个新的起点，后三个自然段恰恰是我们今天学习的新起点和挑战。可以让学生讨论这三个自然段的作用，感受到后三个自然段虽然写的不是自然界中拉萨的天空，但却写出了一个向真、向善、向美的天空。

邵红梅老师做的学情调查太细致了，我从这个学情调查中看出了很多内容。老师们一个学期做几次深度备课和学情调查，对增强自身的学情意识，提高自身的解读能力是非常好的。课前，邵红梅老师进行了充分的学情调查，根据学生的问题，拎出一个主问题：“故都的秋，清、静、悲凉，作者为何又如此眷恋和赞美这样的秋天，他的悲情从何而来？”课堂上，老师提供支架性材料，引导学生集中讨论这个核心问题，课堂活动仍然是学生进行阅读、讨论、欣赏，而不是机械的、对号式的解题，这非常好。邵红梅老师还把自己讲解问题的微视频镶嵌在课堂中，这个微视频的内容类似于叶圣陶多年前所谈的“畅讲”。课堂中老师不是不需要讲，但这个“讲”一定是讲学生解决不了的问题，做三五分钟甚至更多一点时间的畅讲，让学生茅塞顿开，又何尝不可呢？但前提是，这个微视频，这个畅讲，一定是基于学情分析中发现的问题的，要有针对性，有针对性的“讲”，才是有效教学。

再来说些需要改进的地方。我觉得这节课总体来说稍显松散，可不可以大胆取舍，抓核心问题，聚焦主问题？比如引入名家的不同看法，引导学生阅读思考，形成多元碰撞，最终落脚在郁达夫的审美风格上，他追求的是“以悲凉为美的独特的审美情趣和审美风格”，理解了作者的独特审美追求，其他问题也就迎刃而解了。因此我的建议是，搭建支架，解决主问题。课堂上让学生找出“清、静、悲凉”之后，老师可再追问：“那么北平的人，对‘清、静、悲凉’持一种怎样的态度？”还可追问：“对于郁达夫，悲凉的秋味是一种独特的审美情趣，这种独特的审美情趣是不是一种颓废呢？”进一步挑起认识的“缝隙”和“紧张”，激发学生深入探究，这样就聚焦到文章的最后三个自然段，反复比较，比较四个比喻句，比较两种不同的风格、不同的审美情趣。课堂临近结束时，邵红梅老师说：“这节课我们围绕大家的问题展开讨论，还有一些问题没有讨论，比如‘我在读郁达夫的其他文章的时候，觉得他有点神经质，可是这篇文章写得又很美，我还想更多地了解他’。”我想，在这里就可以抓住学生问题中“神经质”这一说法，要点破这个问题，穿透这个词语：就郁达夫的文学世界来说，其“神经质”不也是一种独特的艺术气质、文学气质吗，不也是一种独特的审美情趣吗？教师为什么要落实这一点呢？只有研究透彻了，学生才知道“神经质”是怎么一回事，文学是怎么一回事，读文学作品又是怎么一回事。

第二节 让学生拿起笔来学语文：《祝福》课堂观察

2015年3月17日，李卫东特级教师工作站通州分站在北京市永乐店中学举办研讨活动，丁欣欣老师执教研究课《祝福》。此前，丁欣欣老师让学生初步研读小说《祝福》，并提出疑难问题，由教师梳理、归纳了5个主要问题：

1. 祥林嫂为何极力反对再次嫁人，甚至以死抗衡？

2. 鲁四老爷为什么认定祥林嫂“伤风败俗”？

3. 鲁镇人为什么不对祥林嫂的遭遇给予同情与怜悯，反而给予歧视与嘲笑呢？

4. 祥林嫂为什么会问魂灵的有无？

5. “我”为什么要告诉祥林嫂也许有魂灵和地狱呢，为什么不告诉她这些根本不存在呢？

在了解学情的基础上，丁欣欣老师做了如下教学设计。

祝福声中的那些不幸之人

——对小说《祝福》中悲剧的深层探究

教学目的

1. 引导学生深度挖掘小说的文本内容，对小说中的人物做进一步的分析与认知，对小说的主题思想做深入的探究与挖掘，准确而深刻地理解小说的主题及作者的写作目的。

2. 增强学生的文本意识，引导学生的阅读由表层进入深层，培养学生对文本深度探究与解读的能力。

教学重点

深度探究与挖掘小说的主题，提升学生的思维品质。

教学过程

一、问题引入

小说的题目为《祝福》，小说在鲁镇人过年的祝福声中开始，又在过年的祝福声中结束。很多同学提出这样的疑问：小说题目为《祝福》，却向我们讲述了一个女人的悲惨故事，因而小说给我们的感觉是小说中的人活得并不幸福。通过阅读，说说小说中的不幸之人有哪些，他们的不幸之处分别在哪里。

祥林嫂、鲁四老爷、四婶、柳妈、鲁镇上其他人、“我”（学生思考、讨论 2 分钟）

二、问题讨论与探究（学生们结合文本内容，对人物进行分析与探究，从而对文本进行进一步的解读与思考，对小说的主题做深入的探究与挖掘，40 分钟）

（一）祥林嫂之不幸

祥林嫂不仅不幸，而且不幸至极——两次丧夫、一次丧子、沦为乞丐、死去。

被卖、被赶、被歧视、被嘲笑——“被吃”。

逃、闹、责、默、赎、问——“自吃”。

鲁镇人表面上幸福实则不幸——“吃人”。

（二）鲁镇人之不幸（鲁四老爷、四婶、柳妈、鲁镇上其他人）

1. 这是一群怎样的人？（冷漠、落后、愚昧、迷信，人性扭曲）

2. 他们为什么不给予祥林嫂丝毫的怜悯与同情呢？（他们认为自己对祥林嫂的态度理所当然）

（三）“我”之不幸

1. 祥林嫂眼中的“我”是怎样的人？（识字，又是出门人，见识多）

2. 面对鲁镇人的现状，“我”是怎样做的？（离开）

3. 面对祥林嫂的疑问，“我”是怎样做的？（逃回，无法拯救祥林嫂）

4. 面对祥林嫂的死亡，“我”有什么感受？（先不安，后舒畅）

三、小结（5 分钟）

祥林嫂之不幸，不仅是一个女人的不幸，而且是一群人的不幸；鲁镇人之不幸，不仅是一个村镇的不幸，而且是整个社会的不幸；“我”之不幸，不仅是一个知识分子的不幸，而且是一种新的思想、文化的不幸。

归根结底都是旧的思想文化之不幸。这就是鲁迅的小说《祝福》留给我们的思考。

四、推荐阅读作品：杂文《我之节烈观》，小说《药》

五、作业

电影《祝福》中有这样一个情节：祥林嫂捐了门槛，依然被禁止参与祭祀活动，于是她拿起菜刀，跑到土地庙怒砍门槛。结合小说内容及自己的认识，你觉得增添这个情节妥当吗？写一篇短文，说说你的看法。

板书设计：

祝福

鲁迅

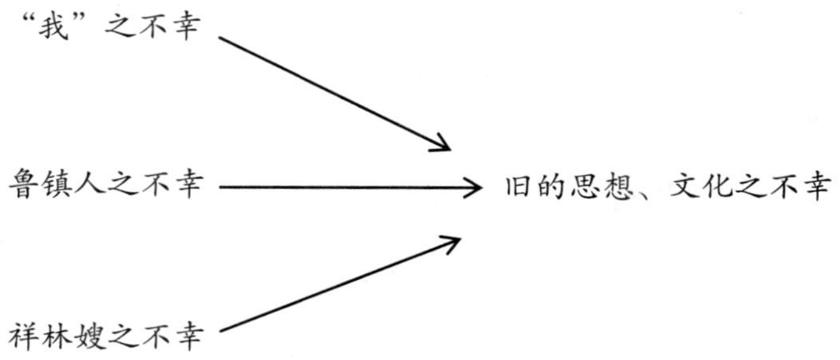

课后，李卫东特级教师工作站的成员围绕丁欣欣老师的课展开互动评议。

李卫东：请老师们各抒己见。

张郸心：丁欣欣老师，请问您这节课有学案吗？

丁欣欣：没有。

张郸心：这一节课提出了三个问题，第一个问题是小说讲了什么故事，第二个问题是最打动你的是什么，第三个问题是你认为还有哪些不理解的地方。我认为这三个问题特别有价值，因为我们是老师，所以总是在“我们怎么去教”的前提下进行阅读。很多文本我们读了很多遍，甚至教了很多遍，却总是忽略了学生最初阅读一篇文章或整本书时原始的阅读体验。所以我觉得这三个问题如果能抓住学生的真实学情，可能比我们设计怎么引领学生去读更有价值。这是我的一点看法。

李卫东：通过这一节课的观察，你觉得如果从学生的角度来讲，抓住哪些问题会更好？

张郸心：比如学生阅读时他们感触最深的地方，是不是一种疏离感？

李卫东：你觉得学生想解决，并且特别想去深入探究的问题是什么？

张郸心：是“为什么祥林嫂会这样做？周围的人又为什么会这样”。

李卫东：课堂上一个女生说“祥林嫂可以不这样啊”，丁欣欣老师回应说“她是不是作茧自缚呢”，然后就把这个问题放过去了。你的意思是说应该抓住这个问题不放？

张郸心：我认为“为什么她被吃，为什么有好多人吃她”这个问题特别有价值，我觉得这就是基于学情。

李卫东：她为什么被吃？她可以不让别人吃啊，可以不作茧自缚啊。

张郸心：我刚才反思了一个问题，如果把我放在祥林嫂生活的那个时代，可能我也是吃人的或者被吃的人。时代感是鲁迅文章最有价值的地方之一，鲁迅身处那个时代，却能看清楚很多人——吃人的或被吃的人，甚至是已经觉悟了却无法有作为的人。而我们现在站在思想水平高于那个时代的高度去评价那个时代的思想，这种站位恰恰容易使学生对那个时代产生疏离感。

李卫东：张郸心老师刚才说了一个很重要的词语——疏离感，即学生可能对在这样一个特定的情境下、特定的文本里出现的一个特定的故事、特定的人群之间的关系产生疏离感。他们认为祥林嫂可以不这样较劲，不让参加祭祀就不参加。张郸心提出的这个问题还是有道理的。好问题应该确立在不同视域的融合处，一个视域是教材、文本给了我们什么，还有一个视域是学生关心、需要什么。两个视域一融合，我们确立教学问题和选择教学内容时是不是就能做得更好一点？她刚才提到疏离感，我也感觉到课堂上学生提出那个问题时，老师可以揪住问题不放，将其作为一个贯穿全文的问题。丁欣欣老师的有些发问已经涉及这一点。针对这一堂课的教学内容和教学设计，各位老师还有什么意见？

杜娟：我在听这节课时有一种感觉，经典名著的思想性和现在的社会、学生是脱节的，我们如何为他们搭一座有助于沟通理解的桥？就像李卫东老师刚才说到的，祥林嫂那个时代每一个人的思想就是那样的，而那种思想其实脱离不了当时的环境。几乎每一个置身那个时代的人的思想，都很难超出祥林嫂的思想范围。那么，我们可不可以引导学生去思考现在我们是不是还在犯同样的错误？在现代社会这个大环境下，我们对文本的延伸可不可以再向外拓展一点？阅读经典名著的时候结合一点时代的东西，有没有必要？比如说在当时的社会环境下，祥林嫂想去祭祀，她脱离不了那个环境；而柳妈他们也意识不到自己的错误，他们虽然是凶手却意识不到自己是凶手。同样，我上学期给学生看的是战争题材的文章，在战争的狂热下，有没有人能反思自己的错误，不去参与战争？很多人都会盲从地参与战争。就像我们对“文化大革命”的反思，学《小狗包弟》时，很多学生无法理解为什么在那个时代下人们如此疯狂。我们可以反思人们现在是不是在犯同样的错误。所以我觉得把握经典名著的思想性，还是在于对现在的反思，即现代人面对困境时该如何突破。意义是不是在于此？

李卫东：杜娟老师所说的实际上是指经典常读、读出自己，将经典阅读和当下的生活联系起来。她刚才谈到了“文化大革命”，很有意思的是，去年我们教研中心来视导的时候，我也听了丁欣欣老师的课，丁欣欣老师讲的正是《小狗包弟》。我想《祝福》和《小狗包弟》在某种程度上是相通的，只不过换了一个名目。在不同的时代都有像鲁迅所说的“无主名无意识的杀人团”。到底是谁造成了《祝福》里的悲剧？鲁四老爷、四婶、鲁镇上的人、“我”、祥林嫂，大家都有可能。将经典阅读和当下生活进行关联，实际上类似于阅读延伸。在这里我也提醒一下大家，如果只泛泛地做一些延伸，“度”把握得不太好的话，又会把语文课教得太泛。

杜娟：那如何给学生一个抓手，让学生能实际地感受并反思这种行为，而不是形成空泛的认识呢？

李卫东：可以设置一个情境或问题让学生写百十字，用问题驱动的方式让学生进行思维的延展。

赵燕清：我先回答刚才李卫东老师的问题，即学生在这堂课上有没有实际获得感。我觉得上这节课的学生有实际获得感。在《祝福》中所有人的不幸是什么，这是学生已经解决的问题，所以丁欣欣老师把学生解决了的问题排除掉。接下来需要解决的是为什么不幸的问题，这个需要去探讨。在解决为什么不幸的问题时，这节课的教学就由对“形”的理解转到了对“神”的理解上。丁欣欣老师使用的教学方法就是以问题追问的方式达到由“形”到“神”的理解。在这个过程当中，学生应该获得了对封建礼教背景下人性的扭曲的认识，获得了一种通过对问题的追问深度理解文本的能力。有一句话说“中学生有三怕：一怕写作文，二怕文言文，三怕周树人”，怕周树人是怕什么，怕文言文是怕什么，怕的是经典。学生为什么怕经典？因为一是接触得少，二是没有涉猎时代背景，真的读不懂。所以今天，丁欣欣老师给我们呈现的是一种通过问题探究、问题驱动去读懂课文的方式，这是一种能让学生领悟文本思想的深度的阅读方式。我想说的是我们不能通过语文课解决所有问题，因为语文课太少，我们现在能做到的是怎么将课堂上的东西延伸到生活中。

李卫东：我来重申一下赵燕清老师刚才提出的观点。她说这节课是有实际获得感的，我也有同感。从总体来看，这节课讨论的问题是好问题。丁欣欣老师从题目“祝福”入手，很好，但建议再开放一点：既然《祝福》中大家都在祈福，那么所有人都幸福了吗？幸福的人是谁，不幸福的人是谁，还是都幸福或都不幸福？这样就更能凸显题目与文本内容的矛盾、裂缝，形成张力，激发学生一探究竟的动机。丁欣欣老师工作十六年，已经是一个具有丰富的实践经验的老师。丁欣欣老师归纳的“被吃”“自吃”“吃人”，以及从“我”的角度抽取“无能”“无奈”等几个维度，都说明其对文本的理解比较深透。当然对这种概括也可能有不同的见解，有的人可能觉得这种概括遮蔽或流失了好多东西。但从整体来看，丁欣欣老师是一个对文本有丰富穿透力的老师。一个老师拿到一个文本后如果穿透不了它，拎不出最核心的东西来，那么在课堂上引领学生讨论阅读时，就容易零散。从这个意义上来说，丁欣欣老师提炼的问题是好问题，也是学生想要解决的问题。另外，我记下了丁欣欣老师讲过的好几句话，请老师们说说我为什么记这几句话。第一句，“不让参加祭祀就不参加呗”；第二句，“祥林嫂醒悟了吗”；第三句，“活没法活，死又不得好死”；第四句，“如果杨二嫂也连嫁两夫，也‘克夫’，祥林嫂也会取笑她吗”；第五句，“如果祥林嫂问的是我，我能不能说没有魂灵”。我在不同的课堂环节中记下了这几句话，谁能说一说我为什么对这几句话比较感兴趣？

邵红梅：我觉得丁欣欣老师的这些追问是帮助学生解决“祥林嫂为何不幸”这个问题。我觉得学生学习鲁迅的文章确实有困难，可不可以把高中阶段出现的鲁迅的文章整合成一个专题，学生在课下读过这些文章之后，再在课上讨论祥林嫂的不幸是一种有意识的不幸还是无意识的不幸，会不会好一点？

李卫东：刚才邵红梅老师提到了一个词——追问，实际上我也对丁欣欣老师的追问比较感兴趣，其运用追问的技巧值得青年教师学习。一个有经验的好的语文老师在课堂上必须善于“挑事儿”，丁欣欣老师的一些追问，如我刚才念的那几句话，有好多就是丁欣欣老师在挑起“事端”。挑起事，课堂的对话才有可能深入，如果不和学生“对攻”，课堂的对话就成了“车轱辘话”，只能原地兜圈，不可能向深处、广处挖掘。当然，丁欣欣老师在个别地方推进得有些急促，自己说得多，该停留的地方停留得不够。丁欣欣老师可能受既有的教学任务的束缚，在时间上有一点赶，课堂生成还不那么丰富，比如可以在祥林嫂“作茧自缚”这个问题上再进一步地追问“她到底能不能自我救赎”。实际上，祥林嫂不可能自我救赎，甚至包括“我”在内的很多人都被裹挟进去，不能自我救赎。有些地方再深入地进行一些追问，可能更有助于学生对文章、对人物的理解。好，还有其他老师想要评议吗？

陈礼旺：我提供一个新的视角。我现在教高三，今年的考试说明有一个特别大的变化，就是现代文阅读的第十三个考点把原来对文本的“阐释”一词换成了“探究”。实际上今天这节课，丁欣欣老师选这样一个课题，就是给自己提了一个题难——探究。丁欣欣老师所做的是教会学生认识思考，提高学生的思想认识水平，目的是让学生分析人物、概括文章主题，而且在分析人物的时候品情节、品人物、品细节、品对话，在梳理文本、分析人物间关系的基础上，教会学生结合社会背景概括文本主题。这节课在解读文本的时候教会学生怎么分析、提取、概括信息和形成结论，教给学生一种方法。当然也有问题，我记了两个，我感觉这节课缺少两个环节或者内容：第一个是缺少学生和学生间的相互激发，如果要往深处挖原因，可能还是以教师为本的思想在作怪；第二个是缺少一个写的环节。口头语言的表达和形成文字的表达区别非常大。如果从高一就抓笔头的写和学生随机的、即兴的表述，慢慢练下去，学生的理性高度、思想认知水平和语言表达能力等各方面都会有大的提升。

李卫东：我有同感，就是“拿起笔来学语文”。我提一个建议，这节课从架构的形式上来讲应该是合理的，但能否换一种方式，比如针对开始提出的问题“不幸之人有哪些，他们的不幸之处分别在哪里”，可以设计一个任务单说明理由和根源。任务单是为了解决一个重要问题或掌握知识点而设置的，具有特殊的情境性。给学生一个任务单实际上就是给学生一个工作路径，让学生用七到八分钟，从性质、根源等角度写一到两百字，老师可以一边巡视一边与学生交流，这就是一个在课堂上捕捉动态学情的时机。老师巡视的时候就可以发现哪些同学认识得特别好，哪些同学的认识出现了偏差。如果学生认为鲁四老爷是幸运的，那么他有可能把自己等同于鲁四老爷了，而没有从隐含的作者的视角进行反思。这样课堂上学生有思考、沉淀、进行深加工的整块的时间，老师也有五六分钟巡视、从容地发现学情的时间，然后再拿学生的答案进行讨论，这就是一种基于工作纸、任务单的深入讨论、深入学习。我想，日常教学中能否适当地设置任务单，把它嵌入课堂中。当然，这个任务单一定是能解决重要问题的、有挑战性的、有意思的、有价值的。

王友珍：听完这节课后，我的第一个感受是我们语文老师挺“可怜”的。刚才李卫东老师说让咱们的学生拿起笔来学语文，其实我在听这堂课的时候感觉到很多课外的东西。前面咱们也提到了疏离感，课堂上丁欣欣老师设置问题的角度是非常好的——不幸是什么，在哪儿，为什么不幸。这些问题提得非常到位，但是学生的疏离感依然存在，老师就得做很多工作，所以我说老师“可怜”。我认为应该在课前而不是课后给学生一些书，让学生接触一下《呐喊》和《彷徨》。如果之前有了读书的经历感受、积累积淀，我想学生的疏离感可能会减弱一点。

李卫东：“可怜”这个词戳中了我们的痛点。语文老师承担、承载和需要实现的东西太多了。像这篇课文，在理解文本方面，老师需要帮助学生清除障碍，还要让学生“读出自己”“读出当下”；既要教会学生关注文本的内容，还要教会学生关注这篇小说的形式特点。丁欣欣老师布置的作业就从理解文章内涵、把握人物形象转向了形式分析。多年以前，上海特级教师陆继椿提出“一课一得、得得相连”，也就是说一堂课的教学内容不要贪多，针对学情突破一点，即关键问题和核心能力，就可以了。如果学生对祥林嫂的认知还有困难，那“读出当下”等延展就可以暂缓。所以老师一定要基于文本、基于学情，确定这一节课究竟想干什么，究竟想让学生有什么实际获得。

第三节 虚拟课堂与实体课堂的融合：“史铁生散文专题”案例评析

互联网的崛起成为人类文化史上一个重要的转折点，以计算机为主要呈现方式的网络技术已经被广泛地应用于生活当中，人类的生活方式、思维方式及社会结构都出现了巨大的变化。2015 年，李克强总理在政府工作报告中首次提出“互联网 +”行动计划，由此引起工业、金融、商贸等领域的深刻变革。在这样的大背景之下，信息技术、互联网与教育的结合已经水到渠成。随着信息获取路径的增多，学习自由度的加大，以教师面授为主的单一化传统课堂必然向满足多样化学习需求与多种学习方式并存的课堂转变，否则将无法适应时代和学习者的需求。“这种个性化的学习标志着以学习者为中心的赋权学习时代的真正到来。”[1]

“赋权学习时代”把更多的选择权交给了学生。教育者也在思考，如何能在不被网络技术束缚的前提下，发挥网络技术对教学的最大作用，于是微课、慕课、翻转课堂等在线学习方式被广泛运用到教学中。这些“在线教学”虽然弥补了传统面授教学的不足，但是也存在种种先天不足：人际交流的缺失、实践环节的空白等都成为这类以单向传播为主的在线教学方式的弊病[2]。面对纷至沓来的在线教学形式，黄荣怀在 2006 年提出一个设想：在有的教学情境中，以集体学习为主要特征的课堂面授教学形式更适合；在有的教学情境中，以个别化学习为主要特征的在线学习形式可能更适合；而在更多情况下，可能需要二者混合使用[3]。在这种背景下，由虚拟课堂和实体课堂组成的“双课堂”教学方式应运而生。这种教学方式既具备双向传播的特色，又拥有面对面教学与实践的优势，

[1] 邦克.世界是开放的：网络技术如何变革教育［M］.焦建利，等译.上海：华东师范大学出版社，2011：9-10.
[2] 詹泽慧.混合学习活动系统设计：策略与应用效果［M］.广州：华南理工大学出版社，2011：14.
[3] 黄荣怀，周跃良，王迎.混合式学习的理论与实践［M］.北京：高等教育出版社，2006：5-6.

在某种程度上能够有效地解决一些教育难题。

一、“双课堂”的特征与功用

（一）“双课堂”的含义与理念

“双课堂”，顾名思义是指“两个课堂”：一个是在网络平台上开设的虚拟课堂，一个是在班级教室中开设的现实课堂。两种课堂各有特点，各司其职，两种教学过程在内容上根据需要相互补充、相互延伸、相互配合。

虚拟与实体两种课堂的配合，打破了传统以“教”为主的面授模式。网络赋予每一个学生自由表达的机会和权利，进而使整个学习过程呈现出有别于传统课堂的另一种学习状态。网络课堂的教学过程和效果改变了教师长久以来形成的“完成教案”的教学思路，推动教师做出多方面的改变。建构主义认为，“学习是学习者通过与周围社会环境交互，自主建构内在心理表征的过程”[1]，因而合作式、交互式的学习模式成为建构主义学习理论最重要的提议之一。打破时空限制的虚拟课堂教学与其不谋而合，切实地实践了这个设想，弥补了实体课堂中难以充分实现的生生交互、多点交互、随时交互等诸多不足，让教师得以了解每个学生的认知现状并在此基础上设计教学目标和过程。因而在“双课堂”教学中，教师的“教”是以学生的“学”为基础的，而学生的“学”又是带有明确的问题意识和主观能动性的。

（二）“双课堂”的结构与功能

1.“双课堂”的基本结构（见图 3-1）

在现有的“双课堂”教学实践中，我们看到的虚拟课堂主要包含四项内容：异步讨论、任务认定、资源分享、成果交流与评价。所谓“异步”，是指学生不必局限于同一个时空，他们可以在随时随地的讨论中达成共识或因互相质疑产生分歧。经过充分的讨论，学生对学习的内容有了更深一层的了解，他们可以自主选择感兴趣的话题或学习任务，通过网络

[1] 胡卫苹.他山之石，可以攻玉——建构主义之于语文教学的启示［J］.陕西师范大学学报（哲学社会科学版），2002（S1）：285-287.

自由查找相关的学习资源，解决属于自己的真问题，并最终将整个过程形成学习成果，进行交流与分享。这四项内容既可以按照顺序线性呈现，也可以根据学生的学习情况灵活调整甚至同步进行。教师在其中起到设计、观察、调控、推送、组织、黏合的作用。

实体课堂会根据虚拟课堂的进程和需要适时进行教学，它包括方法研习、问题研讨、汇报展示、阶段总结等多种内容。方法研习可以是在"双课堂"使用之前对学生学习目的、行为习惯、使用规则的讲授，也可以是对虚拟课堂中出现的思维方法问题的梳理和总结。学生在虚拟课堂中暴露出的共性的、难以解决的问题，也是需要拿到实体课堂中解决的。最终的汇报展示，既可以是阶段性的激励，也可以是学习任务结束之后的总结。

由此可见，无论是虚拟课堂还是实体课堂，二者聚焦的中心都是学生。学生的反应可以真实地展现在以文字为载体的虚拟课堂中，他们的问题在虚拟课堂中生成，可以同时在两种课堂形态中得到分析和解决。学生成为学习的主要实践者，教师根据学生的情况随时调整教学，教师已经不再是课堂上不可动摇的唯一中心了。

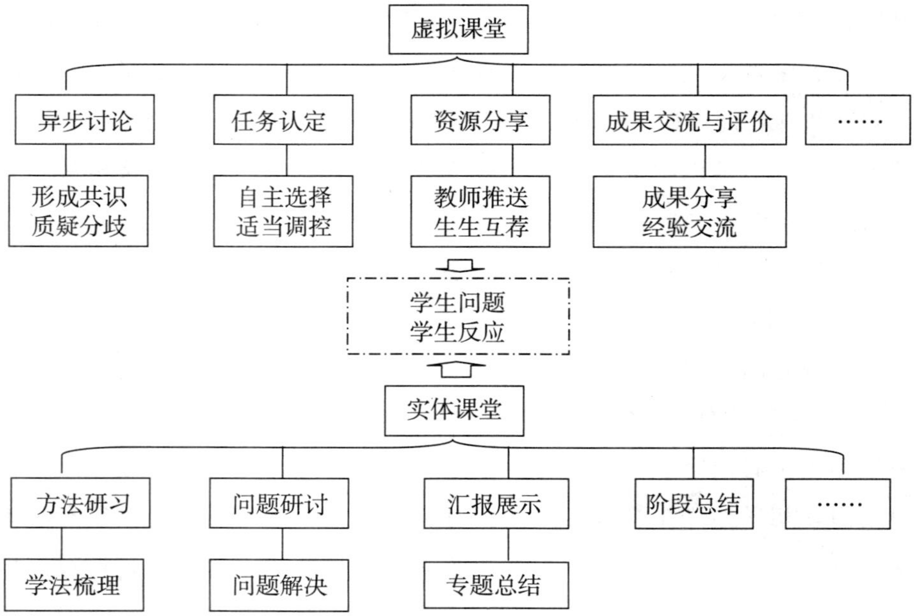

图 3–1 "双课堂"的基本结构

2. 虚拟课堂的功能特色

（1）突破时空限制，最大限度方便学生参与学习

虚拟课堂实现了学生跨班级、跨年级、跨校、跨区域选修课程，在一定程度上解决了校间、区域间教育发展不均衡的问题，使每一个学生都可以平等、自由地进入课程学习。同时，虚拟课堂又摆脱时间约束，允许学生随时随地进行网上学习，给予学生更多时间来反思或丰富想表达的内容，使学生能够根据自己的情况和状态更加自由、灵活地参与到学习过程中，“那些在同步的课堂教学情境中表现欠佳的人，在这里就有机会将自己的成绩提升到一个更高的层次”[1]。

（2）记录学生的成长轨迹，显性呈现能力发展状况

虚拟课堂能够将学生的隐性思维外显化，它强制学生必须通过文字表达自己的思想和感受，这其实在无形中“逼着”学生将自己的思考合理化、条理化，必须对自己的思考成果加以梳理、甄别、思考和反复推敲。同时，虚拟课堂可以完整地记录和呈现学生的学习过程，为对学生的学习过程进行评价提供了依据，有助于完善学生学习评价系统，促进综合素质评价的有效实施。通过学生学习过程的记录，教师可以清晰地看到学生的学习态度、学习习惯、学习品质等情况，更使原本难以显现的学生个性化的能力发展脉络有了较为清晰的呈现，便于研究和指导。

（3）多线索同时推进，尊重个性化学习

传统的实体课堂教学是单线性的，教学顺序一般由教师做主。虚拟课堂却具备多线索同时推进的优势：省时间，照顾到各层次学生，学习角度立体、灵活、全面……虚拟教室可以同时设置若干栏目，提出若干角度和问题供学习者自由选择学习顺序和内容，极大地满足了学生的个性化学习需求。

（4）具有交互功能，彼此带动激发学习场

建构主义学习理论认为，知识不是通过教师传授而得到的，而是学习者在一定的语境即社会文化背景下，借助其他人的帮助，利用必要的学习资料，通过意义建构方式获得的。情景、协作、会话和意义建构是学习环境中的四大要素。虚拟课堂正是营造了这样一个学习场，通过生

[1] 邦克.世界是开放的：网络技术如何变革教育［M］.焦建利，等译.上海：华东师范大学出版社，2011：191.

生之间、师生之间的相互影响推动学习者主动进行意义建构。从学习心理上来说，独自的学习是冷静的也是孤独的，在虚拟课堂中的学习可以让每一个学生都能够有机会、有时间充分发表自己的看法，自由地选择自己感兴趣的内容，感受智慧撞击的美妙，平等地得到关注，更让各个层次的学生产生真正的自信，获得学习的尊严。

3. 实体课堂的功能变化

"双课堂"教学中的实体课堂看似与传统课堂没有什么差别，实际上二者有着本质的不同：几次实体课堂的课程不一定是目的、内容、时间都衔接紧密的整体，每次实体课堂的目的、组成、内容、时间、风格可能都呈现出相当的随机性和灵活性，它往往根据虚拟课堂的实际需要而开设。实体课堂根据虚拟课堂出现的各种情况实时介入，进行调整、梳理、阶段性小结激励，为后续的虚拟课堂学习铺路。

4. "双课堂"对教学方式变革的作用

在实际教学中，"双课堂"教学通过线上线下学习活动设计的配合，突破了以往单一的面授式教学，充分利用网络优势激发学生主动学习、合作学习的积极性，契合了学习的规律，即"从以'教的活动'为基点逐步转变到以'学的活动'为基点"[1]。"双课堂"教学实施初期主要带来的是教学观念的变化，教师开始真正从学生学的角度重新思考教学，并且意识到"双课堂"教学对教师的专业素养提出了更高的要求[2]。

二、虚实相生的"双课堂"：以高中语文专题教学中的实践应用为例

下面以北京市第五中学王屏萍老师的"史铁生散文专题"为例，分析一下"双课堂"的功能特征和教学效果。

（一）"史铁生散文专题"教学流程概述

1. 第一阶段（寒假）：走近作家，通读作品

实体课堂：做专题说明和学习动员，并布置学习任务。

[1] 王荣生.营造以"学的活动"为基点的课堂教学［J］.语文学习，2010（5）：17-20.
[2] 何杰.双课堂教学模式对教学的优化和教师的新要求［J］.中国教育信息化，2015（13）：5-6.

（1）底线阅读：史铁生的10篇散文。

（2）布置学习任务（三选一）：创作短剧、写解说词、写传记。

（3）推荐助读材料：散文、谈话和书信、论文，共5篇。

2. 第二阶段（开学）：交流作业，发现问题

（1）第一、第二周（2课时，共120分钟）：交流写作实践的心得，发现问题，进一步研读文本。

a. 布置学习任务（4项）：阅读并写审读意见，互相交流，投票，完成论题。

b. 网络课堂讨论（3个论题）：作业回顾，得意与徘徊，集思广益。

【阶段性学情反馈】

（2）第三、第四周（2课时，共120分钟）：面对学生的突出问题（文体不清），调整学习进度和教学设计。

a. 补充阅读不同体裁作品（共6篇）：范例引导。

b. 布置学习任务（1个）：阅读不同文体的推荐篇目。

c. 网络课堂讨论（2个论题）：文体有别，作品关键词。

d. 布置作业：在充分讨论的基础上，修改自己的假期作业，给自己的作品"瘦身"。

3. 第三阶段（开学）：聚焦作品，直面问题

（1）第五至第七周（3课时，共180分钟）：针对学生二次上交的作业，发现问题，要求学生从宏观角度认识史铁生的散文作品，进而精读一部作品，精研语言。

a. 网络课堂讨论（3个论题）：感动与感悟，我眼中的史铁生，聚焦作品。

【阶段性学情反馈】

b. 补充阅读作品（2篇）。

c. 网络课堂弥补性讨论（2个论题）：学习讲故事，精读《我与地坛》。

d. 实体课堂。

e. 布置作业：修改作业二稿中的3个故事。（要求：目的明确，表达生动）

（2）第八至第十周（3课时，共180分钟）：帮助学生找到作品与自

己人生的关联，提升对人生的认知高度，从语言角度和理解角度再次修改寒假作业，并完成专题论文写作。

a. 网络课堂讨论（3 个论题）：发现与共鸣，人生无绝对，人生中的互文。

b. 布置学习任务（2 项）：修改作业，专题成果呈现（解说词、剧本、传记）。

c. 总结学习表现和呈现学习成果。

（二）虚拟课堂

在“史铁生散文专题”中，王屏萍老师利用虚拟课堂共布置了 5 次网络讨论。面对这些论坛发言，我们利用 UCINET 软件（一款社会网络分析软件）对其进行社会网络分析，可以清晰地看到学生在虚拟课堂中呈现的学习状态。

1. 交互状态呈现多中心特点（见图 3-2）

图 3-2 显示了虚拟课堂中师生互动及生生互动的情况。所有的交互次数都以直线的形式标记出来，图中每一个方块都代表一名发言人，发言人的交互性越强，方块形状就越大。我们能够清楚地看到，虚拟课堂中的学习呈现出多中心的特点。

在以面授形式为主的传统课堂中，师生受时空限制，互动较少，很多课堂仍处于教师“一言堂”的状况。即使有互动，也以师生互动为主，次数极其有限。发言的唯一中心是教师，学生一般是单向回答教师提出的问题，生生互动往往被认为耽误时间而不能展开。而在虚拟课堂中，我们明显看到，教师不再是唯一的中心，每一个发言人都有可能成为中心。从图中可见，除了王屏萍老师，至少有六个学生成为交互中心，与教师共同组成了交互网络。中心越多，证明学生的交互越充分，班级讨论的活跃度越高，协作建构的可能性也越大。

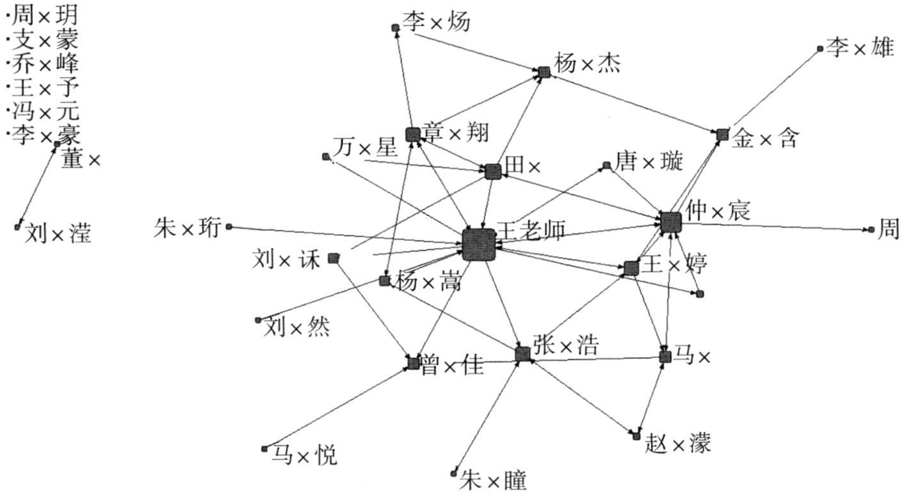

图 3–2　“史铁生散文专题”师生交互状态分析

2. 交互行为呈现多样化特点（见图 3–3）

对学生在虚拟课堂的发言做交互行为频率的分析，我们得到了图 3–3 显示的饼状分布图。在大量的学生论坛发言中，包含了多种交互行为（阐述 / 附议，驳斥 / 否定，知识共建 / 意义挖掘，审视 / 修改，总结观点 / 其他），类型丰富，能力层级各异，反映了学生真实的交互状况。其中，交互行为频率比例较高的是“阐述 / 附议，驳斥 / 否定，知识共建 / 意义挖掘”三类发言，这展示了学生交互的三种基本路径，同时对教学中讨论的引导方向做出了重要的提示。

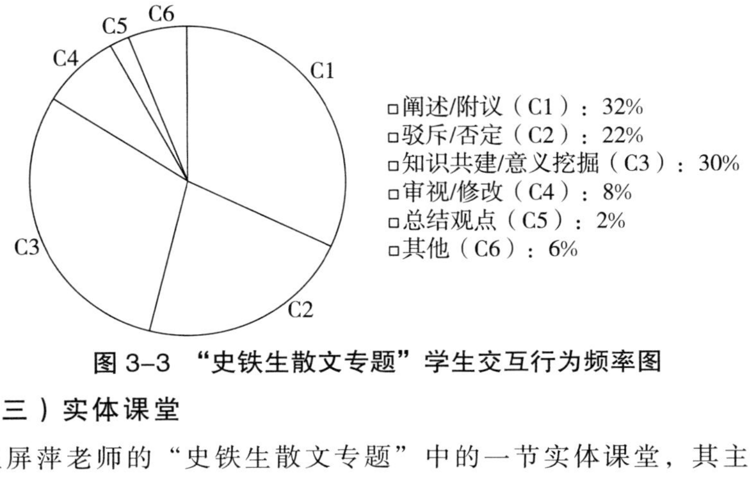

图 3–3　“史铁生散文专题”学生交互行为频率图

（三）实体课堂

王屏萍老师的“史铁生散文专题”中的一节实体课堂，其主体学习资源就是“学生问题”和“学生反应”。这堂课的主要内容是探讨由虚拟课堂延伸而来的有价值的问题，分享虚拟课堂产生的有意义的阅读经验和感受。实体课堂所呈现的幻灯片主要由“学生问题”和“学生反应”组成，课堂也循此线索自然推进。

表3–1 “史铁生散文专题”中的“学生问题”

序号	学生问题
1	生1：读了《我与地坛》前半部分中史铁生对自己母亲的回忆，我感觉面对母亲，史铁生是想表达出一种愧疚感的，可是我在读这部分的时候并没有觉得有令我心灵震撼的地方，这是为什么？
2	生2：说起史铁生的作品，就不得不提起一个人和一个地方，那就是史铁生的母亲和地坛。昨天恰好看到一篇文章——肖复兴的《冬夜重读史铁生》，其中有这样一段话：“在史铁生的作品里，母亲是一个最动人和感人的形象。母亲49岁的时候过早地离开了人世后，在《我与地坛》中，有这样两段描写：‘摇着轮椅在园中慢慢走……母亲已经不能再来这园中找我了。’”由此可见，母亲和地坛是有很深的联系的。那么，母亲和地坛，他们的关系是什么呢？
8	生9：之前提到的排比句，与段首提出的问题“怎样活”有什么联系？
9	生6：现在还有一个疑问无法解决，即史铁生写的大段的排比句所比喻的对象是什么？我想过比喻的对象可能是史铁生的一生，因为史铁生说他在地坛里“窥看自己的心魂”，且后文中“寂静的光辉平铺的一刻，地上的每一个坎坷都被映照得灿烂”这个描写表现了史铁生的人生观。然而这却解释不了后文的“雨燕”“冬天雪地上孩子的脚印”“古柏”，其中“冬天雪地上孩子的脚印”指的应该是对往事的回忆，而“雨燕”和“古柏”我却不明白指的是什么

表3–2 “史铁生散文专题”中的“学生反应”

序号	学生反应
3	生3：地坛寄托了史铁生许许多多的情感，其中便有对母亲的爱、依赖、感激，还有对年轻时因赌气让母亲担心的懊悔…… 生4：我认为，有了地坛，才能将母亲对史铁生的爱及史铁生对母亲的怀念与自责更好地表现出来。所以地坛应该在表现母爱这段文字中起到了一个载体的作用吧！ 生5：地坛是史铁生感激母爱的载体……
4	生6：“祭坛石门中的落日，寂静的光辉平铺的一刻，地上的每一个坎坷都被映照得灿烂”，写出了地坛在晚霞中唯美空灵的景象，揭露了作者内心的平静，与作者前文所表现的烦躁形成鲜明对比，让人顿时在心中生出向往之情

续表

序号	学生反应
5	生1：这句话表现的不仅仅是意境的优美，意境中透出的是史铁生的心境。祭坛的石门首先带给我的是一种压抑感，配合落日，说明作者也到了该回家的时候。但寂静的光辉平铺在地上代表了作者一种平静淡然的心境，再结合后面每一个坎坷都被圣洁的光辉照耀，我觉得这反映了作者的一种积极的想法，当心中负面、阴暗的角落都被正向、积极的东西覆盖时，那是一个人真正想明白的时候，是一个人豁然开朗的时候
6	生7：我觉得，这段的排比句是为了说明任何人、任何事物都有一种独特的东西是谁也改变不了的，甚至连时间都无能为力。人们都说时间是最好的解药，但是这段话的意思却相反。地坛寄托的是史铁生对母亲的感激和怀念，这是不会改变的，无论“史铁生”还是不是“史铁生”
7	生8：“祭坛石门中的落日，寂静的光辉平铺的一刻，地上的每一个坎坷都被映照得灿烂”这句话所在的排比段落，我认为作者想表达的是对永恒和与这种永恒相比一切变化包括生命的开始与结束都变得非常渺小的认识

王屏萍老师的这节课没有面面俱到，没有“漂亮”的课堂导入，也没有花哨的幻灯片制作，而是直面“真问题”，真正解决问题。看这节实体课堂，要看到与其有紧密关联的若干节虚拟课堂，正是出于之前的虚拟课堂的需求，方有这节实体课堂的诞生。在“双课堂”的逻辑链条中，“虚”与“实”相生，“虚”与“实”互补。实体课堂与虚拟课堂分别承载不同功能，在深度融合中实现教学效益的最大化。

（四）效果分析

在“史铁生散文专题”中，学生的阅读量、阅读难度、写作量、写作质量都达到了传统面授式课堂无法想象的高度。在这个专题中，学生的人均阅读文字量达到 10 万字，人均写作量超过 6 万字，阅读的文本类型为 6 种，阅读的文本难度层级为 3 级。具体统计数字如表 3–3 所示：

表3–3　“史铁生散文专题”中学生作品的字数统计

姓名	字数	姓名	字数
刘鑫达	81816	张宗浩	20344
李伊炀	83968	常　皓	72332
王宇婷	33976	万宇星	44699
支悦蒙	75003	高天恒	80526

续表

姓名	字数	姓名	字数
安悦佳	79731	乔凌峰	80148
曾思佳	79145	李泽皓	50516
杨雪嵩	85831	罗方铱	82893
罗奇峰	83164	金禹含	41889
朱美瞳	26837	沙浩辰	81893
贾士麟	79207	张新欣	83475
陈旭岚	84513	马　悦	81440
田　蕾	83762	赵泽蒙	60407
黄鹏昊	64487	唐美璇	79004
刘婧祎	72140	王子默	20065
刘心然	70277	杨仁杰	49107
周婉玥	76422	马静涵	80049
秦子昂	70331	李梦雄	79909
章哲翔	67339	杨仁杰	79909
黎绍桐	79425	仲颉宸	24332
班总计	2570311	班平均	67640

学生的写作字数是一个可以被量化的、直观的数据。在这些庞大的数字背后，我们还可以看到更多内容。首先是学生的积极性、主动性被充分调动起来了，他们肯付出，肯投入，肯在自己最有心理包袱的写作上花费如此多的心血，可见内在驱动力之强大。能调动学生如此强大的主观能动性，从某个角度来说，确实是语文教学的成功。其次是交互深度的挖掘。学生的这些文字不是抄书或复制来的，而是基于批判性思维、辩证思维和创造性思维的“创作作品”。这样的成果充分证明前期师生交互讨论的深入，否则单凭教师讲解或者学生的自我研读，很难激发出如此丰富的创作。再次是学习场的形成。在一个可视化的虚拟课堂中，每一条发言都是同伴间互相的陪伴与激励。我们看到这个班级的个人作品最低文字量都在 2 万以上，大部分人的文字量处于 6 万—8 万字的水平，可以想象这背后一定有一个互相带动、互相鼓励甚至互相比拼的学习场，个体学生在这样的氛围中对自己的要求会提高，从而改善整体的学习状态。最后是成就感和自信心的建立。“双课堂”专题学习结束之后，这样的文字量统计结果无疑是对师生双方努力的充分肯定，它能让学习者在语文学习活动中获得极大

的成就感，对学生提升语文学习尤其是写作的自信心起到了强心剂的作用。

（五）反思与启示

“双课堂”教学实验初期，整个虚拟课堂的学习框架线条比较粗糙：论题之间和主题之间结构松散，设置随意。由于教师的引导性不够，目标的实现路径模糊，过程的随意性突出，这些必然影响到学习效果。因此，“双课堂”学习框架的建立要凸显其重要性，必须有几个基本要素：清晰的目标指向，分阶段、分角度的实现构想，介入的新材料储备，难点和提升点的预设，以及引导路径，等等。这个学习框架主体是以任务作为驱动的，可以以问题链和不失时机的点拨作为具体引导。虚拟课堂的学习框架线条要稍粗放一些，这样才能留给学生更广泛的发展空间。

教师在虚拟课堂学习过程中的介入方式主要有设置论题、设置主题、回复和评论等。教师通过论题来控制学习节奏，设计学习内容；通过设置主题提示关键问题和重点难点；通过回复和评论进行点拨和激励。教师绝不能陷入对每个具体问题的回复和评论中，而应对学生的学习状况进行宏观把握，关注学生的思路。教师首先是论坛的观察者，观察论坛的动向和学生的学习情绪，观察哪些论题已无话可说，哪些论题该下结论，哪些论题该进行指导，哪些论题特别受欢迎。其次，教师应是论坛的发现者，要善于发现学生存在的问题。教师还应是学习的组织者，能够对学生的学习现状进行剖析，对其学习策略进行引导，对其学习激情进行调动。教师不必急于回复，尤其不宜轻易表态，而应让学生之间先对话。遇到以下三类问题教师要站出来：核心问题（不解决无法推进）、代表性问题（很多学生都出现）、错误答案（讨论半天得出的结论是错误的）。回复时尽量不直接，可以适当提示，以点到为止、推动进一步思考为宜。

“双课堂”不能过分依赖甚至迷信虚拟课堂，它需要实体课堂和虚拟课堂合二为一，互相补充，而并非一方替代另一方。只有实体课堂，没有虚拟课堂，我们的教学方式无法变革，无法适应时代需求；失去实体课堂，只靠虚拟课堂，互联网在人际交流中的弊病会愈发明显。因此，利用“双课堂”教学，教师可以将课堂“激活”，在这些看得见的、落在实处的活动中，一点点提高学生的参与度，培养学生的认知能力和思维能力，全面提升学生的核心素养。

第四章 教学理答、变式练习与任务驱动

作为学生学习的支持者和帮助者，语文教师最主要的作用是用自己的学习经验引领学生的学习实践，即在学生自主学习的基础上，提供新的学习经验以推进学生的学习实践，进而引领学生在实践过程中建构自己的经验。在一个完整的学习过程中，学生需要明确：学什么，用什么流程和方法学，需要完成怎样的学习成果以检验学习成效。为最大限度实现学生的自主建构，教师需要设计开发学习工具、搭建学习支架为学生提供专业支援。机智的教学追问和理答是学习支架，变式练习是在复杂多变的情境中提供的学习支架，学案、任务单中提供的学习资源、学习项目、学习任务也是学习支架。下面以学案和任务单为例，说明教师怎样借助学习工具、学习支架引领学生完成学习过程，解决具体问题。

学案即学习方案，是教师在广泛调研学生学习现状，研究学生建构知识的诸种因素及可能性的前提下，编写的指导学生自学的辅助材料与实施方案。从具体呈现内容上看，学案可以是导学材料，可以是辅助学习的案例，还可以是呈现各个学习环节的流程。在学案的引领下，学生直接参与问题探索、要点强化等学习活动。一份好的学案需要具备以下特征：

第一，一份清晰的知识能力清单。在一份好的学案

中，每一道题都有所指，教学内容就隐藏在问题或活动中，教学涉及的知识点先“零”后“整”地呈现在学习过程中，学习结束后重新梳理、统整，帮助学生在已有知识结构的基础上建构新的知识框架。

第二，一份符合认知规律的学程。在一份好的学案中，教学过程和学习过程合二为一，不仅呈现学习过程中的任务、要求，还要从整体上呈现学习深入的过程，先干什么后干什么，要符合学生的认知规律和语文学习的基本流程。

第三，一份丰富的学习资源包。好的学案应该是一份丰富的学习资源包，提供背景材料、知识方法和拓展迁移的题目等，即为学习目标的达成创造条件、补充资源，服务于学生学习的完整过程。

第四，问题、活动、任务的灵活组合。在一份好的学案中，学习任务丰富多彩，活动类型多种多样，问题的提出符合学生的心理特点，能让学生产生被帮助的舒适感、对话交流的亲切感。多种呈现形式也有助于保持学生的注意力，避免“审美疲劳”。

学案指向完整学习过程的展开，任务单则指向单一的复杂问题的解决。任务单也被称作“工作纸”或“学习单”，主要通过任务驱动的方式让学生依单寻知、依单解惑，学生通过表达、沟通、交流、解释、询问等各种言语活动形式完成学习任务。任务单的出现成功推进了教师角色的转化——由讲授训练者变为引导帮助者，学生的课堂主体地位得以彰显，学习自主性得以发挥。能够发挥上述价值的任务单包括以下几个基本要素：

（1）真实的情境设计。任务单为解决复杂的问题而设计，不是所有问题都需要借助任务单才能得以解决，但任务的设计要提供真实的情境，或指向个体的内心体验，或针对具体的社会生活，或关联语文学科的认知过程。

（2）完整的活动内容。任务单要呈现完整的活动内容，依据学习目标提供活动方式及活动推进的过程。活动过程要完整，为学生提供解决问题的程序性知识和方法性知识。

（3）清晰的学习路径。“路径”指到达目的地的道路或门路，任务单中的活动过程本身也是学生解决问题的思维路径，需要提供明确的思维方法，如类比、对比、联想、想象等。

（4）充分的学习资源。任务单在设计任务的同时也要提供与任务完成相匹配的学习资源，或者搜索学习资源的方向。这样，学生就可以凭借资源打开思路，整合成果。

（5）开放的交流平台。任务要具有一定的开放性，这样学生才能提供多元的观点和多样的学习成果。而观点的丰富和成果的多样有助于学生在交流过程中取长补短，分享观点、沟通思想，互相学习、借鉴，在开放的交流平台中共同发展、共同提升。

（6）具体的评价标准。任务是具体的，评价任务完成情况的标准也应该是具体的，教师不仅要在任务单上提供描述性的评价标准，还要在学生提交的学习成果中选择不同水平的典型样例，让学生对比参照、准确判断自己的水平，明确进一步学习、完善的方向和标准。

从学案和任务单的内容设计上我们不难看出，学习工具不只用于了解学情，也不只用于检测学习成果，而且是学习的自然组成部分，学生在工具的帮助下自主探究、发现，教师依据学生的表现随机开展有针对性的教学。依托学习工具的设计开发，“先学后教”不是简单的时间先后，也不是简单的“学”和“教”的动作拼接，而是体现了学习心理上的关联，即教师以学的逻辑起点为依据，借助学习工具开展语文学习，“学”和“教”交错进行，形成良好的互动，这显然有利于教学质量的提升。

第一节　节点处的支撑：《世说新语·咏雪》《湖心亭看雪》《夏感》课堂观察

2008年底，我参加一次全国性的语文教学研讨会，听了三节阅读教学观摩课，所教课文分别是《世说新语·咏雪》、《湖心亭看雪》（张岱）、《夏感》（梁衡）。从课堂上我可以感受到三名青年教师努力体现课改新理念的强烈意识，三节课也的确有各自的可圈可点之处，但在课堂的“节骨眼”上，三节课都还有做得不够完善之处。课堂讨论，如何讨论？课堂生成，如何生成？多元解读，有无规则？除作者之文本、编者之文本、学生之文本以外，教师之文本何在？在课堂的关键节点，教师该不该作为，如何作为？简而言之，课堂教学“节点”反映出的这些问题，已不是什么无关紧要的问题，而是关乎语文教学整体性的价值取向问题。

“节点”在通信传送网络中，是指信号的交叉连接点，是业务分插的交汇点，是网络管理系统的切入点，是信号功率的放大点和传输中的数字信号的再生点。有了“节点”，网络才是可运营可管理的。对用户的服务是通过“节点”进行的，赢利是通过“节点”获得的，“节点”的经济性能将直接影响到网络的经济性能。把“节点”的概念移植到课堂教学中来，对微格观察课堂教学行为（包括对“课堂生成”“多元解读”等课改理念的微观考察），探讨课堂教学效益的最大化不无裨益。可不可以这样表述，课堂教学“节点”就是指课堂环节、板块的交叉连接点，师生思维、情感的交汇点；是课堂讨论交流的切入点，知识能力建构的生长点。课堂教学“节点”的显在功能当然是“连接”“交汇”“切入”，但其突出特质还是在于它的“生长”和“生成”。本文试图结合所观摩学习的三堂语文课，对课堂教学“节点”做初步的价值分析和判断。

一

文本《世说新语·咏雪》[1]：

谢太傅寒雪日内集，与儿女讲论文义。俄而雪骤，公欣然曰："白雪纷纷何所似？"兄子胡儿曰："撒盐空中差可拟。"兄女曰："未若柳絮因风起。"公大笑乐。即公大兄无奕女，左将军王凝之妻也。

课堂"节点"一：

师："公欣然曰：'白雪纷纷何所似？'"这句话应该怎样读？

一学生朗读，语调平直，未能读出情感。

师：是不是语气太平直了？"欣然曰"，应该读出怎样的语气？

学生齐答：欣喜、高兴的语气。

另一学生再读，表现出惊喜之情状。教师欣喜，全班鼓掌。旋即转入下一教学环节。

朗读吟诵——诗文教学之门径。但朗读吟诵之于教学仅仅意味着或高亢或低平的语调，或欣喜或凄婉的语气吗？显然不是那么简单。同是"欣喜"，语气也千差万别，仅凭"欣喜"的语气知道怎样读，而不去追究为什么这样读，那么学生读出的可能也仅仅是皮相而已，依然无法真正体会谢太傅此时的"欣喜"。两名学生的朗读效果迥异，已然显现出随机生成的良好契机，教师如及时跟进发问，请第二名同学说出自己这样读的原因，就很可能会衍生出有价值的课堂讨论。雪骤至，"公欣然"，既是为雪景之骤现而欣喜，更是为不期然获得一个测"儿女"学业的绝妙时机而欣喜，这一点从后文中的"公大笑乐"可获得印证。朗读主要不在于外显的语气语调之声气，也不在于摇头晃脑之情状，而在于是否依凭朗读触及情感之肌理，文字之堂奥。

课堂"节点"二：

师："撒盐空中差可拟"和"未若柳絮因风起"这两句，你更欣赏哪一句？

生：我更欣赏"撒盐空中差可拟"这一句，因为盐可以吃，让人想到雪有滋有味。

师（笑）：哦，你调动了味觉。很好，有自己的体验。

[1] 所附课文来自2016年人教版《义务教育教科书·语文　七年级（上册）》。

又有几个同学发言，欣赏前句和后句者均有。

教师请全班同学举手表明自己到底更欣赏哪一句。欣赏前句和后句者大体平分秋色。

师：真的没有想到，这节课我在不同的班级上过多次，欣赏前句者从来没有这么多。大家能勇于说出自己的见解，很好。老师让大家在课前搜集“咏雪”的诗句。现在大家一起来分享一下。

学生举出若干，有岑参的“忽如一夜春风来，千树万树梨花开”，陆游的“初疑天女下散花，复恐麻姑行掷米”等诗句。

师：你看，雪可以比喻成“盐”“柳絮”“梨花”“米”等。只要能形象地传达出事物的特点，就是好的表达。下面同学们就拿起笔来，写一段话，描述你自己心中的“雪”。

这个教学片段有两个闪光点：一是鼓励学生说出自己对两个比喻句的理解和体验，教师并不先入为主；二是课前搜集诗句，课上嵌入讨论，力求“以诗解诗”，拓展阅读的时空。可惜的是，两个闪光点均灵光一现，倏忽即逝，并未燃起思维的熊熊光焰。教师还给学生发言的权利，是否就一定意味着尊重了学生的体验，促进了学生的语文发展呢？未必。各自陈述，仅仅是迈出了可贵的第一步。如果在陈述的过程中，缺少碰撞和争辩，尤其是教师的辨析、问难、提升，这样的各自陈述依然是各自的言说，不能称为真正意义上的“对话”。换句话说，在关键处缺少教师“作为”的所谓“对话”，常常是只有“形态”改变的物理变化，而非生成新质的“化学反应”。课堂片段中对“撒盐空中差可拟”“未若柳絮因风起”两个句子的讨论，显然被当成了训练学生发散思维的素材，这本身无可厚非，问题在于脱离了具体的文本。脱离了具体的文本，会产生什么样的后果呢？其后果便是“盐”“米”“花”“絮”等都被粗率地照单全收，于是连同“因为盐可以吃，让人想到雪有滋有味”之类也都变成了堂而皇之的理由，而根本未能触及和感知一个好比喻的灵魂——意蕴和美感。假如“你更欣赏哪个比喻”的课堂讨论平行滑走时，教师及时抛出问题：“谢太傅欣赏谁吟诵的句子呢？”同样在训练学生的发散思维，但如此稍微改变教学方法就变成密切结合文本的深刻的语言思维训练。这样起码会有以下几种可能的讨论意见：（1）更欣赏“未若柳絮因风起”。因为这是一次命题写作练习，题目就是“白雪纷纷何所似”。风一起，飘洒的雪花恰似空中舞动的白色的柳絮，让人于寒冷的冬天获得春意荡漾的联想和美感。后文中“公大笑乐”是在“兄女”回答后欣慰地笑和乐，说不定还是讥笑“胡儿”的粗俗语句而快乐于“兄女”的精彩譬喻。另外，文末刻意补叙“兄女”的身份，也能说明谢太傅更欣赏“未若柳絮因风起”。（2）两者都欣赏。“纷纷”既可理解为“纷纷扬扬”，也可理解为“多而杂乱”：“柳絮因风起”突显雪花“纷纷扬扬”的飞舞情状，空灵、飘逸；大雪骤起，颗粒状的雪似粒粒白盐纷杂撒向大地，积满厚厚一层，晶莹透亮，因此“撒盐空中”也同样给人以丰富的联想。“公大笑乐”不只是在为“兄女”的回答高兴，更没有讥笑“胡儿”的意思，而是为“儿女”辈们各具妙趣的比喻而喝彩。以上两种理解，前者似乎更契合文意，但后者也并非没有道理。重要的是，密切结合文本的讨论和比较，比起脱离语境泛泛的各自言说更具教学价值。如果说具体的情境是狭义的语境的话，那么搜集诸多咏雪的诗句，就是提供了更为广阔的语境，关键是要在“互文式阅读”中比照、辨析、提纯，充分利用起这种宝贵的教学资源。“盐”“米”“花”等众相纷陈，但在不同的语境中，其比喻的合理切情体现在哪里？教师要和学生细究，哪怕只分析其中的一个。比如：“忽如一夜春风来，千树万树梨花开”，这里为什么就用“梨花”而不是“米”“盐”？“初疑天女下散花，复恐麻姑行掷米”中“天女下散花”与“麻姑行掷米”颠倒位置行不行？“腊月草根甜，天街雪似盐”（李贺）与“不知庭院已堆盐”（苏轼），都是把“雪”比作“盐”，但与“撒盐空中差可拟”在情味感上各有什么不同？这些都是在阔深的语言环境下，进一步亲近比喻、亲近语言的特质。在语境下认知比喻、感受文本、滋养语感，留给学生的语文印记是刻骨铭心的。

二

文本《湖心亭看雪》（张岱）[1]：

崇祯五年十二月，余住西湖。大雪三日，湖中人鸟声俱绝。是日更定矣，余拏一小舟，拥毳衣炉火，独往湖心亭看雪。

[1] 所附课文来自2017年苏教版《义务教育教科书·语文 八年级（上册）》。

雾凇沆砀，天与云与山与水，上下一白。湖上影子，惟长堤一痕、湖心亭一点，与余舟一芥、舟中人两三粒而已。

到亭上，有两人铺毡对坐，一童子烧酒，炉正沸。见余，大喜曰："湖中焉得更有此人？"拉余同饮。余强饮三大白而别。问其姓氏，是金陵人，客此。

及下船，舟子喃喃曰："莫说相公痴，更有痴似相公者。"

课堂"节点"一：

师：张岱眼中的雪景究竟是怎样的？找出描写雪景的句子。

学生很快找出句子。教师出示幻灯片，内容如下：

"雾凇沆砀，天与云与山与水，上下一白。湖上影子，惟长堤一痕、湖心亭一点，与余舟一芥、舟中人两三粒而已。"你觉得这段文字美在何处？美在——

学生短暂思考后，举手发言。

生 1：我觉得"上下一白"很美，美在写出了天、云、水白茫茫，很开阔。

师：嗯，很好。其他同学有不同的想法吗？

生 2：我觉得"长堤一痕""湖心亭一点""舟一芥""人两三粒"很美，突出舟与人的微小，生动形象地写出景物的特点。

师：这样写使小的更小，大的更大，很好。还有其他意见吗？

上述教学片段中，教师让学生找出写雪景的句子并说出"美在何处"，还特别给出一个句式"美在——"，其意图是好的，有助于引导学生去品味鉴赏文字的妙处。从以上两个学生的回答来看，学生找到了品味的"点"，但似乎只关注"写出了什么"，对"如何写的""为什么这样写"语焉不详，轻轻带过，其他学生的发言大致如此。教师似乎也被这样只触及问题表面的应答流程牵引着匆忙"赶路"，未能"停驻"。为什么会出现这种情形呢？原因依然在于教师缺乏对关键"节点"的敏感和反应。欣赏美文正如欣赏美景，当慢则慢，当停则停。学生对语言的美妙"知其然，而不知其所以然"，缺少的就是赏鉴的思路和方法。教师如针对学生的回答，适时予以追问，引领学生流连"美景"，向着语言审美世界的"青草更青"处漫溯，庶几摸得文学欣赏的门径。比如"一痕""一芥""两三粒"怎么突出舟与人的微小，又怎么个生动形象法？教师可启发学生做些细致的语词分析，采取文本细读的方法。以“痕”为例，首先明确语词的本义，“痕”泛指事物留下的迹印，在这里是指大雪覆盖长堤留下的印迹。进而联想、比较，能否换为“一道”“一条”“一带”“一线”……结合上文语境中的“天与云与山与水，上下一白”可推想，平日凸显的长长一道（一条、一带、一线）坝堤，此时于白雪覆盖下，其印迹似有若无，既实又虚，给人以恍惚杳渺之感。又如“芥”，本义为“小草”，比喻轻微纤细的事物，此处与“舟”相连（《庄子·逍遥游》中亦有“覆杯水于坳堂之上，则芥为之舟”），不但绘其微小，而且使人由“小草”而生发“飘零”之联想，浑茫天地中，一只小舟似静又动，引人远思。再进一步追问：“痕”“点”“芥”“粒”这些特定量词的背后蕴含着怎样的“情思”？这就是缩合以深究，披文以入情了。联系生 1 所说的“上下一白”中的“一”与此处特定量词前的“一”再做比较：大者更大，小者更小，相谐相宜，可感受到天地人的和合意境，亦可解读为“寄蜉蝣于天地，渺沧海之一粟”的人生感慨。这样通过“原义辨析—联想比较—披文入情”，学生不但对文言语词有切实的理解和掌握，而且更重要的是循此思路获得了真切的文学体验，滋养了语感，提升了语言的审美鉴赏能力。在日常的语文学习中，学生品析一个句子或词语，惯于套用“生动形象地写出了……”之类的句式，有些语文试题给定的评分要点也做如此细致的切分：本题总分 2 分，点出“生动形象”1 分，“写出了什么”1 分。这实际上对培养学生的语言感受力没有多大帮助，甚至可能造成学生轻率浮泛的语言学习习惯。当然，以上分析所运用的语词分析法只是提供了一种思路，语言鉴赏的办法还有很多。我们也注意到，在课前拿到的会议印发的教学设计中，本课的执教教师本来有很好的设计方案，比如“‘量词换一下，行不行？’变为：湖上影子，惟长堤一条，湖心亭一座，与余舟有一艘，舟中人两三个而已”；再比如“‘改变一下句序，行不行？’变为：湖上影子，惟舟中人两三粒、余舟一芥、与湖心亭一点、长堤一痕而已”。可惜的是，这些好的想法都只停留在纸质的预案上了，未能在课堂上呈现。产生这样的遗憾耐人思考，是因为教师已满足于学生“生动形象地写出……”之类的流畅回答，还是拿出“预设”有剥夺学生自主生成权利之嫌的担忧？还是期求快节奏、大容量的课堂训练而无意于慢读、细读的深度探究？我们在想，问题是教师提出的还是学生提出的，是教师讲得多一点还是学生说得多一点，练习的量多一些还是少一些，并不是最重要的，在教学活动中展现有意义、有价值的过程、方法和思路，学生确有实实在在的收获，才是最应关切的。

课堂“节点”二：

师：“余强饮三大白而别”中的“强”到底是什么意思？

生 1：强迫。

生 2：勉强。

大家意见不一。

师：“强迫”和“勉强”都讲得通。这从前句“拉余同饮”中的“拉”字也可得到印证。同学们能从这里看出作者和金陵客有什么不同吗？

生 3：作者是独自一人前来赏景，而金陵客是两人结伴游。还带着童子、舟子。

生 4：作者什么也没带，而金陵客带酒来品，有备而来。

师：这说明金陵客还是有些世俗之气，与作者并非一流，从而对比突出作者的孤高自傲和痴迷于世俗之外的闲情雅趣。因此他才勉强喝掉三大杯，匆匆而别。

坦诚地讲，教师抓住一个容易为人所忽略的“强”字引发讨论，很有教学眼光。但从有游伴及带酒品酒，便得出金陵客与作者不是同道中人这个结论，难以令人信服。烧酒正沸，“拉余同饮”，均于寥廓寒远的冷调中涂添一层暖色。“同是天涯沦落人，相逢何必曾相识”，夜半温酒，同品雪景，惺惺相惜，感通慰藉，面对此景、此人、此情，“我”不得不饮。如若说作者不把金陵客视为同道，那不饮而别、拂袖而去不更能“对比突出作者的孤高自傲”吗？金陵客与作者在具体行为方式上有细微的区别，但在根本的人生志趣上是一致的。金陵客于作者的夜游兴味，不是破坏而是强化；于作者的人生彻悟也不是对比而是正衬。至于饮酒即别，别时方问邂逅者之姓氏，正是率性所为，其“痴”态之举，可与王子猷雪夜访戴安道“乘兴而行，兴尽而返”作同解。作者寄托在这篇小品文中的情感是复杂的，既有“独与天地精神往来”的雅洁和高逸，又隐隐流露出淡淡的故国之思和人生感慨。但若为了印证“孤高自傲”“故国之思”便把金陵客视为耽于享乐的酒肉之徒，便有违文意，实在有些“勉强”

了。上述片段中，师生的解读为什么会与文意相龃龉呢？问题是否出在“同学们能从这里看出作者和金陵客有什么不同吗”的追问上？是的，“余强饮三大白”的“强”作“强迫”和“勉强”讲均可，但关键在于这里的“强迫”和“勉强”是被迫的还是情愿所为？如若教师做此发问，问题讨论的价值取向即会发生有意味的转变。“余强饮三大白”即是“余”与金陵客同饮，两人“大喜”即是“余”“大喜”，他人言“余”“痴”不也是作者的默然自许？如此逐层深入的讨论，不仅直抵文本内里，而且也对“互文见义”“背面敷粉”的写作技法有切近的理会。一句话，教师机敏而讲究的“追问”，可令课堂讨论进入“山重水复疑无路，柳暗花明又一村”的境界。

三

文本《夏感》（梁衡）第 3 自然段：

夏天的色彩是金黄的。按绘画的观点，这大约有其中的道理。春之色为冷的绿，如碧波，如嫩竹，贮满希望之情；秋之色为热的赤，如夕阳，如红叶，标志着事物的终极。夏正当春华秋实之间，自然应了这中性的黄色——收获之已有而希望还未尽，正是一个承前启后、生命交替的旺季。你看，麦子刚刚割过，田间那挑着七八片绿叶的棉苗，那朝天举着喇叭筒的高粱、玉米，那在地上匍匐前进的瓜秧，无不迸发出旺盛的活力。这时她们已不是在春风微雨中细滋慢长，而是在暑气的蒸腾下，蓬蓬勃发，向秋的终点做着最后的冲刺。

课堂“节点”：

教师出示幻灯片：“春之色为冷的绿，如碧波，如嫩竹，贮满希望之情；秋之色为热的赤，如夕阳，如红叶，标志着事物的终极。”

师：春是这样的，秋是这样的，夏呢？仿照这个句式，用课文中相关的词语写一写“夏之色”。（教师提醒学生不必受字数限制）

片刻思考后，教师让学生推荐自己的仿写作品。

生：夏之色为苦的黄，如稻，如麦，标志着付出的艰辛。

接下来还有两三个同学也推荐自己的仿写作品，但总体上并不踊跃。教师对几个同学的发言做了简单的肯定，但没有展开细致的评析。

师：我也仿写了一个句子，“夏之色为中性的金黄，如挑着绿叶的棉苗，如匍匐前进的瓜秧，标志着希望与收获”。

教师读完后，若有所思，稍做停顿后说：“我也是忽然产生一个疑问：梁衡为什么不像我们这样，用相同的句式构成排比把三个季节联结起来写呢？”

生：那样太呆板。

师：我也觉得还是像原文这样写更有气势。

教师接着以渲染的语气朗读了原文写“夏之色”的几句话。课堂出现短暂的沉默，听课的教师中有人窃窃私语。不知不觉，课堂已进入最后的收束总结环节。一会儿的工夫，下课了。

从这个教学“节点”中，分明可以看到几个可贵的教学创意：（1）仿写的设计角度新巧。学生的仿写不但要套用相同的句式，而且要采用原段中相关的语词，这就必须厘清段落中句子与句子的结构关系，并根据任务要求抓取关键的语词。让学生仿写句子，不是孤立地机械模仿，而是放在段落的语境中仿写，这样的仿写就巧妙地勾连起了文本的细读。（2）教师作为“学习共同体”中的一员，与学生一同读写，拓展了教学资源的开发空间。指导学生读写而教师本人不亲历读写，对于学生的指导和点拨就会缺少一层敏锐的感觉。不过，在这个教学片段中，最耐人寻味的还是教师的那个“忽发奇想”。“我也是忽然产生一个疑问，梁衡为什么不像我们这样，用相同的句式构成排比把三个季节联结起来写呢”，这是弥足珍贵的教学直觉，“我们”仿写了一通，但梁衡为什么不这样写？无形中又创设了一种更为深邃的问题讨论的情境，也就是说，这个“节点”在这里闪现出“再生”的绝好契机。但课堂讨论的实际情形怎样呢？多少有些让我们感到惋惜。学生回答“那样太呆板”，还是朦朦胧胧抓住了问题的实质，虽然并不确切和令人信服。课堂在这里本来应该有“接着说下去”的深入思考和辨析的“作为”，但教师把这个“作为”轻轻地放过去了，急忙地抛出了自己的观点。抛出自己的观点也无妨，问题是教师的观点就立得住脚吗？实际上，“更有气势”一说比“太呆板”更加远离理想的解读。我们常说排比的作用就在于强化表达，突出语言的“气势”，用散句而不用排比之整句，怎么就能够说“更有气势”呢？不妨顺着学生的回答，在停止思考的地方挺进思考：以相同的句式接着写下去，之所以“呆板”，原因还要从文脉、文意上找。本文段共有六句。第一、第二句是总起，呈明观点。接下来四句是情理并融的阐释。其中第三句，又包括两个句式对称的分句，是以凝练的语句为下面阐释“夏之色”的内涵张本。如果也以相同的句式把阐释“夏之色”的语句作为第三句的分句构成排比，那么第二句中的“道理”就无从着落，文意无法得以彰显。第三句的整句是内敛和蓄势，是为了方便“夏之色”的从容展开和阐发，“整”与“散”用当其时，相得益彰。由此可以得出结论，句式的选择和节奏的安排应根据表达的目的和需求而灵活变化。

公允地说，一堂语文课，教师要做出那么多的即时应对，谁也不敢保证自己的每一个观点都无可挑剔，但从上面这个关于《夏感》的教学片段中，不难感受到教师分析的牵强之处，这一点从现场部分教师的反应上也能看出来，而学生为什么会选择沉默，习惯性地把质疑辩驳的机会放过去了呢？我们呼喊“师生的平等对话”，喊了不少年，但理想中的对话似乎离我们那么近，又那么远。这又是一个值得琢磨和审视的课题。

以上结合观摩三节课后的感受，谈了微观观察课堂得出来的一些粗浅意见，这些意见有些可能近乎吹毛求疵，有些可能本身也不乏偏差和错讹。我主要还是想“借课说事”，拎出这样一个话题：课堂教学的“节点”对于教学意味着什么，我们应该有怎样的“作为”？其实，这个话题也并不新鲜，多年以前于漪老师就指出“细活”的处理关乎课堂的成败。在新课改的深化反思阶段，教师的观念重估，教师如何富有智慧和创造性地把课改理念转化为具体的教学行为，日显其重要性和迫切性。让我们期待语文课堂中少一些怅惘，少一些无奈，而尽可能地多一些惊喜吧。

第二节 创设情境，变式运用：《故都的秋》课堂观察

在南国一个阴雾绸缪的秋日，我听了一节《故都的秋》。执教教师是一位北国男士，长相敦厚朴实，年轻而稳重。

简洁的课堂导入后，几个学生以接龙的方式朗读全文，接着，舒缓的音乐声响起，学生各自朗读自己喜欢的段落。我暗自一惊：音乐声响起，不是惯常的少数学生的美读，也不是教师本人的范读，而是直接进入人声鼎沸的杂读，而且是反复地读，此举竟和执教者的长相一般朴实。此时，教师播放一张幻灯片（屏幕上显示）：赏析一幅画面。（1）结合描写对象的特点，谈谈你感受到的意境。（2）这里流露出作者怎样的审美情趣和情感？先前让学生尽情地读，看似粗糙简单，实际是让学生先自行扑入文字的怀抱，自行体验一番，为进一步的玩味赏析做准备。学生默读后进行小组讨论、师生对话，对话的话题当然是"谈谈你喜欢哪幅画面，这幅画面有何特点，你感受到怎样的意境、情感"。老师很从容，也很善于等待，在倾听、等待中不断追问，一问一答显得有板有眼。大概两三轮问答后，课堂讨论的内容基本停留在第一幅画面，这时幻灯片上展现出这段文字：看碧绿的天色，听青天下驯鸽的飞声，细数漏下的日光，静对牵牛花的蓝朵、疏疏落落的秋草；破屋、破壁腰……又经过几番问答，我看了看手表，时间在问答中过去了 28 分钟，课堂依然停留在"细数""静对"上，停留在"闲适""淡泊"上。再仔细观察一下学生，除了正在与老师讨论的一名学生，其他学生有的做倾听状，有的直盯着课本，有的把头俯在课桌上，有的摆弄着手中的文具……听课的我焦躁不安起来……幻灯片终于换了，接着响起教师浑厚的男中音：

故都的秋

在小院破壁腰上的蓝朵里，
在秋槐树下层层的落蕊中，
在秋蝉的每一声残鸣里，

在秋雨的每一个雨点中，
在秋枣的每一丝微黄里，
也在都市闲人悠长的互答中。
像一枚凄美的黄叶，
从你我的心头飘过……

我心头一震，浑身的毛孔顿时张开，但可惜，下课了。

课间休息时，我与一位老师闲聊，他说这节课给他的启发很大，特别是老师的追问，启发学生不停地说，师生互动得好。“不过”，他深深地吸了一口气，“我在想，更多的学生是在‘听’，不停地‘听’他人讲，会不会疲惫？要是控制不住自己，‘听’走神了怎么办？”说完，他盯着我看。我赞同他的意见，要是多一点手段和方式该多好啊。课间休息结束，我重新坐到位子上，拿起听课本，在上面写下四个字：变式训练。

“变式训练”在数学教学中被提及得多一些。所谓“变式训练”，就是指将原命题中的条件（或结论、形式、内容、图形等）做适当变换，通过一个个问题的变式，探知数学问题的本质和规律，探索相关数学问题间的内涵联系及外延关系，进而培养数学创新思维的能力。不妨举个数学的例子，有一份关于“梯形的认识”的教学设计，其中第三、第四部分的内容是：

三、变式训练，深化新知

1. 位置变换，突破思维定式

指出下列梯形的各部分名称并作高。

2. 图形转换，沟通知识联系

操作一：利用平行四边形、长方形或正方形，任选其一，沿直线剪一刀，变成一个梯形。

操作二：利用三角形，沿直线剪一刀，变成一个梯形。

操作三：利用一张类似于长方形的纸条，沿直线剪一刀，变成一个梯形。

【设计意图：本环节的设计通过两种变式训练，引导主体参与，启迪学生思维，强化学生的发现能力。教学中，老师没有刻意区分梯形与各种图形的本质差异，而是引导学生进行自主探究，创设一种师生互动、生生互动的开放性动态学习进程。充分体现由共性到个性、由表象感知

到创造新知的渐进性原则】

四、回归生活，拓展应用

1. 找梯形

创设问题情境，设计数学问题：从梯子上你能找出几个梯形？怎样才能知道这架梯子能达到的最高高度？

2. 拼图形

利用两个完全一样的梯形，拼出一种你最熟悉的图形。

3. 摆图案

利用多种平面图形，摆出一幅你最喜欢的图案。

【设计意图：（1）创设问题情境，沟通数形联系，深化思维层次，突出数学学习的本质——解决生活实际问题。（2）在拼摆中渗透转化思想，为梯形面积公式的推导做铺垫，构建新知识学习的立体框架。（3）在实践中，培养学生创新意识和审美情趣，充分体现"玩中学，学中玩"的新课程理念】

讲解"梯形"，一般会先给出一个基本的图式，比如上窄下宽的那一种，但是，变一个模样学生还能不能做出判断呢？本案例的高明之处就在于通过位置变换、图形转换等手段，让学生在动手操作、动脑思考的过程中认识梯形的各种"变式"，从而全面深刻地把握梯形的性质特点。看来，变式训练在"条件""结论"上的"变"，表面上是"花样""形式"的"变"，真正目的却是从不同角度、不同层面去把握问题的实质和规律。数学课中的变式训练并不局限在"一题多解""多题一解"的书面思维上，而且还利用变式训练打通学生的数学思维和生活经验。上述课例的第四部分"回归生活，拓展应用"，实际上也是变式训练。学生找一找、拼一拼、摆一摆，是移换到生活情境中，通过"运用"来体悟梯形的特点。变式训练到了这个层面，就更有意思了。是啊，学生如果把书中各种样式的梯形都说得一清二楚，而见了梯子，愣是看不见丝毫梯形的影子，不会根据梯形的特点估算梯子能达到的最高高度，能说学生真正认识了梯形吗？

"变式"本是一个教育心理学概念。邵瑞珍（曾任华东师范大学的心理学教授）对此做过系统的研究，她在自己主编的《教育心理学》（1997年版）一书中曾明确提出"变式练习"的概念——变式就是指概念的正例变化。她认为程序性知识，包括智慧技能、认知策略等，“从陈述性形式向程序性形式转化的最重要教学条件是在相似的情境和不同的情境中练习”，“练习还必须有变化，只有经过在变化的情境中练习，认知策略等才能获得迁移，才能灵活应用，促进这些知识的应用的关键是变式练习”[1]。变式训练（变式练习）不只适用于数学，而且适用于语文等所有学科，只不过，变式训练在语文学科中还没有引起足够的重视，没有像数学那样提到比较自觉的程度。

以变式训练的思想来反观《故都的秋》这一课例，“学生产生学习疲惫”的原因也许就不难找到答案了。28 分钟停滞于“师问生答”的单向交流，学生怎能不疲惫？客观地说，《故都的秋》从学生喜欢的句段入手，让他们说说喜欢的理由，教师再加以点拨和启发，来品味语言、感受意境、体验情感，不是不可以，但当这种方式被一用到底、不求变化时，它的优势就会转化为劣势，学生不能再获得持续的刺激和动力，思维认知趋向停滞，尤其当“一问一答”在一个思维平面上滑行时，更是这样。课改一开始，大家喜欢用一种“喜欢式”的方式教学阅读：整体感知（朗读全文）—局部研习（你喜欢哪一个句段？请以“我喜欢，是因为”的句式阐述理由）—师生交流。这种方式切近学生的体验，尊重学生的个性阅读，有其合理性，但若不加节制地使用，学生不仅会疲倦懈怠，而且可能只记住某个格式或者比喻、排比修辞手法的抽象特点，还是不会赏析语言，更遑论迁移运用了。《故都的秋》一课，压缩那 28 分钟为 14 分钟甚至 10 分钟，如何？腾出时间干吗？变式训练！把连听课者都为之一震的“故都的秋，在……”提前使用，改造成另一种形式的教学活动：“故都的秋，在小院破壁腰上的蓝朵里，在……”，请根据文章内容，再续写几句话。学生要续写几句话，就要再次细读原文，要对原文有关语句进行表达的转换，要先抽取一个意象，如“蓝朵”，要添加修饰限制语，如“小院破壁腰上的”。这样，在语意转换的过程中，学生不仅再次浸润于语言形式，而且对文章的选材特点、行文思路也有了新的认识。你能说，这不是在品味语言、感受意境、体验情感？恐怕是更深一层的品味、感

[1] 邵瑞珍.教育心理学[M].上海：上海教育出版社，1997：102，117.

受和体验，而且学生思维乍一懈怠之时，得到这样一个有点意思又有挑战性的学习任务，想“疲倦”，可能都来不及了。思路再进一层，课堂收束阶段，再引入一个活动：假如让你来写“秋”，你会写哪里的秋？以“(　　)的秋，在……在……”的句式说（写）几句话。这又是一次变式训练。当然，千变万变，不变的是一个目的：形成能力，提升素养。而且，“变式”的选择和组合衔接，要建立在对教材知识结构的深刻把握和对学生学习心理的科学估测的基础上，否则也会适得其反。

第三节 《声声慢》课堂评议

北京市第二中学通州校区张郕心老师为李卫东特级教师工作站通州分站提供了一节《声声慢》研究课。张郕心老师是北京市学习科学研究会“友善用脑”课题的参与者，她特意给这节研究课附加了一个标题——友善用脑学诗词。

一、张郕心课堂实录及李卫东、徐南南批注

课前学生听歌曲《月满西楼》。

师：中国古典诗歌创作有一个传统题材，就是表现女子生活和情感的闺怨词，但作者多数是男性。男子代替女子来说话，被称为“代言体”，但总归是隔着一层纱。而李清照是以其女性身份来写闺怨词的。李清照之所以成为中国文学史上成就卓著的女词人，如果不仅仅因为她为自己代言写闺怨词，那么还有什么更深层次的原因呢？

让我们通过今天的学习，一同来寻找答案。我们先来欣赏一首李清照早年的闺怨词。课前同学们听到的歌曲《月满西楼》就改编于这首《一剪梅》。下面我们来齐读一下。

（生齐读《一剪梅》）

师：大家读完了，我们来初步感知一下，李清照通过这首词表达了怎样的情感？

生：愁。

师：能具体说说她为什么而愁吗？

生：自己一个人非常孤独。

师：孤独的原因有很多种。具体的原因能再解读一下吗？

生：应该是和丈夫分开以后她觉得孤独。

师：这首词写于她和赵明诚新婚不久，丈夫外出求学的时候。所以用词中的话来说是一种什么样的愁？

生：闲愁。

师：很好！是一种闲愁，也就是相思之愁。李清照早年的作品以闺怨为主，较多地叙写自己的闲愁。下面我们再来品读一首她晚年的作品《声声慢》。请同学们打开书，自由地朗读这首词，争取读出感情来。

【课堂由歌曲导入，了无痕迹，一是放松了学生的心情，二是巧妙地搭建了引桥，为歌曲和诗词建立隐秘关联，引入《一剪梅》做对比，再过渡到《声声慢》。这里有两层比较，一是李清照前后期词的比较，二是歌曲与原词的比较。这条埋伏的比较的线索在课堂推进过程中，随时可被发掘利用】

（生自由朗读）

师：读完后能不能告诉老师，奠定整首词感情基调的是哪一句？

生："寻寻觅觅，冷冷清清，凄凄惨惨戚戚。"

师：能不能展开想象，描述一下，这一句词大致给我们构造了一种怎样的画面？

生："寻寻觅觅"说明她有一种不确定的感觉。"冷冷清清，凄凄惨惨戚戚"描绘出空荡荡的房间里的那种环境特别冷清，有点凄惨的感觉。

师：你的描述抓住了空荡荡的环境和凄惨的心境。这种"不确定的感觉"，大致是一种什么样的感觉？

学生私下里说"寻觅"，教师追问"寻觅什么"，学生回答"找回忆"，教师接着问"还有可能找什么"，学生说"找人"，教师进而追问"这个人应该是一个什么样的人"，学生七嘴八舌地说"亲人、爱人……"

师：她找得到吗？

众生：找不到。

师：找不到所以才有一种不确定的感觉，若有所失，对不对？那"冷冷清清"强调的是什么？

生：一个人很孤单。

师：强调一种环境。那"凄凄惨惨戚戚"呢？

生1：一种悲伤的感受。

生2：一种心境。

师：说得非常好！那我们现在可以概括整首词的感情基调是怎样的呢？

生：凄凉。

师：哀婉的，凄凉的。老师试试看能不能把那种哀婉、凄凉的感情读出来。请同学们闭上眼睛，跟着老师的诵读，展开想象，看你的脑海里能不能浮现出一幅幅画面。

（老师诵读，学生听）

师：好了，我看到好多同学已经入境了，此时无声胜有声。让我们回到课堂中来。相信同学们的脑海中已经浮现出一幅幅画面。课前预习时同学们通过画作将对词句的解读呈现出来，有的同学还抓住了一些意象，有创意地展示出一组组特写镜头。

师：今天我们就借助你们自己的画作来品读诗词。咱们先来看看这两幅图是围绕着什么展开的？

图 4–1

图 4–2

【课堂开始是“歌”，此处是“画”，并非偶然吧。此处的“画”不是课堂上的即兴之作，而是课前的以画解诗，是深读后的表达。课上选典型的画作作为资源，这也是一种有针对性的“先学后教”吧。试想：如若让学生现场作画和当前这种处理会有什么区别？】

生：酒。

师：那陈蕾来讲一讲你的这幅图。

生（陈蕾）：我在初读这首词时，眼前浮现的就是这么一幅景象——作者在与她的朋友喝完酒之后离开了这里，所以剩下桌上的残局。而当时的天气又是很凄冷的，刮着阴凉的风，还带着雨。燕子也是南飞的。整体上是一种很凄凉的情景。

师：语言非常流畅。好，请坐。修正一下，是大雁，不是燕子。果亚清，请你谈谈你的画。

生（果亚清）：我画的是李清照独自一个人喝酒，看见南飞的大雁。大雁是在秋天将冷的时候飞过的，所以我觉得喝酒还有驱寒的意思。

师：取暖，是吧？两名同学都有自己的看法。大家认同哪一种？

生：都差不多。

师：还是有点细微的差别的，听出来了吗？差别在哪里？

生：一个是与朋友一同饮酒，一个是一个人喝酒。

师：这两幅图我比较欣赏的地方是它们都有一种中国国画的留白的感觉，画面很干净，我们可以透过画面去想象。那到底是一个人还是两个人呢？哪个好一点？

生：一个人。

师：为什么？说一下自己的理由。

生：一个人的时候更能体现那种哀伤。

师：很好！请坐。结合李清照晚年的背景我们知道她此时此刻没有亲人，孑然一身。所以一个人喝酒可能要比和朋友喝酒更能切合词本身的意思。（教师板书：酒）那我们说一个人饮酒，她的目的呢？

生：消愁。

师：咱们说"抽刀断水水更流，举杯消愁愁更愁"。一个人饮酒，消心中的愁。老师说陈蕾画两个杯子也可以，你们怎么认为？

生：嗯，可以。

师：有谁愿意说说，为什么画两个杯子也可以？

生：说明她希望寻觅的那个人能陪她一起喝酒。

师：非常好，可以解读为一种主观上的自我宽慰。无论是希望有人和她一同饮酒，还是一个人自斟自饮，都离不开一个"愁"字。（教师板书：愁）那我们可以从炼字的角度来抓一个字。"三杯两盏淡酒，怎敌他、晚来风急！"这句话里面，有一个字写得非常漂亮，咱们来看这个"淡酒"的"淡"，真的是酒淡吗？有没有可能是其他的原因？

生：应该是那时候的女子不适合喝特别烈的酒吧？

师：这是从常理来说，女子不适合喝太烈的酒。

生：我认为她很思念自己的丈夫，觉得吃什么都没味道，喝什么也喝不出味道。

师：是不是这样啊？食之无味，所以酒“淡”。

生：是她心思特别重。

师：对，心思特别重，因为愁浓。非常好！借酒消愁愁更愁，酒抵挡不了身体的寒冷，更消解不了心中的悲愁，所以李清照用了一个“怎敌他”的强烈反问来倾诉她浓重的愁苦之情。（出示 PPT 课件：淡酒——愁浓）

【这个品字的环节处理得好，源于一个好问题“真的是酒淡吗”，这个问题挑起了学生的认知冲突，在解决认知冲突的过程中，又走进诗歌一层。同时，张邺心老师用了反差、反衬等方法。对于反差、反衬等读解诗歌的方法，教师本可以板书强化一下】

师：好的，我们再来看看下面两幅图。

图 4–3

图 4–4

师：左边还是果亚清画的那幅图。右边呢，是张晓宁同学给我们画的，这幅画很有意思，画了四个女子，大家能看懂吗，是四个不同的女子吗？

生：是一个。

师：对，是一个人的四个身影，表现一种连贯的动作。从寻觅开始一直到后来守着窗儿流着眼泪，看着外面的雁飞过。有的同学可能说那只雁像只小鸟。我们不是上美术课，不用管那只雁究竟是像雁还是像鸟，只要表达出这个意思就可以了。我们来看一个细微的差别，这两幅图中的雁有差别吗？

【点出“不是美术课”看似不经意，实则很用心，否则就会纠缠于美

术技法了】

生：一幅是群雁，一幅是孤雁。

师：大家可以和身边的同学讨论讨论，你们认同群雁还是孤雁？

（学生讨论）

师：好了，说说你们自己的想法。

生：我认为应该是群雁。一般大雁南飞都是一群一群的。这首词写于作者晚年，她身边没有什么人了，而大雁却一群一群地飞过，体现出她很孤独。

师：这是一种什么手法？

众生：反衬。

师：说得非常好！有认同孤雁的吗？

生：有。应该是相互呼应吧，大雁是一只，她也是一个人，更能衬托出悲愁的感觉。

师：所以才有那种似曾相识的感觉，对吧？同是天涯沦落人。

生：相逢何必曾相识。

师：这是说“我”（指作者）拿孤雁和自己比，“我”和它都是孤零零的，有一种共鸣、相通之处。其实诗无达诂，每个人画的图呈现出来的想法都是不一样的，但是这并不影响我们对诗句的解读。雁成群结队，它们要干什么？

生：南飞。

师：在秋天的时候它们要迁徙，是候鸟，对不对？其实说孤雁也可以，我们听过一个传说叫“鸿雁传书”。我采访过画的作者，作者说：“一只雁更能体现李清照的心情。为什么呢？过去这只雁为李清照和她的丈夫传书，其实也是在传情。而此时此刻呢？丈夫已经死去，再也无书可传。”解读得挺好的。那我们现在再补充一个文化常识——纳彩纳吉。这个是以前我们没有接触过的。“纳彩”是什么意思呢？

生：提亲。

师：非常好！提亲要有彩礼，男方要去女方家送彩礼。过去不送现在的汽车、钻戒之类东西，那送什么呢？送活雁。两个人的姻缘到底可不可以得到上天的祝福，要去宗庙占卜，占卜得到吉卜就要到女方家报告，仍用雁为贽礼，这就是“纳吉”。理解了吧？那老师现在提个问题，为什么要送雁呢？

生：以后两人不在一起时可以用雁来传书。

师：哈，想法非常好！还有别的理由吗？我来解读一下：雁一生只有一个配偶，失去配偶它就终生不再成双，所以民间用雁多取此意，表达对婚姻缔结忠贞不贰的愿望。现在我们就能理解它是一种对忠贞爱情的美好的希冀。接下来我们可以概括一下，雁这个意象往往代表着什么呢？

生：相思。

师：传书之雁寄托的是那种思乡怀亲的情感。刚才我们说了雁还有什么寓意？

生：忠贞的爱情。

师：所以，忠贞不渝的爱情、思乡怀亲都是雁这个传统意象在诗句中代表的意思。咱们边补充边回忆一下与雁有关的诗句。还记得吗？

生：无可奈何花落去，似曾相识燕归来。

师：这句出自晏殊的《浣溪沙》，但注意一下，这首词的“燕”是“小燕子”的“燕”，不是“大雁”的“雁”。

生：征蓬出汉塞，归雁入胡天。

师：很好！其实以前初中老师应该还补充过一首，咱们一起看一看，看看你想到这句了吗？“塞下秋来风景异，衡阳雁去无留意。”刚才课前放的歌曲中“云中谁寄锦书来？雁字回时，月满西楼”，是不是也有雁？雁象征着忠贞不渝的爱情，而此时的李清照与丈夫阴阳两隔，即使托书之雁仍在，锦书也再难托付。一个什么字更能突显她的那种深重的愁苦？（出示 PPT 课件：雁过也，正伤心，却是旧时相识）

生：我认为是“却”字。

师：一个“却”字的转折涵盖了很多含义，使她的愁苦变得更浓重。是不是这样？

【在这个教学环节中，教师仍然是把友善用脑、思维导图和诗歌教学结合起来，通过品读诗歌的炼字，引导学生对文本的理解。在这个环节中，教师补充了中国传统文化知识，让学生回忆以前接触过的与“雁”有关的诗句，为学生深入思考搭设支架】

师：好，我们再来看看接下来的两幅图，很有意思。

图 4–5

图 4–6

师：陈晨，来，给大家讲讲。

生（陈晨）：我画的是女词人对着满地的菊花在忧愁。

师：满地的菊花。能不能具体说说你理解的“满地的菊花”是什么样的？

生（陈晨）：就是开得很茂盛。

师：盛放的菊花，是吧？这个充满忧愁的眼神画得不错。那赵思博来给大家说说你的这张大特写。（教师板书：菊）

生（赵思博）：我画的是枯萎一地的菊花在雨中凋零，这两个加在一起更加衬托出女词人当时的心情。

师：落叶和凋零枯萎的黄花，他把它们两个放在一起。我们又看到差异了吧？对同一句诗词的解读，每个人都是不一样的。其实历史上很多文人、学者对这一句也有争议。怎么讲呢？有人说它是盛放的菊花，有人说它是衰败的菊花，你们怎么看？

【又是“差异”，教师反复凸显“差异”，从“差异”入手生成有意义的讨论】

生：我认为是盛放的。菊花开得很茂盛、很美，但是没有人跟她一起去赏、去摘，所以显得很凄美。

师：有同学说秋天赏菊，给我们做了一个很好的补充。赏菊，两个人一起赏是不是很有意境？而此时此刻，无论花开得多么茂盛也无人再来一同观赏。所以说盛放更能突显出词人心中的那种哀愁。这是一种什么手法？

生：反衬。

师：对，以乐景来衬哀情。那有同意说“衰败”的同学吗？

生：我觉得应该是衰败的，衰败的黄花更能体现出她当时思念亲人又见不到的心情，特别忧愁。而黄花已经凋零衰败了，仿佛也跟她一样忧愁。

师：所以你抓的是词中的哪三个字？

生：憔悴损。

师：“憔悴损”的是枯萎的黄花，同时也是憔悴的人。我们可以试着去想象，一个老妇人，已经满面沧桑，而且无心再去打理自己。女子的容颜已经衰老了，看到花凋零了联想到自身也是一样，往往会触发伤春、惜春的感慨。这是一种什么手法呢？

生：以花喻人。

师：自比。非常好！无论是花衰——以花喻人，还是花盛——乐景哀情，表达的情感都是一样的。还有没有别的诗词用过黄花这个意象来表达这样的情感？回忆一下！

生：莫道不销魂，帘卷西风，人比黄花瘦。

师：在这里老师补充《西厢记》“长亭送别”里的一句：“碧云天，黄花地，西风紧，北雁南飞。”好了，我们来总结一下黄花这个意象往往喻指什么？

【又是“回忆”，又是“补充”，有了新旧知识的连接，有了量的积累和补充，学生才能化解意象认知上的隔膜】

生：往往喻指女子憔悴的容颜。

师：但是黄花本身是什么？

生：菊花。

师：菊花这个意象和黄花的意象在诗词里还是有差异的。菊花往往象征着什么？咱们补充一下。

生：高洁。

师：所以菊花往往还表示隐者的超然洒脱和志士的坚贞高洁。这是菊这个意象与黄花这个意象的区别。黄花往往是瘦的，而菊往往是以高洁著称的。带有菊的意象的诗句咱们太熟了，比如？

生：采菊东篱下，悠然见南山。

师：我们总结了这首词中出现的意象，同时也深化了对这些意象的理解，补充了相应的诗句。我们再来看看，黄花喻指女子憔悴的容颜，而此时此刻加深这种情感的是哪一句，或者说是哪一种语气？大家能找找吗？品味品味。请大家看这句诗。（出示PPT课件："满地黄花堆积，憔悴损，如今有谁堪摘？"教师有感情地诵读此句）

生：我觉得是"如今有谁堪摘"中反问的语气。

师：非常好！抓住了这个语气。摘花，这个非常有小情调的女子才有的行为。往往在什么情况下摘花呢？

生：高兴的时候。

师：还有吗？

生：臭美的时候。

师：哈，"臭美"，这个词意思是可以的，但如果换成书面语就更好了。女为悦己者容。装饰自己是为了让自己更美丽，美丽是要给谁看啊？

生：丈夫。

师：所以"如今有谁堪摘"扣着第一句中的"寻寻觅觅"。你们说她"找人""找回忆""找美满的过去"等，找得到吗？摘花的人自然也是找不到了。所以更体现了一种茫然之愁。

师：最后，我们来看看这两幅非常有意思的画作。

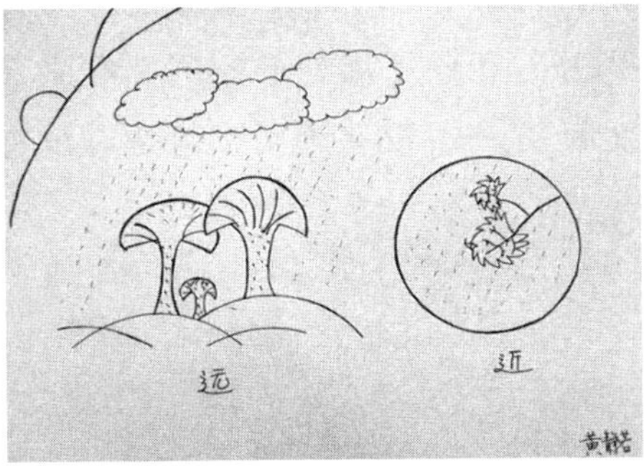

图 4–7

图 4–8

师：黄静若，来，给大家讲讲你这幅图。

生（黄静若）：首先，画夕阳西下表现时间已是黄昏，没有其他的意思。之后，左边画的是远景，右边是一幅近景。远景是在秋天那种萧条的大背景下，在一个平旷的地方，密集地长着几棵梧桐树。当时下着雨，雨打着梧桐树，体现出一种萧条、寂寥的气氛。右边的近景画的是雨打着梧桐叶子的样子，之后想象一下雨打叶子的声音滴滴答答的，让人心里特别烦，更能体现那种气氛。（教师板书：梧桐）

【至此，我们更能了解教师的苦心，选择七幅、四组图，是在对比分析中走近“酒”“黄花”“雁”“梧桐”这些意象】

师：你的语言非常漂亮！雨滴滴答答地打在叶子上，其实也是打在哪儿？

生（黄静若）：心里。

师：对，看着这个场景，听着这个声音打在自己的心里，更觉烦躁。崔雪，来给大家讲讲你的这幅图。

生（崔雪）：我画了风雨中的梧桐树，树叶全都被打下来了，堆积了一地。旁边的那个小房子的前面和侧面画的是雨中的积水，房檐落下的水滴得很紧，说明现在的雨下得很密，人的心情十分烦躁，天气也是灰蒙蒙的一片，这个时候李清照站在窗前看着眼前一切萧条的景象，内心觉得十分愁苦。

师：挺好。你们的语言都很好，很干净。大家看到崔雪画里的一个小细节了吗？这两幅图中的梧桐是有差别的。差别在哪儿？

师：左边的梧桐相对茂盛，而右边这幅叶子已经是稀疏的，而且树叶还在飘落。右边这幅细节抓得特别好，还画了满地的梧桐叶和溅起的涟漪。右边这幅画有个我特别欣赏的地方——没有画雨，但是有没有雨呢？

众生：有。

师：在哪儿呢？

生：在房檐下滴落。

师：词人就在这里看，在这里听。那她此时此刻心中是不是愁苦的？我们能总结一下这个梧桐的意象吗？首先能确定这是什么季节的梧桐吗？

众生：秋天。

师：夏天的梧桐是这样的吗？

众生：不是。

师：夏天的梧桐也有相关的诗句，课后可以自己搜集整理一下。这首词中的梧桐一定要注意，它是秋梧桐，跟秋梧桐有关的诗句咱们没有学过，老师补充两句，咱们一起欣赏一下。（教师出示PPT课件，补充相关诗句）李煜的《相见欢》："无言独上西楼，月如钩。寂寞梧桐深院锁清秋。"温庭筠的《更漏子》："梧桐树，三更雨，不道离情正苦。"两首词讲的都是秋梧桐。让我们总结一下秋梧桐的意象在古诗中代表什么？

生：忧愁。

师：嗯，忧愁。还有更贴切的词吗？

生：孤寂。

师：孤寂，是这样的感觉吧？比愁还要沉重，是一种"愁苦"。梧桐往往象征着孤寂和凄苦，要比忧愁程度还深。"梧桐更兼细雨，到黄昏、点点滴滴。"这句词中有没有更能突出那种凄苦的词语？

生：更兼细雨。

师："更兼"，请坐。"梧桐更兼细雨"，老师想象中这幅图是什么样的呢？是细雨打在掉落在地上的梧桐叶上，可能那种感觉和黄静若画的那幅有点差别，感觉更凄苦。所以"更兼"一词，有梧桐，有雨，就更加深了这种愁苦。古诗词中还有一个惯用的意象叫"梧桐雨"，今天咱们接触一下，以后可以看看还有没有别的诗词中有"梧桐雨"这个意象。现在大家找一找，这首词中咱们有哪一句没有讲？

生：守着窗儿，独自怎生得黑！

师：有酒，有雁，有黄花，有梧桐。诗人往往借一个具有愁苦含义的意象来表达自己的情感，而李清照将诸多象征着愁苦的意象连缀成一组特写镜头呈现出来，我们仿佛看到一个守着窗儿、容颜憔悴、面露哀伤的女子，独自怅然若失。（教师完成板书，如图4-9）

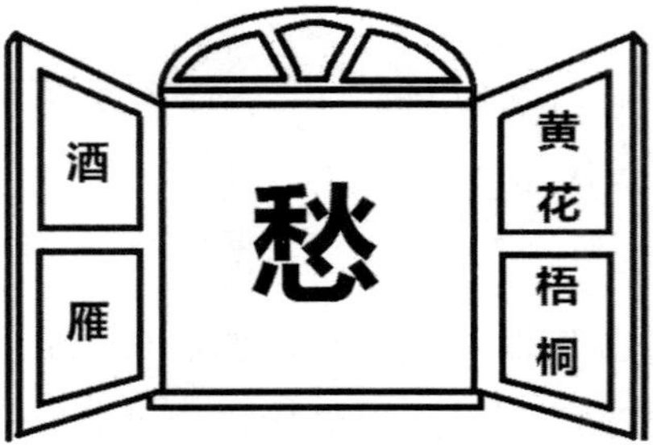

图 4–9

【这个教学环节是本节课的一个突出亮点，老师用一个形象的板书来体现本节课的重点、难点，呈现出学习、生成的过程。这个板书凝缩着诸多知识，可以说是这节课的友善用脑教学的思维导图。从某种意义上说，友善用脑、思维导图不仅改变学生的学习思想，而且对教师的教学行为进行了革新】

师：用词中的话将这种层层堆叠之愁表达出来，大家一起说说是哪一句话？

生：这次第，怎一个愁字了得！

师（教师出示 PPT 课件，用不同颜色和不同字号层叠三句“这次第，怎一个愁字了得！”）：老师的课件里用了不同的颜色逐层加深这种愁苦，这是不是一种层层堆叠之愁？

生：是。

师：那我们能不能探究一下李清照如此愁苦的原因是什么？

生：首先是她思念自己的丈夫。

师：她的丈夫还在吗？

生：不在。

师：阴阳两隔。其实李清照此时过的是一种孀居的生活。

生：然后还有她憔悴的容颜。

师：女子一般比较看重自己的容貌，而李清照的容颜已经衰老。还有吗？

生：还有她现在非常孤寂。

师：她的一种处境。好，请坐。有同学补充吗？

生：她的每一天都想念自己的亲人，但这种想念是无法实现的，没有希望的。

师：这两个词用得挺好，“无法实现”“没有希望”。大家都已经把理解锁定在爱情的层面。爱人、亲人不在，自己心情孤寂。有没有同学能把它稍稍深化一下？

生：她的愁是在两个大的方面。一方面是国破家亡。国破也不是破，就是迁了一下。

师：这个“迁”是有差异的，国到底破没破？北宋灭亡了，所以他们南渡到南方重新定都，南宋的统治开始。

生：嗯。另一个方面是自己的亲人和爱人都不在了，她自己孤单一个人在世上。

师：用刚才你们自己的话说就是没有希望的等待。一种苦挨到天黑的状况。好了，那咱们可以总结一下了。李清照虽然写的是自己家的事情，写的是自己的处境，这是一种家愁。但是，我们可以想到，在国破的情况下，有相似遭遇的仅仅是她一个吗？

生：不是。

师：可能还有很多人跟她有相似的处境。每个人从她的词中也许都能找到些许自己的影子。这也就是文学之所以感染人的原因。李清照用她晚年生活中的多个画面组成一组镜头，为我们呈现了战乱和亡国之后千千万万人的境遇。她是以家愁来写国事，这样的感情也就更为普遍、深沉，也更凝重。所以我们完全可以说：“她是李清照，她为他们和她们代言。”她的词已不限于写一己之悲，而是涵盖了很多人的生活的某个瞬间，而这些深层次的含意，都是通过她晚年的一组组镜头呈现的。这也是我认为这首词是经典的原因。现在我们拿起书，一起把这首词读一遍。

（生齐读课文《声声慢》）

师：把书合上，看看能不能按照意象把这首词背下来。（教师让学生看黑板板书，引导学生从板书的意象背起）第一句，那种若有所失的状态——

生齐：寻寻觅觅，冷冷清清，凄凄惨惨戚戚。

师：乍暖还寒时候，最难将息。

全班按照板书提示背诵：三杯两盏淡酒，怎敌他、晚来风急！雁过也，正伤心，却是旧时相识。满地黄花堆积，憔悴损，如今有谁堪摘？守着窗儿，独自怎生得黑！梧桐更兼细雨，到黄昏、点点滴滴。这次第，怎一个愁字了得！

【这个背诵环节很好地体现了“友善用脑”的理念。学生看板书（运用思维导图）背诵课文，加深所学知识的记忆，巩固本节课的学习成果】

师：好，我们争取学过一首词就把它背个大概。现在回到课前“之所以说李清照是成就卓著的女词人”这个问题上，有评论说她“空前绝后”“不徒俯视巾帼，直欲压倒须眉”，这就是她的力量所在。所以我们说“国家不幸诗家幸”，李清照凄惨的人生遭遇为后人留下了很多经典的文学作品。课下，我们还可以继续阅读她的其他作品。

本节课的作业，第一个选题：刚才课堂上呈现的学生画作，你喜欢哪一幅？请说明理由（120字左右）。第二个选题：文本或课堂呈现的学生画作让你联想到生活中哪些类似的场景或画面？举一例说明（字数不限）。两个选题，选一个来完成。

师：老师准备了一个小视频。这个视频是我看过陈蕾画的《两个杯子》之后从生活中联想到的。有兴趣的同学可以看一看这个视频。

（视频《两个杯子》内容简介：一位老人在妻子去世之后，带着妻子生前想去旅行的愿望，买了两张机票，独自登上飞机，并向空中小姐多要了一个杯子，摆放在妻子的座位上——另一个位置，旅行中有“妻子”一同陪伴）

观看后有学生流泪。

师：如果在生活中你也有一些联想，可以生成文字记录下来。咱们今天的这节课就上到这里。好，下课！

【两个作业和补充的视频，似乎有点为拓展而拓展的感觉，总觉得与本课的情感氛围和知识方法有些游离。怎么延展，才更好呢？】

二、李卫东现场评课实录

我觉得这是一节很有特色的语文课。为什么说有特色呢？因为这节课背后有想法。有想法、有理念来支撑的课就是有特色的课。我们搞教学研究活动，包括我们特级教师工作站开展研修活动，以及下一步中国教育学会中学语文教学专业委员会对这个课题的开展，推出的公开课应该定位为研究课、实验课，课堂的背后一定要有想法、有理念的支撑。我们开展研讨活动不是来评定课的优劣，不是搞精品课、比赛课，定位一定要定好。课可以有缺憾、不足，甚至有些地方可以商榷或者展开争议，这都是正常的，也是开展研究课的意义所在。这节课的特色在哪里呢？它背后有“友善用脑”的理念作为支撑。友善用脑，用词和画互解，必须基于对这首词的理解，让学生去画，进行再度创作，再传达出来，这种传达和小学生的涂鸦画不是一个概念，你必须对这首词的意象、意境有清晰的把握才能用简略的线条将其传达出来。它不仅仅是涂鸦，虽然有形象思维，但在形象思维的背后有理性的思考，有对这首词的整个意象、意境的顿悟作为支撑。

另外，这节课的板书最后形成一个窗的样子，把整首词的线索理出来了。这窗就是一个思维导图，借此，学生对意象意境、整首诗的脉络都有了一个比较清晰的把握。这节课落实了“友善用脑”的理念和思维导图。我说这节课上的画画和小学生涂鸦不一样，理由还在于这节课把“意象”这个重要的概念落实了，以无形化有形，通过画画，实际上把“酒”“雁”“黄花”“梧桐”这一串意象巧妙地带出来了，这些都是中华优秀传统文化里一些重要的意象。北京市的中高考改革的命题导向里就提出“要弘扬中国优秀传统文化”，中华优秀传统文化是要在教学中体现和落实的知识。这节课就把“纳彩纳吉”等中国传统文化的因素巧妙地融合在古诗词的理解当中，以无形化有形，使这节课有了厚重感和质感。课堂上不是简单地画，如果仅仅在画画，就很容易让人质疑：这是上语文课吗？这是很浅层的语文学习啊！而这节课的不浅就不浅在这儿了，它落脚在意象，在对这首词的理解上。所以说我觉得这节课还是有特色的，有想法的。

当然，作为研究课，要提几点建议。

第一，让友善用脑包括思维导图再深入一些，让用脑更复杂一些，调动学生更复杂的思维，让语文学习更有深度一点。比如，同样是友善用脑、思维导图，除了画画这种形象的展示，还可以画什么？符号的，线条的。我在听课的过程中突然想到，语言学家索绪尔非常强调“语序轴”

和“联想轴”。“语序轴”大体上是一个横轴，就是词与词、概念与概念、意象与意象的衔接、前后的贯通，由词到句到整首诗；“联想轴”大体上是一个纵轴，是你读到这个词、意象、概念联想到与它相关的词、概念和意象。能不能指导学生画横轴、纵轴，画语序轴和联想轴？比如，出现“梧桐”“酒”“雁”的意象就画自己想到了什么，想到了是哪里的雁，甚至由雁想到鹰或者小燕子。小燕子的“燕”和大雁的“雁”传达的意思不太一样，可以运用对比联想，通过这个纵轴不断地拓展出去，让学生自由地画。这样一种符号式的方式让用脑的复杂性更进一步了。所以，不仅可以画简笔画，还可以画语序轴、联想轴，进行符号式的表达。这节课已经达到这个目的了，但这是由老师推荐并引导出来的。如果通过学生的画先让学生自己去联想呢？和老师直接点出来的效果还是不太一样的。先让学生去联想，然后老师指导，这样就可以通过读一首词学习若干首词。

第二，增加课堂上的变式训练。这节课从头到尾都是四组画的对比，建议留下一幅，最多两幅，另外的用其他方式，换一种角度写一写、评一评，比如同样一句诗词不同的诗评家对它的评议你更赞同哪一个？或者引入不同的词评家对同一句诗词的不同理解。或者是用其他的方式，如朗读，用不同语调揣摩、吟诵，比较对语气的把握哪一种更好。甚至还可以考虑把后面的拓展作业选题一和选题二拿一个上来，或者再设计一个其他练习——开展拓展性的写作，和高考里的拓展延伸题勾连起来，在课堂上写一两百字，然后评议、讨论学生的作品。这样的课堂就有变化了。练习可以有更多的组合和变化，这是第二点建议。

第五章　篇章阅读、专题阅读与整本书阅读

整本书阅读已经成为当下语文教育界关注的热点。让学生多读书、读好书、读整本书，冲破语文教学就篇章讲篇章的狭小格局，语文界同仁对此多有共识且充满憧憬。但如何开展整本书阅读，还是议论的、观望的人多，实践的人少，可资借鉴的成果少。20世纪80年代，上海市育才中学的段力佩老师曾在语文课堂上试行名著阅读，边读边议，初中阶段读整本《西游记》《水浒传》等，高中阶段读整本《红楼梦》《史记》等。这在当时的语文教学界是一个开创之举，但是该教学经验并没有得到很好的延续和推广。郑桂华分析认为，上海市育才中学整本书阅读方式的本质还是精读、片段阅读，与生活中阅读整本书有很大的距离，而且这种读法一学年只能读一两本书，阅读量、阅读面无法满足学生广泛阅读的需求[1]。当前语文教学中的整本书阅读指导大体有两种，一种是“育才模式”，由精讲一篇篇课文到精讲一本书的一个个精彩章节和片段，本质上还是精读、片段阅读，教学内容和方式高度结构化，学生自主阅读体验的空间被严重压缩，整本书阅读的特性不能得以充分体现。另一种是简单地提倡和一般化的结果验收，无过程

[1] 郑桂华.整本书阅读：应为和可为［J］.语文学习，2016（7）：4-8.

指导和监控，学生究竟读没读、读得怎么样，无从得知，学生的阅读近乎放任自流的状态。近两年为改变无序化状态，真正发挥整本书阅读的功能，“整本书阅读课程化”的呼声愈来愈高，也有不少学校和老师在做一些积极的探索。但是，整本书阅读就是教学干预的无限制加码吗？我们究竟需要怎样的整本书阅读课程，是“育才模式”吗？如果不是，那应该走怎样的课程化之路？谈整本书阅读的课程化，有必要先厘清整本书阅读的功能和属性，只有把“整本书阅读是什么”探讨清楚了，找到“如何开展整本书阅读”的逻辑依据，才能建构符合整本书阅读特性的课程，实施有效的教学指导，提高整本书阅读的效益。

究竟什么是“整本书阅读”？如果暂时不能给出清晰的定义，不妨把课文阅读作为参照，在两者的比较辨析中探究整本书阅读的属性与功能。

整本书阅读与篇章阅读相比较，阅读时间跨度更大，阅读材料更长，内容也更为复杂，那是否整本书阅读就是深阅读，篇章阅读就是浅阅读？并非如此简单。教授《红楼梦》，让学生回答这样的题目：“贾宝玉梦游太虚幻境时，饮的茶叫什么，品的酒叫什么，听的歌曲名叫什么？”以这样的问题为导向的整本书阅读不是深阅读而是浅阅读。教授《孔乙己》，让学生读出“笑声”背后的悲凉，让学生读出“看与被看”的冷漠，读出社会的凉薄和人生的况味，这样的篇章阅读不是浅阅读而是深阅读，是深度学习。“卓越教育联盟”对深度学习做出了界定，即以创新方式向学生传递丰富的核心学习内容，引导他们有效学习并能将其所学付诸应用。基于项目、问题、探究、挑战的学习和其他类似的方法有助于学生在校内外获得更多主动学习的经历[1]。就阅读时间之长，阅读材料之繁，阅读挑战之大而言，整本书阅读比篇章阅读更适合展开基于项目、探究的学习，进行深阅读、深度学习。

篇章阅读并非就是精读，整本书阅读也并非就是泛读。即便同属一本书的内容，有的章节需要精读，有的章节泛读即可。在一个学期之内读几本书，有的书需要精读，有的只需泛读。究竟采取精读还是泛读的阅读方式，要根据阅读内容、阅读任务、阅读需要而定。比如“一本书，

[1] 新媒体联盟.新媒体联盟地平线报告（2015基础教育版）[J].北京广播电视大学学报，2015（A1）：54-98.

一座城，一个人——《边城》与沈从文专题”学习，需要精读《边城》，泛读《沈从文传》，泛读甚至跳读研究沈从文的书籍、论文等，这里的泛读和跳读是专题阅读的一个组成部分，是为完成专题探究必须经过的文献检索和阅读的过程；泛读、跳读若干本书而非按部就班精读每一本书，是把《沈从文传》等看作专题学习的“用件”，是为专题探究提供论据支持。整本书与篇章相比，内容节奏变化的幅度大，在比较大的阅读时空幅度内，更需要精读与泛读的交替转换，精细阅读与快速阅读的变换使用。

1949年后的若干版语文教学大纲和2001年至今的语文课程标准，提到整本书阅读，多是在附录部分列出若干部课外阅读的书目，并没有具体的课程规划；而在《普通高中语文课程标准（2017年版）》中，“整本书阅读与研讨”是贯穿必修、选修Ⅰ和选修Ⅱ三个阶段的四个任务群之一，课程标准在必修课中安排了整本书阅读的具体学分，对整本书阅读的学习目标与内容做出较为清晰的规定。整本书阅读作为语文课程的有机组成部分，不能停留在一般性的提倡和呼吁，不能只发生在课堂之外，还应融入课堂之内，例如，在课内静静地阅读，在课内认真地讨论。虽然学生自主阅读整本书主要发生在课外，但整本书阅读已经不是惯常意义上的“课外阅读”，它需要教学的支持，需要打破课内、课外的壁垒，贯穿课内、课外的阅读时空，需要整体的课程规划。

按照美国教育学者柯蒂斯·J.邦克的观点，“非正式学习没有繁忙的作业——它完全以完成个人的目标或任务为导向，而不是人为的或由教师强加的”，“今天的学习者所需要的是实时的学习和按需的学习”[1]。新媒体联盟也认为，互联网的到来使人们通过便携设备就能够获取大量信息，人们越来越关注自主的、基于兴趣的学习。这类学习在博物馆、科学中心及个人学习网站中尤为常见，可以归类为非正式学习。学生可以按照他们自己的学习路径与兴趣进行学习，从而提高学习的参与性。超越时空限制的泛在化阅读即是非正式学习，其极为重视阅读的选择性和个性化。这容易使人联想到美国教育学者斯蒂芬·克拉生所提倡的自由自主阅读（Free Voluntary Reading，FVR），自由自主阅读是指纯粹因

[1] 邦克.世界是开放的：网络技术如何变革教育［M］.焦建利，等译.上海：华东师范大学出版社，2011：82.

为想阅读而阅读，不需要写读书报告，也不用回答章节后的问题。若是不喜欢这本书了，也不必勉强读完它[1]。斯蒂芬教授凸显了阅读的非正式学习属性，是对强制阅读、规定阅读及教师过多干预的反驳。整本书阅读更多地体现为学生的自由自主阅读，带有较强的非正式学习的属性。但强调整本书阅读的非正式学习属性，也要避免矫枉过正，即便是斯蒂芬本人也承认，他并非在提倡只有自由阅读的语文课，他也认为教师、图书管理员与父母指定或建议阅读的东西有其价值。整本书阅读应是正式学习和非正式学习的融合。

综上，理想状态的整本书阅读应是冲破语文教学狭小格局的深阅读、深度学习，需要精读、泛读的灵活转换，课内阅读和课外阅读的深度整合，正式学习和非正式学习的对接融通。整本书阅读需要课程化，但又要避免过度结构化，要保持教学的弹性，为学生的个性化、差异化阅读和学习留有充足的空间。

最后必须要强调的是，整本书阅读和篇章阅读对于构建学生阅读经验而言，均不可或缺，不能厚此薄彼。篇章阅读、专题阅读、整本书阅读有分有合，协同并进，互为联系和支撑，这在《普通高中语文课程标准（2017年版）》的课程设计中已有体现。

[1] 克拉生.阅读的力量［M］.李玉梅，译.乌鲁木齐：新疆青少年出版社，2012：1，149.

第一节　迈出教材半步：《窗》课例研习

2017年5月9日，我去北京市一零一中学听程翔老师上公开课《窗》。到了现场，没有拿到印发的教案，每个听课教师拿到手的是两页纸，一页印着泰格特的《窗》[1]，一页印着《医院之窗》。

一、《窗》及《医院之窗》原文

窗

泰格特

在一家医院的病房里，曾住过两位病人，他们的病情都很严重。这间病房十分窄小，仅能容下两张病床。病房有一扇门和一个窗户，门通向走廊，透过窗户可以看到外界。

其中一位病人经允许，可以分别在每天上午和下午扶起身来坐上一个小时。这位病人的病床靠近窗口。

而另一位病人则不得不日夜躺卧在病床上。当然，两位病人都需要静养治疗。使他们感到尤为痛苦的是，两人的病情不允许他们做任何事情借以消遣，既不能读书阅报，也不能听收音机、看电视……只有静静地躺着。而且只有他们两个人。噢，两人经常谈天，一谈就是几个小时，他们谈起各自的家庭妻小，各自的工作，各自在战争中做过些什么，曾在哪些地方度假，等等。每天上午和下午，时间一到，靠近窗户的病人就被扶起身来，开始一小时的仰坐。每当这时，他就开始为同伴描述起他所见到的窗外的一切。渐渐地，每天的这两个小时，几乎就成了他和同伴生活的全部内容了。

病房的窗户俯瞰着一座公园，公园里面有一泓湖水，湖面上照例漫游着一群群野鸭、天鹅。孩子们有的扔面包喂这些水禽，有的摆弄游艇模型。一对对年轻的情侣手挽着手在树阴下散步。公园里鲜花盛开，主要有玫瑰花，但四周还有五彩斑斓、争奇斗妍的牡丹花和金盏草。在公园那端的一角，有一块网球场。有时那儿进行的比赛确实精彩，不时也

[1] 所附课文来自2016年苏教版《义务教育课程标准实验教科书·语文　八年级（下册）》。

有几场板球赛，虽然球艺够不上正式决赛的水平，但是，有得看总比没有强。那边还有一块用于玩滚木球的草坪。公园的尽头是一排商店。在这些商店的后边，闹市区隐约可见。

躺着的那位病人津津有味地听着这一切。这个时刻的每一分钟对他来说都是一种享受。描述仍在继续：一个孩童怎样差一点跌入湖中，身着夏装的姑娘是多么美丽动人。接着，又是一场扣人心弦的网球赛。他听着这栩栩如生的描述，仿佛亲眼看到了窗外所发生的一切。

一天下午，当听到一名板球队员正慢悠悠地把球击得四处皆是时，不靠窗口的病人，突然产生了一个想法：为什么偏偏是挨着窗户的那个人，能有幸观赏到窗外的一切？为什么自己不应得到这种机会呢？他为自己会有这种想法而感到惭愧，竭力不再这么想。可是，他愈加克制，这种想法却变得愈加强烈，几天以后，这个想法已经进一步变为紧挨着窗口的为什么不该是我呢。他的嫉妒心越发强烈，最后怒火在胸中燃烧。

他白昼无时不为这一想法所困扰，晚上，又彻夜难眠，让他难以自拔。结果，病情一天天加重了，医生们对其病因不得而知。

一天晚上，他照例睁着双眼盯着天花板。这时，他的同伴突然醒来，开始大声咳嗽，呼吸急促，痰卡在嗓子里。他两手摸索着，在找电铃的按钮，只要电铃一响，值班的护士就会立即赶来。

但是，另一位病人却纹丝不动地看着。心想：他凭什么要占据窗口那张床位呢？

痛苦的咳嗽声打破了黑夜的沉静。一声又一声……卡住了……停止了……直至最后呼吸声也停止了。

另一位病人仍然继续盯着天花板。

第二天早晨，医护人员送来了漱洗水，发现那个病人早已咽气了，他们静悄悄地将尸体抬了出去，丝毫没有大惊小怪。

稍过几天，似乎这时开口已经正当得体。剩下的这位病人就提出是否能让他挪到窗口的那张床上去。医护人员把他抬了过去，将他舒舒服服地安顿在那张病床上。接着他们离开了病房，剩下他一个静静地躺在那儿。

医生刚一离开，他就十分痛苦地挣扎着，用一只胳膊肘支起了身子，准备尽情欣赏窗外的景色。他慢慢地、痛苦地探头朝窗口望去。

他看到的只是光秃秃的一堵墙。

医院之窗

译者　关菲

两个重病患者同住在一个医院病房内。其中一个病人每天下午被允许从床上坐起一小时以便排出肺部积液。他的床靠近病房唯一的窗户。另一个人只能全天候平躺在床上。两个男人谈论很多事情，从他们的妻子、家庭生活、工作到他们服的兵役，他们度过假的地方。

每天下午，当靠窗边的病人能坐起来的时候，他都会给另一个病人形容窗外的美景。另一个病床上的人因为每天这一个小时听着窗外面的活动和斑斓的色彩，他的世界被打开，变得富有生气。

这个窗户俯瞰着一座公园，公园里面有一泓湖水，湖面上有一群野鸭和天鹅。公园里的孩子们在摆弄船的模型。一对对年轻的情侣手挽着手在各色花丛中散步。远远地能够看到城市美丽的轮廓。

当窗边的病人描述这些精致的细节时，另一个病人就闭上眼睛想象这生动的画面。

一个温暖的下午，窗边的人描述一个正在经过的游行。尽管另一个人听不见，却能够看见——在他的头脑中。因为窗边的绅士描述得那样绘声绘色。

一天天过去了。

一天早上，白班护士拿来洗澡水的时候，发现窗边的病人已经没有气息了，他在睡梦中安详地过世了。护士很悲伤地让人抬走了他。

稍过几天，似乎这时开口已经正当得体。另一个病人请求搬到靠窗的床上。护士把他抬了过去，将他舒舒服服地安顿在那张病床上。接着他们离开了病房，剩下他一个人静静地躺在那儿。

医生刚一离开，这位病人就十分痛苦地挣扎着，用一只胳膊支起了身子，口中气喘吁吁。他探头朝窗口望去。他看到的只是一堵空白的墙。除了红砖什么也没有。

这个病人问护士，是什么让他去世的病友描述窗外有那么美丽的风景。护士回答说那个去世了的病人是个盲人，他连墙都看不见。“可能这就是他看到的世界，并且他希望能鼓励你。或许我们都该这样看待世界。”护士说。

二、《窗》课堂教学实录

课前准备：早读时下发印着课文的单子，让学生事先阅读 3 遍。

课上再给时间让学生阅读 1 遍，时间为 2 分钟左右。

（一）确定文体

师：《窗》这篇文章属于什么文体？大家先说一说，写在课文题目旁边。

生：记叙文。

师：有不同意见的请举手。有记叙文这种文体吗？

（学生诧异）

生：记叙性小说。

师：我们认为记叙文是一种文体，这是错误的。记叙文、说明文、议论文都不是文体。小说是文体，记叙文不是文体。

生：那记叙文算什么？

师：记叙类的文章。它是一个类的概念，不是一种文体的概念。

师：有没有同学认为这不是小说？没有，那同意是小说的请举手。

（学生都举手）

师：我产生了一个问题，为什么说《窗》是小说？谁来讲？

生 1：有故事情节。有起因、经过、结果、时间、地点、人物。

生 2：小说的六要素都有。

（教师否定六要素之说，并请大家继续讨论）

生 3：故事由第三方来陈述。

师：这名学生的回答涉及一个比较专业的概念，就是叙述者。大家想想，戏剧剧本基本上没有叙述者，更多的是人物对话。诗歌往往用格律表述，叙述也不明显。但是小说的叙述者非常明显，小说的特征之一就是采用叙述者语言。还有其他原因吗？

师：老师再发另一份资料，看完后你们可能就知道还有什么别的原因。（让学生阅读《医院之窗》）你们发现问题了吗？

（学生讨论交流）

师：老师发给大家的是《医院之窗》，它是小说吗？《窗》比《医院之窗》多了什么？

生：我认为《窗》更像小说，因为多了一些细节描写和心理描写。

师：什么地方是心理描写？请用笔画出来。

生：“不靠窗口的病人，突然产生了一个想法：为什么偏偏是挨着窗户的那个人，能有幸观赏到窗外的一切？为什么自己不应得到这种机会呢？他为自己会有这种想法而感到惭愧，竭力不再这么想。可是，他愈加克制，这种想法却变得愈加强烈，几天以后，这个想法已经进一步变为紧挨着窗口的为什么不该是我呢？”

师：为什么有心理描写就是小说？

生 1：《医院之窗》是纪实，《窗》是编撰的，多了一些心理描写。

生 2：只有有这样的心理，才能有后面的情节。

师：你为什么说那段心理描写是虚构的呢？

生：因为《窗》是以叙述者的角度来写的，别人不知道患者是怎么想的。

师：所以只能猜，这就叫作编撰，换另一个词来说是虚构。（学生记录在书上）我们抓住了小说第二个特点：虚构的。（教师板书）老师有一个问题，作者虚构的是病人的什么心理？

生：嫉妒。

师：为什么要虚构病人有嫉妒的心理呢？

生 1：为推动下文情节的发展。

生 2：为了吸引读者。

师：同学们再猜一猜，作者进行这样的虚构，跟他的什么有关系？

生：应该跟他的主观思想和个人经历有关系。

师：大家很少从作者写作目的的角度去探究作者为什么要加这个内容。《窗》为什么要加入这个内容呢？这就是本节课要解决的第二个问题。

（二）写作目的

师：你觉得作者的写作目的是什么？大家互相交流，说一说你对小说主题的理解。

（学生讨论）

师：这是一个有难度的问题。请同学们说一说，小说为什么要这么虚构。

生：将善恶进行对比，衬托出人性的善恶。

师：说得很好！人性！（教师板书“人性”）

师：大家都非常优秀，能看出小说是在表现人性。那我问一个问题，不靠窗的病人要占有靠窗的人的床位（板书“床位”二字），你觉得床位只是代表床位吗？

生：不，还代表了财富、利益……别人有而自己没有的东西。

师：床位代表名利。人们看到别人拥有的名利，可能会产生嫉妒心理，就可能对别人形成伤害。这样的心理被小说家发现了，并挖掘出来。在生活中这种心理很常见，如果控制不住，人性中的阴暗面就会表现出来，那就是人性之恶。因为嫉妒心理，有的人甚至与亲人、朋友反目成仇。面对这种现象，我们应该提醒自己什么？

生：不要被嫉妒心理控制，不能被坏情绪影响。

师：名利无非就是什么？

生 1：身外之物。

生 2：想要名利时，觉得特别好；当真的得到时，才发现那不过是一堵墙，伤害了自己的同伴，也伤害了自己。

师：实际上名利是很虚无的。同学们，《窗》这篇小说是不是很深刻？现在可以总结小说是什么呢？小说是虚构的，以刻画人物为核心，刻画人物就是在表现人性。到这里，我们这节课的任务就算结束了。同学们还产生了别的问题吗？

生：题目为什么是“窗”呢？

师：为什么叫“窗”，不叫“人性”呢？

生 1：窗就体现了人性。

生 2：《窗》第 12 自然段“他们静悄悄地将尸体抬了出去，丝毫没有大惊小怪”，为什么？

师：对比《医院之窗》，《医院之窗》中的护士是怎样表现的？

生：《医院之窗》是“悲伤”。

师：《窗》为什么这么改？

生 1：为了表现医生对病人没有关爱。

生 2：因为他们见惯了生死，为了表现人性的冷漠。

师：麻木了，作者也许就在表达这个意思。这节课就到这里。

三、课后对话

程翔：首先要感谢北京市一零一中学的关菲老师，是她帮我把英文版的《医院之窗》翻译出来的，我一对照这两篇文章就看出了差异，太明显了。《医院之窗》是一个纪实的文本，它不是小说，但是到了《窗》这里，就变成了小说，于是我找了这样一个教学的突破口。从哪里开始呢？从认识《窗》这篇小说"为什么是小说"开始。小说为什么是小说呢？这里面有很多理由，福斯特在《小说面面观》里给小说下了定义，用散文化语言虚构的有一定长度的故事就叫作"小说"。后来我就总结，包括曹文轩老师对小说的理解，小说有这么几个特征，一个是虚构，所谓的虚构就是故事情节是虚构的。再一个就是叙述语言，在我的教学设计中是没有这个内容的，因为这一点对初中生来讲，太专业了，讲也讲不明白，我自己都没有完全弄明白。但是没有想到今天一个学生的回答涉及这方面知识，所以我就加上了一句——小说的特征之一就是采用叙述者语言。今天这节课我要重点处理的是"人物刻画"，这是小说的本质特点。虚构的故事情节是小说的显著特点，而刻画人物是小说的本质特点，加上叙述者语言，这三个方面构成了小说的主要特点，这样理解明显有别于传统的对"人物、情节、环境"三要素的认识。时代在发展，学术界很多研究在更新，如果中学语文老师的观念和知识结构没有及时更新的话，我们怎么去面对"新孩子"呢？所以我觉得一个语文老师的读书和学习太重要了。

李卫东：有几点想法我想向程翔老师提出，向在座的各位老师请教。

第一点，选择与确定语文教学内容的依据是什么？今天这节课给了我们一个很好的启示。程翔老师这节课的教学内容是经得起推敲，经得起审视和检验的。这堂课的教学内容遵循了两个依据，一个依据是根据文章的体式，紧紧抓住"小说"的体式特点；再一个就是依据学情，这堂课程翔老师反复问学生们："产生"问题了吗？今天这节课学生的确"产生”了很多问题，对小说这种文体有了新的认知。

程翔老师近几年提出“教有学理的语文”。那么，语文教学的“学理”何在？我们首先想到的是语文本体性的知识，语文课要有文化含量，有语文含量，有学术含量。在这里还要补充一下，“有学理”的语文课，首先得“讲理”，得弄清楚为什么要教这些东西而不教那些东西？应凭借文本和学情而定，而不是教师想教什么就教什么。语文教师每教一节课都要问一问自己：我这节课“讲理”吗，能让学生有切实的获得感吗？

程翔老师一上课，就在黑板上写下“确定文体”四个字，当时我还想：有点学究气啊。听完课回头一想，他的教学行为是颇有深意的，对不对？这篇文章是什么文体？有一个学生说是记叙文，没想到程翔老师连“记叙文”的概念都给否了：记叙文不是文体！程翔老师解释：“记叙文”泛指记叙性的文章，是一类文章，是文类而不是文体。我再补充一下，关于“文体”我以前也查过相关资料，记得在曾祥芹老师主编的“现代文章学丛书”里有一种考证，认为“记叙文”“说明文”“议论文”是从日本移植过来，为教学和训练的方便而出现的一种“教学性文体”，也就是说，这三种文体是专门在中小学课堂上使用的概念，在大学中文系课堂中不承认这样的概念。从严格意义上讲，记叙文等不是文体，但又不能把这三种习用已久的概念完全抛掉，简单抛掉容易形成教学知识的真空，所以程翔老师做了一个折中，强调文类，指出记叙文就是记叙性的文章的总称。然后，课堂从“小说”出发，逐层寻根究底：小说有什么特点，《窗》这篇文章为什么是小说？有的同学说小说的特点是虚构，然后有同学“产生”问题：为什么说文章的内容是虚构的呢，为什么虚构这个内容呢？教师促发学生不停地“产生”问题，紧紧抓住小说的特点来选择和生成教学内容。

我们经常说，语文课要有“语文味”。“语文味”从哪里来，阅读课的“语文味”从哪里来？关键的一点是，你得教什么像什么。今天教的是小说，就不能把它处理成一般的记叙文。如果教《窗》，教师用记叙的六要素“时间、地点、人物、起因、经过、结果”来讲解这篇文章，把它当作一篇一般性的记叙文，甚至是中学生的记叙文习作来处理，显然不能发挥这个文本的独特价值，这篇文章教学的“语文味”就丧失了。有的老师可能会反驳，“我教语言了，引导学生品味语言了，我教的是语文啊”。我要说，做到品味语言，仅是最基本的语文教学。贴近语言、贴近文本，这是对的，但是还要贴近这个文本的体式特点与个性特色。程翔老师这节课就是教小说，而不是教一般性的记叙文。

第二点，走出教材半步，提供一些支架性的材料，丰富语文课堂的教学内容。今天大家来听程翔老师讲课，并没有拿到教学方案、教学设计这些研讨课惯常提供的东西，但是一看到他为大家提供的两篇文章，我就心中有数了，我觉得程翔老师的课还没有开始就已经成功一半了。为什么下这样的断言？因为有了这两篇文章搁在那儿，这节课教学内容的框架就已经搭起来了。教《窗》这篇小说，可以直面文本，包括叙述者的选择、人物形象刻画等，从正面处理文本，但程翔老师用的是迂回的方式，采用比对的方式，提供了《医院之窗》作为支架性材料，与课文《窗》做对比阅读。一提供支架性材料，两个文本就产生裂缝和缝隙，有了裂缝、缝隙，就有了矛盾，有了矛盾就有了疑问，有了疑问学生就有了探究的动机和欲望。正面处理文本不是不可以，但失之简单，比如发出的指令性问题：同学们，文章哪些是语言描写，哪些是心理描写？作者怎样刻画人物，用了什么写作手法？看一下主题是什么，归纳一下，讨论一下。学生对这类硬邦邦、干巴巴的指令性任务，总是感觉到有点“隔”，主动探究的动机很难驱动起来。把两个有比对价值的文本提供给学生，教学效果就大不相同了。所以，一个支架搭建起来了，就保证了这节课教学内容的丰富性、深刻性和扎实性。难能可贵的是，关菲身为北京市一零一中学的老师，居然在那么多的资料中找到《医院之窗》的英文版，而且翻译出来，这可是一零一中学的翻译版权。也就是说，今天在座的各位老师，是《医院之窗》中文版的第一批读者。在课文《窗》之外，引入《医院之窗》的文本，我觉得是这节课最大的亮点。为了上好这节课，披沙拣金，找到这样一篇有价值的“原始文本”，与原文进行有意思的比对，从“对比”出发，这里可教的东西就多了，而且学生也容易掌握。所以说，这节课我感受比较深的第二点就是“提供支架性的材料”。我们经常说语文老师要再度开发教材，开发课程教学内容，要有“用教材教”的意识，但实际教学中往往还是就课文教课文，不敢迈出教材半步。程翔老师这节课是篇章阅读教学，但仅仅由课文走出了那么小小的半步，局面就开阔了许多。

第三点，程翔老师善于倾听和捕捉，在教学方式上，很善于激发学生提出问题的动机。程翔老师个子很高大，但是他上课会习惯性地俯下身子倾听学生的话语。这不仅是一种姿态，而且能产生实质的教学效果。课堂上老师和学生交互发出问题：这是什么文体，小说有什么特点呢，你产生问题了吗，为什么虚构这些，你又产生什么问题了，题目为什么是“窗”，为什么“丝毫没有大惊小怪”呢？……其中好多问题都是学生提出来的，老师是一层层地搭支架，而不是一股脑地向学生提问。如果学生的认识没有一层层地往里走，还没有往深处挖掘时，老师就一股脑地提出问题，那么老师提的问题再多，也只是一个层面的问题，学生还是停留、徘徊在比较浅的理解层次。而程翔老师是随着问题的深入，深入到一个节点，再巧妙地加一把火，促使学生产生新的疑问，这时学生的疑问比前面的疑问更深了一层。这节课学生提的问题一个比一个深，就是因为在不同的认知阶段，程翔老师不停地“煽风点火”，不停地“挑起事端”，不停地激发，我觉得这一点值得我们借鉴。

程翔老师这节课给我们的启示和借鉴先讲这三点。下面我再就刚才的“迈出教材半步，提供支架性材料”做点补充，我提供另一个例子。我进行《范进中举》的备课时，想到了孙绍振老师的《名作细读》对《范进中举》的解读，他联想到了清朝刘献廷的《广阳杂记》中的一个故事，讲的也是范进中举后喜极而疯，后被治愈的事。孙绍振认为这可能是“范进中举”的原型故事。（详见本书第二章第一节）我上课就把这个原型故事拿来让学生与《范进中举》比对，让学生思考课文中“范进中举”的故事和原型故事有什么异同，作者对原型故事最重要的改造是什么。原型故事中最点睛的一笔，就是“吁，亦神矣”，医术高明、神乎其技啊，作者有意突出这个，具有实用价值取向；而课文中“范进中举”故事揭示的是人性。范进的疯，不是被医学技术治愈的，而是被一巴掌治好的，那一巴掌是夸张的一巴掌，是变形的一巴掌，是文学的一巴掌。这就是比对的妙处。我的设计与程翔老师今天的设计思路是一致的。再举一个例子，《皇帝的新装》也有原型故事，原型故事是一个民间故事，在这个故事中说出真相的不是一个孩子，而是一个成年人。这个民间故事两百字左右，也可以将其印给学生，与《皇帝的新装》做比较并进行讨论。童话有童话的文学性，文学性必须依赖文学化的表达，而文学化、艺术化的手段之一，就是通过审美变形来进行陌生化表达。

我想，青年教师是不是要像程翔老师说的，多读些书，多搜罗一些资料，这样老师们上课的时候才会左右逢源。程翔老师这一节课有创意、有想法，这些创意和想法与他平时多读书、多涉猎有关系。书读得多了，备课的时候就会突然想到在哪本书中看到过可供利用的材料，就会把它移用到课堂上。归根结底，还是要多读、多涉猎、多占有，然后再输出，这样的输出才是高质量的输出。程翔老师这节课对此做了很生动的诠释。

最后，我对这节课提一点建议。这节课程翔老师主要是让学生不停地产生新的疑问，然后通过教师的追问、师生之间的对答、小组的讨论来解决问题。我有一个建议，在课堂深入讨论的阶段，可考虑设计小的任务、活动、项目，让学生动笔写一写，沉一沉。比如，《窗》的结尾是“他看到的只是光秃秃的一堵墙”，课上一个学生曾发问：结尾怎么就到这儿呢？既然学生有此疑问，不妨抛出一个任务：同学们，假设还是看到一堵墙，而这一堵墙写着一行字，设想一下会是一行什么字？你自己试着写一行字。类似这样的活动设计，不一定就很合适，我想传达的意思是，在课堂的“节点”，可以停下来开展一个小任务、小活动，让学生消化一下，换个情境、方式进行深度学习，尽可能调动所有学生投入更加复杂、有深度的语文学习中，这样也能最大限度地掌握全班学生的学习状况，从而做出进一步的教学应对。当然，一节课因时间关系，不可能完成太多的教学活动，加上教的是七年级的学生，前边探讨小说的文体、写作目的，需要一定的时间，程翔老师只能有所取舍。总而言之，今天听了程翔老师的课受益匪浅，每次听程翔老师的课都如沐春风，感觉不到他是在上公开课，这四十多分钟不知不觉就过去了，每听一次课都有新的感受、新的启迪。

第二节 《红楼梦》《边城》专题阅读教学案例评议

北京师范大学燕化附属中学语文教研组在整本书阅读的课程建设上做了一些有益的探索，尤其是把专题阅读和整本书阅读、接受性学习和研究性学习整合起来，取得了比较好的效果，以下为其中两个案例。

一、走近红楼梦中人——《红楼梦》专题学习

（李晶莹、张会慧）

（一）专题学习流程

第一学段（寒假期间）：任务助读，阅读《红楼梦》。

环节一：任务跟进，初步阅读。

1. 学习内容及目标

阅读《红楼梦》，初步了解故事情节，发展独立阅读的能力。

2. 学习任务

包括填空题和简答题两类。填空题如曹雪芹于悼红轩中披阅十载，增删五次，纂成目录，分出章回，题曰“金陵十二钗”。并题一绝云：“满纸荒唐言，一把辛酸泪。________，谁解其中味。”简答题如电视剧《红楼梦》的第一集中把木石前盟的故事与和尚预言英莲命运的内容都删去了，你觉得这样安排好吗？

3. 学习评价：学生在网上针对简答题进行交流。

环节二：任务自选，深入阅读。

1. 学习内容及目标

深入阅读《红楼梦》，精读重点章节，根据个人特长和兴趣自主领取任务包。力求有个性、有创意的表达。注重个性化的阅读，充分调动自己的生活经验，发挥自己所长，在主动积极的思维和情感活动中，获得独特的感受和体验。

2. 学习任务

从以下任务包中任选一组，按要求完成。

（1）趣味任务

①在书中众多的人物中，你会选择谁做你的终身伴侣？说明理由，并从书中寻找不少于5处依据。

②如果将大观园里的人物组成一个班级，你会选谁做班长？说明理由，并从文中寻找依据。

（2）艺术任务

①从书中任选情节画5幅漫画（一组连贯的情节或单独5处情节均可）或给你喜欢的一个人物画一幅画。（要求：根据书中的描写，合理想象，画出人物风貌）

②为其中一首判词配乐（鼓励原创），并简要说明配乐理由。

③请在专用的田字格或米字格中用蓝色或黑色钢笔抄写书中的判词、诗词。（要求：抄写整齐美观，字迹整洁清晰，字体匀称合适）

3. 学习评价：趣味任务在课上进行交流，艺术任务中的书画作品在校园里进行展示。

第二学段：基于学情，走近红楼梦中人。

环节一：圈点批注，学情调研。

1. 学习内容及目标

通过检查第一学段环节二的任务完成情况，发现了一些学生在学习过程中存在的问题。因此，本环节的学习内容和目标制订如下：学生自由阅读前十八回，并进行圈点批注，对文本进行自己的分析判断，发现问题、提出问题，努力从不同的角度和层面进行阐发、质疑和评价。鼓励学生进行交流并产生思想碰撞，让学生在相互切磋中加深领悟，共同提高。

2. 学习任务

（1）学习任务一：学生以小组的形式简单介绍《红楼梦》的地位、价值。

链接材料：视频《一生一梦曹雪芹》（上、下）

（2）学习任务二：自由阅读第一至第十八回，进行圈点批注。

学习任务单一：请你对第一至第十八回内容进行批注，写出理解或赏析的文字。（不少于10处）

回目	内容摘抄	批注（理解或赏析）

学习任务单二：至少提出10个不理解的问题。

回目	内容摘抄	批注（提出不理解的问题）

（3）学习任务三：学生在课堂上对学习任务单一的批注进行交流，教师指导。

（4）学习任务四：教师整理、归类学习任务单二中的问题。

人物关系混乱：

①第 3 回：林黛玉是贾母的外孙女，凤姐为什么偏偏说她是贾母嫡亲的孙女呢？

②第 6 回：刘姥姥进荣国府时见凤姐，凤姐说："亲戚们不大走动，都疏远了。"刘姥姥和凤姐之间有什么亲戚关系？

③第 7 回：焦大只是一个仆人，为什么却不把主子贾蓉放在眼里？

不理解人物语言：

④第 7 回："爬灰"和"胳膊折了往袖子里藏"分别是什么意思？

⑤第 8 回：探宝钗黛玉半含酸。黛玉笑道："早知他来，我就不来了。"宝钗道："我更不解这意。"黛玉笑道："要来一群都来，要不来一个也不来；今儿他来了，明儿我再来，如此间错开了来着，岂不天天有人来了？也不至于太冷落，也不至于太热闹了。姐姐如何反不解这意思？"

问题：林黛玉来探薛宝钗，为什么说这番话，她的解释是真实想法吗？

⑥第 15 回："扯篷拉牵"是什么意思？

⑦第 16 回：凤姐对贾琏说话时为什么说一串俗语——"坐山观虎斗""借剑杀人""引风吹火""站干岸儿""推倒油瓶不扶"，不啰嗦吗？

学情分析：归类后的前三个问题反映出学生对人物关系不太清楚，第四至第七个问题反映出学生对人物的语言不太理解。基于以上学情，把解决这两方面的问题作为专题的学习内容。

环节二：思维导图，理清关系。

1. 学习内容及目标

选读主要章节，有侧重地进行探究学习，让学生学习筛选、概括信息；画关系图或建立人物关系网有助于理清人物之间复杂的社会关系，提升逻辑思维能力。

2. 学习任务（二选一）

（1）画出贾家的人物关系图。要求：先找出凸显人物关系的主要篇章，标注清楚回目，再画关系图。

设计意图：选读主要章节，让学生学习筛选、概括信息；提升学生自主学习的能力。

（2）选取《红楼梦》中你最喜欢的一个人，为他（她）建立人物关系网，并说明建立的理由。

设计意图：建立人物关系网有助于理清人物之间复杂的社会关系，培养学生的逻辑思维能力。

3. 学习评价

通过绘制人物关系图或为人物建立人物关系网的学习方式，学生已经基本解决了人物关系混乱的问题。

环节三：任务引领，理解语言。

1. 设计思路

在梳理清楚人物关系的基础上，引导学生解决理解人物语言困难的问题。通过调查，发现学生对凤姐的语言最感兴趣，但是也有很多不理解之处。因此，本环节以理解凤姐的语言为切口，通过任务引领，总结理解人物语言的角度，进而让学生学习从这些角度去理解其他人物的语言，为今后深入了解和评价人物打下基础。

2. 学习内容及目标

理解凤姐的语言，总结理解人物语言的角度，进而让学生能够运用这些角度去理解其他人物的语言。

3. 学习任务（研究课呈现）

推荐阅读：《漫谈〈红楼梦〉的语言艺术》（启功）。

环节四：人物评传，写作提升。

1. 学习内容与目标

为人物写评传，形成有一定深度的思考和判断，从中获得有益的人生启示；力求有个性、有创意的表达；同学间进行作品互评，养成切磋交流的习惯；独立修改自己的文章，提升自己的写作水平。

2. 学习任务

（1）阅读第十九至第八十回，为你喜欢的一个人物写评传。要求：①对人物的简介、有关事件的叙述不能多于200字。②评价感悟要有层次性，不少于400字。

（2）同学间进行作品互评。要求：把评传发到班级QQ空间，每个学生至少对5份评传进行评论，并提出改进建议。

（3）结合同学提出的改进建议，自己再对评传进行二次修改。

推荐阅读：《〈红楼梦〉人物论》（王昆仑），《湘云是“脂粉英雄”》

（周汝昌）。

（二）专题学习成果

1. 学生完成假期的助读任务，有书面的表达和交流。

2. 假期完成的艺术任务中的书画作品。

3. 画的贾家的人物关系图或为喜欢的《红楼梦》中的一个人物建立的人物关系网。

4. 为喜欢的《红楼梦》中的一个人物写的评传。

5. 去大观园参观，以导游的身份介绍景观及相关文化知识。

二、一本书，一座城，一个人——《边城》与沈从文专题

（宋倩）

（一）专题学习流程

序曲：先独唱再合唱

根据前期的学情调查，将学生分成四组，针对四组学生提出的问题，制订了相应的解决方案。通过多种方式和手段，保证在正式开始学习《边城》之前，所有学生都至少泛读过一遍《边城》。

第一课段：走进沈从文的《边城》。（共13课时）

环节一：自读感受。（6课时）

授课地点：常规教室。

1. 学习内容及目标

（1）在阅读中通过摘抄和仿写，感受《边城》别具一格的语言风格，体验小说恰当、简约、古朴、清新的语言之美。

（2）从整体上把握《边城》，感悟《边城》中人与人之间的爱，理解《边城》之美。由对《边城》的学习，推测作者沈从文其人的特点，为后期学习沈从文的其他作品及了解其生平、思想做铺垫。

2. 学习任务

（1）《边城》中哪些小节主要写在茶峒发生的故事，发生了哪些故事？哪些小节主要写在碧溪岨发生的故事，发生了哪些故事？在阅读过程中，找出你认为优美的句子并摘抄下来。在所有的句子中，至少选择三句话进行仿写。

任务单：

章节	地点	内容	优美语句	仿写语句
一				
二				
……				
二十一				

（2）找出《边城》中对翠翠的描写，用三个关键词概括翠翠给你的印象，用200字左右阐释自己的理由。

（3）补充题目“＿＿＿＿＿＿＿的《边城》”，并用100字左右阐释补充的理由。每名同学至少补充三个题目。

（4）读完《边城》，用一句话概括作者沈从文给你留下的印象。

3. 学习评价

（1）完成本阶段的四项学习任务。

（2）能与同伴和老师围绕“《边城》之美”展开交流。

环节二：深读思考。（7课时）

授课地点：网络教室。

1. 学习内容及目标

（1）在深读阶段，学习教师提供的与《边城》有关的论文在标题、关键词、摘要、正文等方面的语言表述特点，感受论文语言的严谨和规整。

（2）在阅读不同观点（甚至完全对立的观点）的论文时，学会辩证地看待不同观点的可取之处，比较并思考不同作者、不同文章立论的逻辑起点和论证的思维路径，促进思维品质的提升。

（3）学会在辩证地看待多种观点的基础上，思考提炼出自己的观点，让自己的思维由感悟性向思辨性发展。

（4）借助对《边城》主题的探讨，思考爱的真谛和生命的意义。

2. 学习任务

（1）阅读提供的“促思文本”，完成阅读任务单。（4课时）

“促思文本”包括两个层次。第一层次，助读理解：《浅谈〈边城〉之美》（朱玉红），《论〈边城〉中爱与美的意象》（闫小军），《试论沈从文

〈边城〉中的人性美》(冯晶津),《美的聚合，爱的载体——浅谈〈边城〉中翠翠的形象》(许守卫)。

第二层次，质疑思辨:《〈边城〉爱的主题新论》(刘伟安，陈俐),《爱与死为邻——〈边城〉死亡意象探析》(覃新菊),《合三为一论〈边城〉》(杨瑞仁),《记忆与时间的二元对立——论沈从文的〈边城〉想象与悲剧叙事》(宋剑华),《重读〈边城〉：边城真的美吗？》(刘程程)。

阅读任务单：

题目	
关键词	
论点	
论证过程	
启发	

(2)小组交流阅读成果。(1课时)

交流主题：在边城这个充满美和爱的世界里，为什么大家最终都没有好的结局？(天保死了，爷爷死了，傩送不知何时回，翠翠不知等到何时……)

交流记录单：

第________小组	小组成员：
交流主题：	
请记录员写清每个发言人的姓名和发言内容。	

(3)教师指导学生阅读“质疑思辨”类文本，深入理解《边城》。(2课时)

教师指导活动：教师以《重读〈边城〉：边城真的美吗？》《记忆与时间的二元对立——论沈从文的〈边城〉想象与悲剧叙事》这两篇论文为例，讲授阅读论文的方法。即先看标题，读摘要，然后以关键词为核心，借助思维导图进行矛盾分析和问题分析。

学生学习活动：

其一：学生在教师的引导下，绘制《〈边城〉爱的主题新论》《爱与死为邻——〈边城〉死亡意象探析》《合三为一论〈边城〉》这三篇论文的思维导图。

其二：用自己的话解释下列语句的含义。

①最执着的爱也许是最深沉的痛苦，爱的痛苦是连接生命与神圣的桥梁，爱的痛苦让凡夫俗子也能仰望生命的神性之光。

②《边城》隐藏着沈从文对都市文明影响下的民族文化缺失的失落与惋惜。

③人与自然、记忆与时间具有矛盾对抗性。

④美丽而愁人的自然、天人合一的碧溪岨、被"文明"浸染的茶峒城，这三个层面的世界不是分割的存在，而是"合三为一"的艺术独创。

⑤爱与死构成生命的"整体存在"，死亡是生命新陈代谢的程序，是剥夺人的"我要"的东西，是追求神性所付出的代价。

学生问题反馈：这些文章对《边城》的分析是否存在过度解读的现象，这些是沈从文写作的本意吗？

针对学生提出的这一问题，正好顺势进入第二课段，走进沈从文的内心。

3. 学习评价

（1）完成本阶段的学习任务。

（2）在小组交流记录单上有自己的发言记录。

（3）能与同伴和老师围绕"《边城》真的美吗"展开交流。

（4）写本课段的学习反思和总结。

第二课段：走进沈从文的内心。（共5课时）

环节一：互文比读，阅读沈从文的其他小说。（2课时）

授课地点：网络教室。

1. 学习内容及目标

必读《沈从文小说选集》中的《萧萧》《丈夫》，选读其他文章，分析《边城》《萧萧》《丈夫》在内容上的相似之处，理解作者要"为人类

‘爱’字作一度恰如其分的说明”。

2. 学习任务

阅读《萧萧》《丈夫》，找出《边城》《萧萧》《丈夫》的共同之处，完成下面的表格。

<table>
<tr><th>作品</th><th>内容概括</th><th>相似之处</th></tr>
<tr><td>《边城》</td><td></td><td rowspan="3"></td></tr>
<tr><td>《萧萧》</td><td></td></tr>
<tr><td>《丈夫》</td><td></td></tr>
<tr><td colspan="3">由以上三部小说，思考“为人类‘爱’字作一度恰如其分的说明”这句话的含义：</td></tr>
</table>

3. 学习评价

（1）完成本阶段的学习任务。

（2）至少选读一篇《沈从文小说选集》中的其他作品，与同伴分享。

（3）能与同伴和老师围绕“为人类‘爱’字作一度恰如其分的说明”这一主题展开交流，为下一阶段学习沈从文的题记进行铺垫。

环节二：读题记和相关论文，理解沈从文的内心。（2 课时）

授课地点：网络教室。

1. 学习内容及目标

（1）必读沈从文的三篇题记，包括《边城》题记（两篇）、《长河》题记、《湘西》题记，选读《从文小说习作选》代序和《沈从文小说选集》题记。了解沈从文对自己小说创作意图的解说。

（2）阅读两篇论文，深入理解沈从文的题记（论文：聂笃友的《从〈题记〉看〈边城〉主题及沈从文的创作观》，严焱的《从五个〈题记〉看“乡下人”沈从文的现代性意义》）。

2. 学习任务

（1）阅读必读的沈从文的三篇题记，试着解读沈从文的创作意图。

（2）摘抄必读的三篇题记中能表明沈从文写作意图的语句，综合分析沈从文的写作意图，进一步理解《边城》。

阅读任务单：

阅读文本	文中能表明沈从文创作原因的语句
《边城》题记（两篇）	
《长河》题记	
《湘西》题记	
分析归纳沈从文的创作意图：	

3. 学习评价

（1）能从题记中摘抄表明沈从文创作原因的句子，并能分析归纳出沈从文的创作意图。

（2）能与同伴和老师围绕“沈从文的创作意图”这一话题展开交流。

环节三：人杰地灵，沈从文的凤凰城。（1 课时）

授课地点：网络教室。

1. 学习内容及目标

阅读《凤凰城的沈从文》（沈裕慎）、《湿湿的想念》（沈红），了解凤凰城对沈从文的影响。

2. 学习任务

阅读《凤凰城的沈从文》和《湿湿的想念》，概括凤凰城的特点包括哪些，对沈从文有哪些影响。

3. 学习评价

（1）至少找出凤凰城的三个特点，以及这些特点对沈从文的影响。

（2）写本课段的学习反思和总结。

中期诊断：《边城》主题，你的思考。（2 课时）

环节一：输出诊断。（1 课时）

授课地点：常规教室。

课堂写作：前期我们阅读了很多论文，关于《边城》的主题，学者们提出了多种说法，如“证明人性皆善”“讴歌淳朴生活”“表现优美、健康、自然而又不悖乎人性的人生形式”“爱的描绘与讴歌”等，你认为《边城》的主题是什么呢？结合《边城》，说说你的看法。

环节二：网上互评。（1 课时）

授课教室：网络教室。

学习活动：对教师上传至网络平台的同伴作品进行点评，在点评的过程中使不同的思想产生交流碰撞，激发自己新的思考。

第三课段：走进沈从文的时代。（共 3 课时）

环节一：小传知其人。（2 课时）

授课地点：网络教室。

1. 学习内容及目标

阅读《沈从文先生小传》，了解沈从文的人生经历。回顾第一课段自己对沈从文的印象，重新思考沈从文其人的特点，比较《边城》背后的沈从文和真实的沈从文的异同。

2. 学习任务

（1）阅读《沈从文先生小传》，绘制沈从文人生经历路线图。

（2）比较《边城》背后的沈从文和真实的沈从文的异同。

<table>
<tr><td colspan="3">读完《边城》后，我对沈从文的印象（一句话）：</td></tr>
<tr><td colspan="3">看完《沈从文先生小传》后，我对沈从文的认识：</td></tr>
<tr><td>相似处：</td><td>不同处：</td><td>我的思考：</td></tr>
</table>

3. 学习评价

（1）完成本阶段的学习任务。

（2）用自己的话和别人分享沈从文的人生经历。

环节二：读史思其人。（1 课时）

授课地点：网络教室。

1. 学习内容及目标

了解五四运动以后到中华人民共和国成立之前的历史，思考那个时代对沈从文人生的影响，在此基础上，重新思考《边城》的主题。

2. 学习任务

找出至少三件你认为影响沈从文小说创作的历史事件，并与同伴分享所找到的事件。

历史事件概述	对沈从文的影响	同伴分享的事件
以上因素可能对《边城》创作的影响：		

3. 学习评价

（1）找到至少三件可能影响沈从文创作的历史事件。

（2）写本课段的学习反思和总结。

阶段性回顾：讨论《边城》何以成为经典。（1 课时）

1. 回顾前期学习成果：经过前期的学习，学生对《边城》主题的解读丰富而多元。

2. 思考我们为什么要读《边城》，讨论《边城》何以成为经典。

第四课段：走出边城，论《边城》。（共 2 课时）

1. 学习内容及目标

结合前三个课段的学习积累，回顾每一阶段自己的学习反思和总结，围绕《边城》和沈从文，写一篇论文。

2. 学习任务

（1）围绕《边城》和沈从文，写论文提纲。

论文标题

（可有正标题、副标题）

摘要：

关键词：

正文：（①引言：引出话题，提出问题，表明观点。②正文：观点确

定的理由，结合《边城》具体内容阐释论证。③结尾：总结提升）

（2）交流自己的写作提纲。

学生依学号顺序说出自己的思考及写作的大体思路，听取同伴的意见或建议，与同伴平等地交流、互换、共享研究成果，让大家在相互点评的过程中相互借鉴，相互启迪。研讨课上，教师适时参与并适度评价。

（3）在写作提纲的基础上，完成论文写作。

在专题小论文写作过程中，针对学生存在的具体问题，教师做如下工作：

其一，教师针对个别学生进行指导，让学生选择适合自己写作水平及能力的写作题目。

其二，修改甚至重写，主要是针对写作有困难的学生。必须承认，部分学生的习作并不能一次性写成，修改或重写相当重要和必要，它是学生重新认识、发现、创造（包括思想、思路、文体、样式、遣词、造句等）的过程。好文章是改出来的，教师要指导学生习作过关，写一篇像样一篇，这不仅是学生专题习作过关的问题，更是学生不断积累信心的问题。为达成此目的，教师需“一对一”反复多次地指导学生。

其三，将学生习作上传至网络平台，开设学生习作点评课。

习作点评不是一两篇学生“好文章”的教师讲评，而是五六篇甚至十多篇一组的自由式、互助式的学生点评。必要的话，学生上交习作后及时写下反思和回顾。

3. 学习评价

完成小论文的写作。

（二）专题学习成果

1. 学生整理笔记本上四个课段完成的学习任务、每个课段后自己所写的反思和总结。

2. 论文的提纲。

3. 专题小论文。

4. 本专题学习过程中的体会与思考。

5.《边城》话剧展演、《边城》学习小报等学生活动。

三、李卫东现场评课实录

两节课都是引导学生阅读整本书，阅读名著。北京师范大学燕化附属中学在推进整本书阅读方面有个特点，就是把整本书阅读和专题阅读整合在一起。两节课在呈现时都很注意呈现一个专题的流程，先利用三五分钟时间把整个专题的流程尤其是这节课之前专题学习所做的事做了梳理和回顾，这当然是为在座的老师们准备的，其实更是为现场的学生准备的。学生整体回顾一下学习历程，理清线索，然后再明确这节课的学习任务。这两节课我觉得有共性的地方，可用四个短语来加以概括。

第一，先学后教。

这两节课都充分地基于学情施教。整本书阅读、名著阅读，教师如果不让学生先充分地读，不了解学生先读之后有什么困惑或有什么发现，教师上展示交流课、方法指导课、成果分享课，就无的放矢。实际上，整本书的阅读指导对老师要求特别高，老师必须做到先学后教，先让学生充分地读，发现学生阅读后的收获、产生的问题和困惑，才能上方法指导课，或成果展示课，或精彩章节赏析课等，课型可以多样，但必须了解学生的学情。这两节课都做到了先学后教。先看《红楼梦》专题，老师提供了专题学习的整体方案，做了大量工作。假期学生通读《红楼梦》做的批注，老师要通读；学生提出的问题，老师要分类整理；学生有哪些阅读发现，老师也要进行梳理。

在 2008 年 2 月份调到北京教育科学研究院基础教育教学研究中心之前，我做过很多年中学语文老师，那时也让学生阅读整本书，让学生做批注，有时候我布置的作业就是做批注。作业收上来，我要仔细阅读学生的批注，看看学生在阅读中有什么问题，有什么困惑，基于他们已读已学的结果，我再来设计接下来应该怎么行动，是花一节课做阅读方法的点拨，还是化解重点问题、难点问题，还是进行精彩批注的分享和赏析，总而言之，要基于学生的批注进行阅读指导。《红楼梦》专题学习基于学生的已读来设计教学，第二节课《边城》也是这样，每一个阶段都有学情的梳理，为下一个阶段做准备。整本书的阅读指导，当然要有一个预案，但是必须在每一个阶段学生学的基础上对下一个阶段做一些调整。《边城》专题学习不停地在教学过程中搜集整理学情，然后为后续写作或阅读做出规划或调整，这样就优化了教学行为。我们经常说教学的高效性，什么样的教学是有效教学，是高效教学？有效教学、高效教学包含的元素很多，但其中一个很重要的元素就是必须了解学生的学习基础、学习状况，了解学生的学习需求，在这个基础上来设计和实施教学，这样的教学才是有效教学、高效教学。否则就只能想当然，这节课讨论《边城》，讨论这一章，下节课再来讨论那一章。教师是否已经知道学生的学习情况？学生哪些读懂了，哪些地方没读懂？要是对这些问题不了解、不清楚，教师的教学就可能是无的放矢的无效教学，学生在课堂上没有获得感，那这节课还不如让学生自己读、自己学。既然教，就应该教学生想学的东西，学生想深入探讨的内容。这两节课都有问卷调查和分析，都有对批注的梳理和归类，教和学构成了环环相扣的链条。

整本书的阅读指导对教师的挑战很大，教师要对专题学习内容有深刻的把握，对《红楼梦》《边城》和沈从文要有深入的挖掘，才能发现有价值的东西，提取有意义的内容，但是另一点也不能忽略，就是要基于学情。《红楼梦》可教的东西很多，许多红学家在研究《红楼梦》，他们研究的一些东西也可以放到高中语文课堂里让学生学，但是必须结合学生学的具体实际，了解学生的学习需求，合理确定教什么、怎么教。

第二，任务引领。

老师们有没有注意到这两节课都开发了不同学习阶段的学习任务单？这是北京师范大学燕化附属中学的一个特色，他们实践了多年的专题阅读教学，积累了这方面的经验。专题学习、整本书的阅读，以及经典的研习，非常重要的一点，就是要做一个学习流程的规划，其中一个重要的措施就是开发设计不同类型的学习任务单，哪一个阶段需要什么形式的任务单，必须随着学习进程的需要开发设计，这样才不至于使持续若干个学时的专题学习、名著阅读流于形式。

《普通高中语文课程标准（2017 年版）》18 个任务群里有一个任务群就是整本书阅读，不是一般性地提倡“多读书，读好书，读整本的书”，而是在课程标准当中就有具体的课程规划，对读什么、怎么读，有较为具体的规定和描述。整本书的阅读持续时间长，如果不设计专题学习的流程，不在每个专题中设计匹配的学习任务单，专题学习和名著阅读就会流于无序化、低效化和形式化。名著阅读和篇章阅读不一样，对于篇章的阅读教学老师们都很熟，手里都有现成的教师用书，而且到网上一搜，五花八门的教学设计、教案，包括不同的特级教师的教学实录，都可以作为借鉴，有实实在在的抓手，而名著阅读和专题阅读一般没有现成的东西可参考，所以教师本人要把整本书读懂、吃透，要设计好专题学习的流程，设计好匹配的任务单。

我们来看一下两个专题所开发的任务单，《红楼梦》专题阅读，在初步阅读阶段设计了很多填空题、问答题，助推初步阅读，帮助学生了解故事梗概，掌握人物关系；在深入阅读阶段，则设计了很多情境性的任务，让学生进入情境，扮演一定角色，去完成一定任务，带有很强的趣味性。例如：在书中众多的人物中，你会选择谁做你的终身伴侣？为其中的一首判词配乐（鼓励原创），并简要说明配乐理由等。《边城》专题阅读的学习任务单也很丰富，不再列举。基于任务单的阅读能驱动学生的深层思考，有利于推进整本书阅读向深入阅读发展。设计好有趣味、有质量、有挑战性，学生既愿意去干、干完还有收获的任务，这节课就成功了一半，因为一个好的学习任务能成就一节好的课堂。但是还有另一半也很重要，学生完成任务单后，教师必须在课前将学生的任务单收上来进行问题梳理，如果是课上完成任务单，教师一定要边巡视边发现问题，然后选出典型的任务单作为例子，在全班进行剖析，互评互议。如果没有任务单，师生的讨论多是口头的，学生的反应是即时的、碎片化的；而学生基于任务单的阅读和学习是深入的，是将思考结果沉淀、固化下来，然后再基于任务单进行同学之间的交流和分享，这样就有了学习的深度和广度。所以，有质量的、有价值的、有趣味的，能让学生有获得感的任务单，能支撑起好的课堂。无论是课前还是课中，教师都要梳理学生完成任务单的情况，基于学情进行再组织、再加工，提炼下一步要教学的内容。这两节课都是基于任务单发现问题，再组织、再讨论，一步步解决学生问题，都做得很好。

第三，专题探究。

将专题学习当作课程来看待，当作课程来设计，将整本书阅读、名著阅读课程化，做整体性的设计，而不是把《红楼梦》整本书“1+1+1”。具体来说，第一，要有整体的规划。这两节课都不是孤立的存在，而是专题学习中的某一阶段，《红楼梦》与《边城》都有整体的专题设计规划，又分为若干逐步推进的阶段。每一个阶段要干什么，要学习什么，让学生获得什么，要有目标设计，专题学习非常重要的一点就是学习内容、学习目标的选择和确定。第二，学习流程的设计和学习策略的指导，包括圈点批注阅读方法的指导。《边城》专题学习中嵌入了很多阅读资料，包括不同专家学者解读《边城》的著述等，这些资料和《边城》原著构成了专题阅读的“骨架”和“血肉”，学生不但读文学原著，而且读文艺论文、传记史料，是立体地读，是边读边研，但这需要方法的指导，怎样读文艺性的论文，怎样提取作者的观点，又怎样进行资料和原著的比较和参照，学会从不同观点中进行辨析，从而做出自己的选择和推断。这些都需要方法策略的指导，如果不进行相应的指导，那么整个专题学习就会被抽空，学生就会胡乱一读，什么也读不深、不透，什么也不能落实。《边城》专题学习的第四课段是集成阶段，要指导学生写作小论文，那么教师就要相应地指导学生怎样选题、检索文献、筛选材料、架构一篇论文的大纲等。第三，学习效果评价和学习成果交流。学习效果评价单对于专题学习是非常必要的，到了专题学习的中期、后期，学生的学习效果是怎样的，要有检验和反馈。《边城》专题学习的论文写作阶段，要有明确的等级评价标准，论文 A、B、C 的等级评定标准要具体描述出来。在专题学习进程中开发的复杂一些的学习任务单，也应有匹配的等级性评定标准，让基于标准的评价促进阅读，促进学习。

第四，混合式学习。

这两节课都尽量做到了线上、线下学习的结合。第一节课充分利用了学生的 QQ 群，第二节课宋倩老师充分利用了自己的博客。当然，最好是学校有自己的网站、论坛，实现线上、线下学习的深度融合。专题学习、整本书阅读，仅仅靠课堂教学是不够的，应尽可能地利用线上（网络）的学习空间，展开即时的互动交流。现在学生喜欢用手机读东西，为什么不利用起学生的手机，进行跨越时空的专题学习、整本书阅读呢？

提几点建议。第一节课课上的学生表演还是不错的，尤其扮演王熙凤的学生，表演很到位，这也是一种学习成果的交流方式。但是仅仅停留在这里还不够，能否深化？比如可以让每个小组都找一个原著片段，进行创造性表演，要有脚本，要设计人物的对白、独白，要改编原著，进行戏剧化演绎；可以让学生评点脂砚斋的评点；可以让学生拿起笔来写一点人物分析……今天课堂上的表演和学习还是有些碎片化，能否再提炼出一个有深度的任务，进一步深化、固化学习成果。另外一点，《边城》专题学习引入的论文、著作等助读材料是否过多？虽然这些资料也是名著研读专题学习、研究性学习的必要学习材料，但如失度，可能就是研究名著而不是阅读名著了，要注意这个倾向。

第三节　北京市一所国际学校中文课程教学的叙事研究

引言

（一）研究的背景及意义

当前，国际交流日趋紧密，不同民族的文化走向对话与融通，中文在国际交流中的地位愈加凸显。在中国大陆成立的国际学校以不同形式开设中文课程，无论在课程内容还是教学方式上都具有鲜明的特色。

研究国际学校的中文教学，为我国的中小学语文教学提供借镜，为评估、发展我国语文教育提供新的视角。目标学校 Y 国际学校（以下称“Y 学校”）的中文教育已经不仅仅是把汉语作为语言工具来教学，而是将其作为文化课程来建设。这是一个具有研究价值的个案，对于中国的课程改革和建设具有启迪意义。

（二）研究的目标及内容

研究目标：通过持续一个月的课堂观察、口述访谈等，记录教育故事、教育情境、教育细节，阐释 Y 学校中文课程与教学的价值和意义，为我国语文教学提供参照。

研究内容：国际学校的中文课程设置，国际学校的中文教材编写，国际学校的中文教学方式，国际学校中文教师的个性化实践知识，国际学校中文课程教学对我国语文教育的启示。

（三）研究对象的选择

本研究所指的国际学校，是指在内地（大陆）开办的为外国侨民及定居于内地（大陆）的港澳台同胞提供母语教育的学校。Y 学校与其他开设在北京的国际学校相比，来自新加坡、韩国等国，以及中国台湾、香港地区的学生更多一些，也更加重视中文教育。该学校一至九年级开设英国国家课程，十至十一年级开设剑桥国际考试中心的国际中学会考证书课程（IGCSE），十二至十三年级开设国际文凭组织大学预科项目

（IBDP）课程。十至十三年级相当于我们国内的高中学段。IGCSE 的科目被分为两组，中文作为第一语言被分在第一组，是国际教育认证中的语言科目之一。IBDP 课程分为六个学科组，第一组就是语言 A，即母语课程，有中文、英语等 45 门语言可供学生选择，旨在培养学生文学鉴赏能力及对自己母语文化的尊重与理解，锻炼学生的文学写作与口头表达能力。为与国内中学语文教学进行比较分析，经与校方沟通并征得教师同意，我主要观察 Y 国际学校 S 老师 IBDP 课程十二年级语言（A）的文学课堂和 P 老师 IGCSE 课程十一年级中文课堂。

（四）研究的思路与方法

以叙事的视角、探究的眼光走进学校，体验课堂，而不是以既有的知识、理论、思维框架去套解研究对象。基于持续性的、大量的观察、访谈与记录等，描述 Y 学校的教育故事，揭示 Y 学校中文课程教学的意义。

研究方法主要为叙事探究，呈现故事、细节和情境，重视经验的描述，让故事来澄明意义。以作为参与者的观察者身份走进研究现场，观察国际学校中文课堂，观察教和学的行为及其变化，观察中文教师的日常教学与生活；访谈国际学校的教师、学生，倾听、记录被研究对象的声音；整理现场文本并最终形成研究文本。

研究进程：2012 年 3 月至 7 月，资料查阅与收集，前期调研；2012 年 7 月至 9 月，制订课题研究方案；2012 年 10 月至 11 月进入 Y 国际学校，观察、体验、记录，积累现场文本；2012 年 12 月至 2013 年 1 月，最终形成研究文本。

在Y学校经历的故事

故事之一：延迟判断与一个隐喻

到 Y 国际学校访学，提前通知的到校时间是上午 10 点。访学第一天，我 9 点就到了学校东门，没看到同组的老师，就坐在车里想眯瞪一会儿，但眯瞪不着，学校对面有施工工地，吱吱啦啦的声响刺耳，不远处的农贸市场也吵吵嚷嚷的。9 时 50 分打电话给负责访学项目的指导教师胡老师，她正在传达室等着我，其余四位同组的访学老师已进校。

学校英方校长李凯恩（中文名字）和中方校长 X 校长已坐在会议室。暑假前来学校参观时见过 X 校长，Y 国际学校一建校她就来到这里，至今已有十六七年了，她先教中文，后做部门主管，5 年前开始做中方校长。X 校长很优雅，说话的语调柔和轻缓，浑身散发出掩饰不住的知性和睿智。见面会由 X 校长主持，先是李凯恩校长介绍学校，他提到学校的办学宗旨是为学生提供真正的双语学习环境，让学生成为懂得尊重和欣赏不同文化的文明使者，成为具备双语能力及国际视野、仁爱的成功的人才。李凯恩校长说他们学校追求东西文化相融创造出来的教育。李凯恩校长的介绍很简洁，他的表达如同他的举止和表情，比较干净、省俭。

接下来是大家互相介绍。大生先自我介绍，他是英语教师，说一口流利的英文。轮到我，我先说了一句蹩脚的英语："Good morning，sorry，my English is very poor."，然后向 X 校长投去求助的目光，她给我做起了翻译。我说来这所学校一是欣赏，欣赏独特的教育风景；二是学习，学习国际学校教授中文的做法，为我们自己的语文教育提供借镜和支持。接下来的自由讨论阶段，大家各自交换了对国际教育的认识。李凯恩校长和 X 校长说，到 Y 国际学校来，最好的访学方式是问问题，带着问题观察和思考，先把判断延迟一下，别急于做出结论。我听了"延迟判断"这句话，很震惊，当时就敲在电脑上。我想，以此反观我的"欣赏"和"学习"的访学定位，"欣赏"是否也会先入为主，阻碍自己做出独立判断呢？也许定为"观察"和"反思"更好一些吧。

上午的会议结束，访学成员和两个校长合影，背景是行政办公楼一层的迎门墙壁，上面赫然刻着学校校训"与科技结缘，与人文结缘，与仁爱结缘"。学校招生部的老师挤出午饭前的一点时间领着我们参观校园，我真的看到了别样的风景，尤其是招生部老师打开学校小南门时，门外就是杨柳婆娑、水波荡漾的红领巾公园，此处与学校东门外嘈杂的市场相比，判若两重世界。学校两个门呈现了两重景象，这是访学第一天 Y 国际学校给予的隐喻。

故事之二：读整本书与个性化阅读体验

今天开始正式进入课堂听课，按学校的安排，上午先听 S 老师十二年级语言（A）中文文学班的课。语言 A 就是 first language，是母语课程。以中文为母语的语言A又分为两个班，一个是我将要听课的班级，他们选择的是文学课程；另一个班级是语言与文学班，后者对中文水平的要求略低于前者。离上课还有10分钟，我照着门牌找到了S老师的教室，一个长得精瘦的女老师从座位上站起来，很热情地问："你是李老师吗？我是S老师，学校已经跟我们说你要来听课了。"她丝毫不介意我的提前闯入，并且耐心地回答了我提出的几个问题。

S老师跟我说，这节课她要和学生讨论《霸王别姬》的第一个章节。阅读《霸王别姬》之前，学生已读过《城南旧事》，接下来还要读《围城》，一个学期读完三本书，算修完"精品课程"，下个学期他们还要读三本书——《局外人》《包法利夫人》《老人与海》，那也是必须要修习的"翻译课程"。9时14分，学生陆续走进教室，一共有六个学生，五男一女，都背着双肩包，中学部的学生都是走班上课的。教室的桌子是三三两两拼在一起的，学生分两堆团座，没觉得有多空旷。我在教室对着门口那个角落找到一个空位坐下，和学生隔着一点距离。S老师待学生坐定，向学生介绍了我，并说以后在校园碰见李老师要和老师打招呼。学生纷纷向我示意问好、鼓掌。我坐在那里，有点不好意思。我本来怕自己给S老师和学生带来不安和不便，没想到S老师和她的学生却先消除了我的紧张和局促。

开始上课了。S老师说，《城南旧事》是老师带着一节一节地读过来的，《霸王别姬》是老师参与到学生的学习过程中，进行指导教学的。这一次师生这样配合：第一步，老师提出问题，学生讨论；第二步，学生找出讨论的问题答案并作答；第三步，学生各自找出讨论的主要着眼点，独辟蹊径，读出自己的观点。交代完学法后，S老师用幻灯片展示讨论内容：（1）章节描写了哪些故事内容，理清人物关系；（2）这些情节中描写的人物具有怎样的性格特点，反映了怎样的社会现实；（3）找出文章中的环境描写，思考其对情节发展和人物塑造的作用。S老师再次提示研究方法之后，让学生每三人分成一组，根据三个讨论内容逐一讨论。教师给每组分发了一个八开纸订起来的厚厚的本子。学生很熟练，边讨论边在本子上记录，看来以前经常这样做。学生讨论期间，S老师始终没闲着，不停地和学生交谈，或强调，或质疑，或讲解，声音很大。学生们讨论了十多分钟，S 老师让各小组汇报讨论成果。最后，S 老师总结说，分析时要尽可能把以前学过的文学术语用上，要善于运用文学术语阐释自己的见解。

不知不觉间，一节课结束了。课后，我有满肚子的问题想问 S 老师。以下是我和 S 老师的对话。

问：您在课堂上让学生尽量使用文学术语，学生平时有这样的积累吗？

S：有的。学校图书馆有李萍老师编写的《文学理论基本常识小辞典》供学生借阅。

说着，S 老师递给我一本《文学理论基本常识小辞典》。

问：这本小册子好使吗？

S：好像也不太实用。

问：您高中是在哪读的呢？

S：昆明。

问：您现在作为国际学校的一名中文教师，能把现在的中文教学和自己以前所接受的普通高中语文教学做点比较吗？

S：我觉得首先在方向上有区别，国际学校的中文教学重在让学生获取信息。其次，国际学校更强调教师和学生的个人化阅读体验。

问：还有吗？

S：还有就是国际学校中文教学带给学生的审美体验更充足，比如像今天这样阅读和讨论整本书。普通高中的语文教学多是学习一篇篇的文章，有些零碎。你看今天上课前，学生还在和我聊张国荣，聊张国荣主演的《霸王别姬》，学生非常喜欢他。家长也在看《霸王别姬》这本书。

问：和学生讨论这样一本书，您手头有教学参考书吗？

S：没有。全靠自己硬读，查资料。

问：你一般到哪去查资料？

S：我本人更多的是去知网。

问：这样备课压力大不大？

S：大。一周上 20 节课，不同的年级和课程，备课量还是挺大的。

问：您工作已经 5 年了，现在最迫切需要的支持是什么？

S：文本解读。同普通高中语文教师相比，国际学校中文教师的文本解读能力好像还是一个短板。

S老师忙着上另一节课去了。我一个人坐在教室里翻看那本《文学理论基本常识小辞典》。扉页的“编写说明”写道：“显而易见，A1/A2课程的任课教师们，在引领学生研读古今中外文学作品中，循序渐进地持续授之以文学的基本理论常识，这对于促成考生们正确理解作品的思想内涵，学会运用贴切的评述语言，丰富的鉴赏技巧，归纳并赏识内在的艺术特色而言，是非常必要的。”这本小册子的内容包括五部分：文学的一般学说、文学作品的种类和体裁、文学作品的构成、文学作品鉴赏法和文学理论常识篇章选读。全书涉及“艺术真实”等上百个文学术语。这些术语，我大都熟悉，但也对一些感到陌生。S老师说这本书不太实用，原因究竟在哪呢？是书本提供的知识太专业，有点像文学理论缩编，有干涩之感？是教师没有把知识再转化，以学生喜欢的形式来呈现？是学生的汉语基础不好？还是文学阅读本就不需要概念、术语的介入？

接下来的几天，我都置身于《霸王别姬》讨论课之中。课余，我打开电脑反复阅读学校此前提供给我的一份IBDP课程文件《语言A：文学指南》。这份文学指南的内容很详尽，让我对IBDP课程及S老师的课有了更进一步的了解。“语言A：文学”是一门灵活的课程，允许教师从指定作家名单中选择作家的作品，并根据学生的特殊需要和兴趣安排教学。课程分为四个部分，第一部分是翻译作品，第二部分是精读作品，第三部分是按文学体裁编组的作品，第四部分是自选作品。每部分都要选修2至4部作品，也就是说，学生在两年的文学课堂上要通读并讨论十几部文学作品。S老师和学生讨论的《霸王别姬》就是第二部分“精品课程”中的一部，下学期则要学习“翻译课程”的《局外人》等，这些都是Y学校教师从指定作家名单中选择的作品。2013年文学课程校外评估试题（相当于我们的语文高考试题）分两部分：试卷1是文学分析（2小时），试卷中包含两段选文——一篇散文和一首诗（词），学生选择其一撰写文学评论；试卷2是论文（2小时），试卷中每种文学体裁都有三道题，学生根据课程第三部分中学习过的至少两部作品，撰写一篇论文来回答其中一道题。比如，2010年5月试卷2的试题要求：从下列各类问题中任选一题来回答，答案必须至少以第三部分所学过的两部作品为基础。在适当的情况下，也可对第二部分同类题材的一部作品加以引证。答案中所引用的例子若不是出自第三部分的两部或更多的作品，将不会获得高分。试卷一共给了14道题供考生选择，涉及“散文”“诗歌”“戏剧”“长篇小说”“中短篇小说集”等，其中“长篇小说”两道题中的一道是“‘只要写出一个真正的人，就是写出了广阔的人群’，所学作品是如何体现这一特点的？请做一比较分析”。这不是大学文艺理论课程的考试题目吗？学生会“比较分析”吗？这份文学指南最后专门附了一份“指令术语表”，对试题当中可能会使用的几十个重要术语词汇和短语进行了定义，比如这样定义“比较”（compare）：对两个（或多个）事物或情况的相似之处做出说明，并始终对两者（所有相关者）进行引证。于是，我理解S老师为什么在课堂上反复强调要学生使用学过的文学术语了。我能感受到S老师他们的压力，想让学生在那样的考试中获得高分，学生如果不把十几部作品读熟读透，尤其教师本人如果不读个底儿掉，怎么能行呢？

故事之三：两节北京的中文课堂与一次上海的课程培训

今天要观察P老师的课堂，P老师比S老师小一两岁的样子。她的教室在S老师教室的隔壁，平时两人就经常互串交流。因此，前两天集中听S老师的课时，我就已经和P老师混熟了。她和S老师一样都是对外汉语教学专业研究生。S老师毕业于中国传媒大学，而她则毕业于北京语言大学。

上课了，这节课学习胡适的文章《少年中国之精神》。学生用的是Y学校自己编制的教材，教材内容是一篇篇课文，思考练习之类的助读攻略很少；课文篇目有些和普通中学语文教材重合，但也有不少课文是普通中学教材中不曾出现的。总的来看，Y学校编制的教材比普通中学教材选文的种类多一些。P老师让学生翻到教材第26页，然后问一名男生“格物”是什么，学生说要整理一下思绪，而后捋了捋头发，打开电脑（学校给每个学生配备一台笔记本电脑），打开网页，清了清嗓子，念了起来。P老师对学生的念白不置可否，而是打开幻灯片，给同学们讲解“格物致知”，并念了一个王阳明“格物竹子”的故事。P老师问：“这个故事给你什么感觉？”有学生说“无聊”。“胡适以为呢？”学生说“愚笨”。“那胡适在这里认为王阳明忽略了什么？”学生说“假设”。教师又问：

“假设你研究竹子，你会怎样？”“我不研究！”那名男生又说。“请假设！”“我不假设！”那个男生又抢白道。P老师看了他一眼，打开一张新的幻灯片。幻灯片上给出三个事件：韩寒代笔事件，杭州不让座挨打事件，“彭宇案”事件。P老师让大家研究其中一个。“这有什么可研究的！”一名学生大喊。P老师继续说：“请同学们选择一个事件，做出假设，并且做出证实。以组为单位合作完成，可以上网查相关资料。”全班10个学生立马坐成三组，各自研究起来。打开网页，查找资料，讨论争辩，噼噼啪啪在电脑上敲字，一时间都忙活起来。P老师巡视，不时喊上几句：“你引用的证据是否来自权威的门户网站？可要注意说服力啊！”大概20分钟后，三个组汇报交流。P老师更肯定第三组的汇报。第三组认为韩寒出示的手稿是自己的，他是真正的作者。第三组给出的证据之一是近期在微博上有众多明星声援韩寒、帮他解围，明星不会为了韩寒而拿自己的名声开玩笑，如果那样，对一个明星的未来会有严重的影响。

下课后，我征得第三组的同学同意，拷贝了一份他们的汇报成果，汇报成果共870字。所有学生走后，我和P老师进行了一番简短的问答。

问：学生每节课都可以带自己的电脑并能上网吗？

P：不是。10节课都用不上2节课，这是本学期的第二次。

问：利弊是什么？

P：弊端嘛，就像那个男生一样，不动脑筋，用网上查到的资料临时对付。好处是什么？随时可以拿出电脑，查找资料，解决问题，现场研究和写作。

问：怎么想到让学生讨论这三个事件？

P：通过实践体会这种方法论。

问：如果按胡适“大胆假设，小心求证”的方法论，第三组求证时以“众多明星声援韩寒帮他解围”作为证据，这是第二手的证据，是“他说”，依此做出结论是否也会有偏向？

P：哦。我没想到。谢谢您。

第二天上午继续观察P老师IGCSE十一年级的课堂。这节课是《少年中国之精神》的第二课时。P老师先和学生温习了科学的、逻辑的方法。之后，P老师提到上次课演练“韩寒代笔”等三个事件时让大家运用“事件—假设—证实”的逻辑方法进行评判，学生多是从网上查找资料，参考舆论媒介的观点并以其作为证实的依据，P老师指出这是失之偏颇的。P老师问学生要想更加科学客观地得出结论，最好的方法是什么？有人说现场调查，有人说采访当事人，有人说采访见证人。我知道，这是P老师对上节课内容有意识的调整。上次听课后我和P老师讨论过网上信息的局限性、采用证据的信度等问题。看来，P老师后来又对此做了认真的思考，这节课的矫正和补充很及时，也很重要。

接下来P老师和学生主要就课文的第二部分“少年中国的精神”展开讨论。依次讨论到了药家鑫、小悦悦，还有刘翔。其中说到刘翔时，班上的两个学生各持论点展开了激烈的辩论。课堂经常这样围绕着文本的内容说开，讨论激烈。

后来，P老师和Y国际学校的G老师闲聊（谈话发生在P老师参加完Y国际学校总校在上海举办的中文课程培训后），P老师觉得只是让学生发挥，让他们蔓延开、偏离开，是不是也不好。她说：“我觉得教师讲得好也挺好的，能把学生带动起来。”我在旁插话：“谁讲得好啊？”“就是这次在上海举办的培训的主讲老师李萍，她原来在厦门大学教了十多年课，后来去了香港，就专做IBDP课程培训。”我说：“这和老师教学生有可比性吗？”“可比性不是太强，但也有很多启示啊！因为有一个学生的作品分析对象是《城南旧事》的兰姨娘，李萍老师在评议完学生分析的优劣后，自己示范分析兰姨娘，那个分析得绝啊。我怎么就没分析出那么多的层次呢！我真的要再去读读《城南旧事》了。而另一个培训老师虽然也搞了很多活动，但是没什么内容，没有干货。”停了一会儿，她又喃喃自语：“靠对作品的精到分析感染折服学生，让他们喜欢上中文，多好啊！”

故事之四：教育之宗旨何在？何谓完人？

在Y国际学校访学的最后一天，胡老师已提前跟校方商量好，10点钟与学校领导有一个简短的座谈会，向校长道个别，表表谢意。9时10分我来到我们访学小组在学校的临时办公室，大生、晓蕾、张华都已到位，一会儿胡老师也来了。大家先各自秀了秀自己给校长和访谈教师准备的礼物。之前，我送给S老师、P老师每人一本《直谏中学语文教学》，这是孙绍振写的一本书。我想，孙绍振的本真、率直会适合国际学校中文教师的胃口，况且，S 老师和 P 老师都曾提到“文本解读”对提升她们的业务能力的重要性，孙绍振这本书的后半部分即专门拿起“手术刀”微观解剖一个个具体的文本。这本书送给英方校长不合适，送给 X 校长似乎也不是好的选择。送点什么呢？懒劲儿又来了，我们小组不是集体赠送学校一幅字吗？这里面是不是也捎带着自己给校长的一份心意？就这样竟然自己把自己给说通了。给学校那幅字的内容是我们一起商定的，我从网上找了几条教育名言，念到王国维的一句时，胡老师连声说：“这句好，这句好，适合他们学校。”此言曰：教育之宗旨何在？在使人为完全之人物而已。谁来写呢？热心的晓蕾应承下来，她说他们学校的书法老师字写得好，是启功的徒孙。最后一天她还真带来了，字写得大气，装裱得也漂亮。快到 10 点了，我们几个合计了一个赠送书法作品的简单程序，张华和晓蕾负责展开卷轴，分执两端；我来“土”的，念中文；大生来“洋”的，用英文翻译。于是，我们一行浩浩荡荡向行政办公楼会议室走去。

大家见面后，彼此寒暄了几句，座谈会 10 点整准时开始。先是访学小组汇报自己的访学心得，大生一如既往用英语流利地表达，他举了访学期间遇见的几个饶有趣味的小事件和细节，惹得李凯恩校长不时解颐。李凯恩校长的笑很有意思，收放得宜，让人觉得，他笑不只是他自己开心而笑，而且是为了让我们开心而笑，那是一种发出邀请的笑。轮到我说时，我还是用汉语简单说了几句，意谓学校不仅敞开了大门，也敞开了胸怀。汇报完毕，接下来就是向学校赠送书法作品。待我读毕王国维的那句话，大生还没来得及翻译，李凯恩校长身边的罗老师（运营总监）就主动当起了翻译，翻译到“完人”时，就“完”的翻译法几个人交换了意见，最终取了“perfect”一词。我不知道这种翻译是否恰当，私下揣度王国维的原意，“完”字并非“完美无瑕”，而应是“完整的”“完全的”，亦即非残缺不全的，非异化扭曲的。我想到了 Y 国际学校的校训，想到了中英文化的融合，想到了科技、人文的同盟，想到了学生散漫甚至带有点野性的学习、生活状态，想起了幼儿骑着自行车在操场上乱撞，想到了瑟瑟深秋里的短裤和飘飞的排球，想起了课堂里的那些人和那些事……

座谈会结束了，访学远未结束。

来自本研究的启示

本研究选择的研究对象是一所国际学校，是“个”而不是“群”；重点观察两个中文教师，而不是中文教师群体；持续关注课堂的时间是一个月，而不是一年或者更长时间。因此，由这项研究进行简单推导，得出普适性的结论，是必须慎之又慎的。但由Y学校的故事，由S老师和P老师课堂的故事，我们却可以照出自己的“影子”，激活自己的语文教学经历，获得语文教学改革的启示。

第一，我们的中学语文教学能不能也让学生多读整本的书？我们的义务教育语文课程标准和普通高中语文课程标准均建议指导学生“多读书，读好书，读整本的书”，但我们做到了吗？事实上一直到高三，一些语文教学还局限在一篇篇“文”中，做题目化解读，死抠硬磨，在逼仄褊狭的空间里琢磨“这个句子好不好啊？换一种表达行不行啊？”反观Y国际学校，相当于普通高中高三阶段的十二、十三年级的学生在课堂上要连续讨论若干本《霸王别姬》《围城》一类的大部头作品，母语教学在这一阶段陡然进入更加开阔的境界，学生在这一阶段获得了应该得到的高质量的母语语言文学教育。我们做不到吗？非不能也，不为也。假设我们的语文考试做些改革的尝试，从考查学生进入高等学校继续学习的能力素质的角度命制题目，着眼于学以致用，让学生结合所读若干作品阐释论证观点，撰写论文，语文课堂的局面会不会更有活力呢？

第二，语文课堂应是流动的、生成的，语文教育应既教语言又教思想，既教语文又教做人。Y学校的中文课堂有些散漫，但却在散漫中流动着思维的活力，呈现出真实的学习状态。在我听的几十节中文课中，虽然也看到指示、指令，但看到的更多的是非指示、非预设的教学活动。尤其像在P老师的课堂上，学生围绕“韩寒代笔事件”等查阅网络资料、进行小组争辩讨论、合作完成报告，课堂是被学生的自主学习牵引前行的，这是真实、自然、愉快的探险之旅。P老师将之解释为“通过实践体会方法论”。换言之，学生不只是在接触语言，而且在砥砺思想、培育精神。我们的语文教学有些课堂耽于“这个比喻好不好”的鉴赏教学，而缺少高质量的批判性阅读，不能让学生在语言学习的过程中走到思想文化的高点。不过，同时我也觉得Y学校中文课堂上教师在本来应该有所预设、指示、指令时，任由学生在非指示之下漫游徘徊等，均在消减、剥蚀课堂的效益，对此，我们应该持清醒的认识。

第三，语文教学、考试评价应有具体的标准。S老师和学生讨论《霸王别姬》时，反复提醒和指导学生使用学过的文学术语，而且在文学指南中附有“指令术语表”，对考试评价中可能出现的术语做出清晰的界定。师生使用共同的术语进行阅读和对话，既使阅读得法、顺畅，也令师生的阅读对话因基于共有的话语系统而更加深入。学生读一篇文、一本书，掌握了必要的阅读知识、概念和原理，就多了一套阅读理解的工具系统，就容易搭建起有效的阅读思维框架，而且这与感悟、体验的阅读方式也是并行不悖的。另外，无论是IGCSE课程还是IBDP课程，其中文课程的指南都既有具体的课程内容表述，也有对评价标准和方式的清晰界定，具有较强的操作性。比如IGCSE中文作为第一语言的考纲中就对各部分考试内容有清晰的等级描述。如“议论性/驳论性写作”分为7个不同等级，其中第一等级（18—20分）的标准为：文章每部分的论证都很成熟，具备很强的逻辑性，通篇保持一致的高质量，时有夹杂复杂的议论。文章的每一部分都和前面的部分紧密承接，段落之中的句子的排列十分有序。而第二等级（15—17分）就描述为：每一步的论述都很详细、成熟，但阐释部分的质量不完全一致。论证的每一个步骤基本上都是有秩序地结合在一起的。大多数的段落都有连续性，尽管有的段落可能有点虎头蛇尾。从第二等级向第一等级迈进，还差点什么，需要做点什么，教师和学生能有比较明确的方向。

第四，我们语文教师能成为积极的反思者和学习者吗？我们的各种培训机构和项目能为语文老师提供真正需要的培训吗？在进入S老师和P老师课堂之前，我本来不计划与两位老师直接说出自己的听课意见与研究心态，但第一节课后S老师就抓住我紧问：“李老师，这节课还有哪些需要改进的地方？我想听听您的意见。”看着S老师满脸的真诚，我提前设定的“忌讳”被打破了，我向S老师坦诚地交换了自己的意见。以后节节课如此，听P老师的课亦如此。我的研究身份悄悄地发生了点变化，参与的成分越来越浓，甚至到最后，我觉得自己和两位老师、同学们在共同建构故事。这种身份的变化，某种程度上也是为两位老师善于反思和学习的态度所驱使。P 老师教《少年中国之精神》第二课时时对第一课时教学中某些疏漏及时做出矫正，表明了 P 老师作为反思教学者的勇气。S 老师跟我说了多次，与普通高中语文老师相比，她的文本解读能力亟须提高，我想她这样说并非完全出于客套。她认识到自己的不足，并产生强烈的学习意识，于是她浏览知网，反复阅读所授图书。而 P 老师也几次问我，她想再选一所北京的大学读一读中文专业的研究生课程，哪一所大学什么专业方向更有益于她现在的工作。但也不可否认，Y 国际学校给予老师的专业培训和支持还比较单一和薄弱，像 P 老师参加上海培训那样的机会还太少。这也给我们的培训机构和培训项目以启发，要了解老师们的真实需求，把培训送到老师们的心坎上。如今不少培训并未走出讲座加观摩课堂的老路数，一些老师已经对这样的培训产生排斥心理。P 老师为什么对上海那次课程培训深有触动？培训老师拿具体案例分析，拿具体教学作品讲解，并让学员互动评议，让被动式培训转化为参与式培训，切实增强了培训的针对性和实效性，也许是一个重要原因。

第六章　语文教材、语文课程与语文生活

潘新和老师在《语文：表现与存在》中说："一个极端荒谬至今仍风靡语文界的将语文等同于生活的说法是：语文（应是'语文学习'）的外延等于生活的外延。"[1]荒谬？这句话荒谬吗？十几年前的《语文学习》封面就赫然印上了这句话，有说是怀特海说的，也有说是科勒涅斯说的，意见不统一。但大家都乐于引用这句话，我自己也在文章中多次引用。那么我们来推测一下潘新和老师得出这个结论的过程：外延相等，概念则等同。语文与生活不是一个概念，所以此说法是荒谬的。问题是概念的外延相等，概念本身就是等同的吗？于是查阅了逻辑学的著述，重新学习有关"概念"的知识，摘录几条：

一个概念的内涵越多（即一个概念所反映的事物的特性越多），那么这个概念的外延就会越少（即这个概念所指的事物的数量就越少）。反过来，一个概念的内涵越少，那么这个概念的外延就会越多。内涵和外延的这种关系，称之为内涵和外延的反变关系。

概念的同一关系是指外延完全重合的两个概念之间

[1] 潘新和.语文：表现与存在[M].福州：福建人民出版社，2004：6

的关系。这就是说：当且仅当，凡A都是B，并且凡B都是A，A、B两个概念是同一的。如“鲁迅”与“《阿Q正传》的作者”，“北京”与“中华人民共和国首都”。

概念外延之间的关系除同一关系之外，还有从属关系、交叉关系、矛盾关系、反对关系等。

由此看来，潘新和老师的推理是正确的。虽然这多少有些出乎我们的意料。潘新和老师对此说法提出质疑，是为了反思“应付生活论”“应需论”，而重建“人本位”“生命本位”的语文教育本体论。顺此，再拓展思路，看看这个多年来为我们津津乐道的说法，究竟给我们带来了哪些谬误，也许会有意想不到的收获。在我看来，无限扩张的“泛化语文”，某种程度上与这句话有些瓜葛。

“语文学习的外延与生活的外延相等”，这个口号太诱人了，以至于我们无法拒绝。试想，还有比“生活”更广阔、宏大的概念吗？语文就敢和它平起平坐。从主观认识上说，这个说法的初衷是好的，在生活中学语文，语文学习生活化，生活语文化。但任何的一厢情愿都有可能给自身带来意想不到的伤害，最严重的后果就是导致自我主体的丧失。把语文上成思想课、班会课、表演课、科技课……种种“非语文”的课，我们见到的、听到的，已经不在少数。

“语文就是语文”，这个说法有些霸道，模糊省略了语文的内涵，但在看似霸道粗鲁的语句背后却蕴含着坚守语文学科本体的信念。“语文学习的外延与生活的外延相等”假设换成“在生活中学习语文”，或者“语文学习的生活化”，既通俗，也似乎更符合事物的本义。由此，我还想到了大量类似的判断，如“语言即人”“我即语文”等，同样诱人，也显得很有哲理。“我即语文”，如果我没理解错的话，是在“我”和“语文”两个语词中造成极大的张力、矛盾，又最终达成和解，从而表达自我与语文融合为一体的主张。但类似的表述，其弊端是什么，其适用的语境何在？确乎有重新审视思考的必要。

与潘新和老师的分析视角不同，华东师范大学教授、教育学专家陈桂生则强调了生活经验对于语文学科学习的重要性，他在《师道实话》中说：“每门学科只有把凝结在这门学科中的成年人经验转化为未成年人自己的经验，成为‘学生经验的课程’，才算达到预期目标，而在成年人经验（它已经不同于一般成年人经验）与未成年人经验（其中又有儿童、少年、青年经验之别）之间，存在着学科逻辑与心理逻辑之间的鸿沟。”陈桂生认为，教材编写本就“应力求沟通学科逻辑与心理逻辑之间的联系”[1]。潘新和和陈桂生的观点是矛盾的吗？非也，只是分析问题的视角不同，分别强调了规避两个极端倾向（过于强调“学科逻辑”和过于强调“生活经验”）的重要性而已。对此，王荣生老师在《语文科课程论基础》一书中有精辟的阐释。他先把语文教育研究厘分为七个层面：人——语文活动层面，人——语文学习层面，语文科层面，语文课程具体形态层面，语文教材具体形态层面，语文教学具体形态层面，语文教育评价层面。他认为：“‘语文教育’，尤其是简称‘语文’，太易使人们联想到日常的听说读写活动，因而往往会不自觉地将‘人——语文活动层面’‘人——语文学习层面’的日常经验与‘语文科课程’提供的学习经验混同起来，导致理论研究的问题边界无限扩大、层面随意穿越；在实践中可能导致课程目标的含混、语文课程内容的失当，甚至阙如。”他举了口语交际中过分“日常”的时弊来说明这个问题，“打电话”“问路”等“学生在课堂上所说的话都是他平常会说的话”，“学生整个儿是在课堂里‘活动’，丧失了‘学习’的意义”。为此，他甚至发出“狠言”：“我国语文教育研究中的许多争论，毋宁说是为语文教育政策的争论，其实是在大于也高于语文科的‘人——语文活动’‘人——语文学习’层面里进行的。”王荣生的此番“弯弯绕”是煞费苦心的，我理解他不是不看重“人——语文活动”“人——语文学习”层面的研究，在“人——语文活动”层面提出“要加强思想教育”“要进行思想教育”，在“人——语文学习”层面讨论人“在一般情况下或在实验条件下的语文学习”，不是不需要或不能，而是这些研究或是“语文教育研究者在教育政策领域的研究或政策精神的传播”，或是“介绍性的转述”“特定情境下的应用性研究”，是“语文科”上位层面的研究，他不想过度纠缠于此，他把视角瞄准了“科”，“语文科课程”既牵连着“人——语文活动”“人——语文学习”，又集合起

[1] 陈桂生.师道实话［M］.上海：华东师范大学出版社，2004：17.

"语文课程具体形态""语文教材具体形态""语文教学具体形态""语文教育评价",他给自己的研究划定了一个必要的疆域,心怀四方又坚守"语文科课程"的研究本位。[1]

简而言之，学科逻辑和心理逻辑、生活经验不可偏执一端，生活经验和学科逻辑要相互转化和支持。语文学科要打破坚硬的学科壁垒，在生活情境中学语文，在项目、活动中学语文，在跨学科领域中学语文，但又要坚守语文学科的属性，聚焦语文学科的核心素养。学科逻辑与心理逻辑之间需要沟通，语文学科和其他学科之间也需要融合，在"沟通"和"融合"中培育的是解决复杂情境中的问题所需要的语文学科的必备品格和关键能力。

[1] 王荣生.语文科课程论基础[M].上海：上海教育出版社，2003：22.

第一节 “同课异构”与“异课同构”：《斑羚飞渡》课堂观察

北京市东城区李蕾老师和宋悦老师分别上公开课《斑羚飞渡》，李卫东特级教师工作站成员在工作站论坛上对两节课做出评议，观点有差异，也有交集，在对话交流中认识“同课异构”的所指。

一、两位教师的教学实录节选

（一）李蕾教学实录节选

师：请用文章中的一两个词来概括镰刀头羊在斑羚群集体飞渡前和飞渡后有怎样的不同。

生 1：飞渡前是“沉重”“庄重”“无能为力”。

生 2：飞渡后是“坚定”。

师：镰刀头羊的行为体现了其复杂的内心。我们布置了一项预习作业——补充对镰刀头羊的心理描写，现在大家就此交流一下。

生：第 4 自然段“镰刀头羊……无能为力”——我们被逼上绝路，四面楚歌，家族的责任全压在我自己的肩上，我也无能为力。

师：非常好，你补充的心理描写融合在分析当中了，后面的同学发言的时候最好先读出你补充的心理描写，然后说说你这样补充的依据是什么。

生 1：还没有找出逃生的办法，内心是焦急的。

生 2：斑羚把希望都寄托在它身上，它觉得自己辜负了这种希望。

生 3：心理压力太大了。

……

生：第 6 自然段，“突然……决心”，镰刀头羊突然想到办法了，好像找到了一种希望，在心里抓住这点希望。

……

生 1：一是想到办法，二是提醒母斑羚不要做无谓的牺牲。

生 2：想给予种群一种决心，让它们相信自己想出了办法。

师：为什么坚定不移？

生 1：这种决心是指必须牺牲一半来挽救另一半，而牺牲老斑羚这条路是迫不得已的，下这种决心很难。毕竟是一个种群，在一起生活了很久很久，让它们在自己面前死去，是一件很残忍的事情。

生 2：对自己的决定不后悔。

生 3：头羊坚定，整个斑羚群都会有决心。

师：关键时刻，将领的决策力和威慑力很重要。

……

生 1：它犹豫。

生 2：要换了我，我也不愿意去牺牲，所以要刻意数数，需不需要做牺牲，后来发现，老斑羚少，才悲怆地走过去了。

师：它自己想死吗？

生 1：它才不想死呢。（所有学生笑）

生 2：它肯定不想死，但是要为下一代开辟道路，所以带领老斑羚跟它一起牺牲。

……

生："沉重"，一是可能它自己也不想牺牲，还因为……留下的是小斑羚，它们以后怎么生活？

……

师：镰刀头羊该不该去死？

生（齐）：不该。

师：为什么？

生：一是它很年轻，二是它身为头羊，要带领大家生存。

师：文章做了删节，原文交代了猎人看着它们飞渡而不开枪的原因。斑羚群可能会集体自杀。伤心崖下的流沙河，水流湍急，斑羚跳下去之后可能会被冲走。狩猎队首领已派人到崖下去负责打捞斑羚的尸体，大约半小时就能到达崖底。

生：第 16 自然段"只见……彩虹"，不管怎样都会被猎人抓住，自己跳下去会比较好。

师：为什么会比较好呢？（生笑）

生 1：是自行了断的，而不是被抓住的。

生 2：第 16 自然段，“镰刀头羊……帮它飞渡”，没有人需要它、帮助它，它做出了死的决定。把生的希望留给了别人，死的惨痛留给了自己。

……

生：我完成了使命，希望小斑羚能够勇敢地活下去。

……

生：心里的沉重的包袱放下了，可以坦然从容地走向死亡。

师：原文提到，这时候崖下传来了呜呜的牛角声，猎人如梦初醒，一起开枪，镰刀头羊胸膛上已经冒出了几朵血花，它还要自己走向彩虹，这时候它的死还能带给我们什么启示呢？

生 1：不屈服于强暴，决不屈服。

生 2：它想即使是死也要和伙伴们在一起，重情重义。

生 3：最后的场面像狼牙山五壮士般不屈服，他们一起跳下悬崖，头羊像他们一样。

师：中国有句话叫“士可杀不可辱”，镰刀头羊以一个有尊严的行动终结了自己的生命。作者本人对镰刀头羊持怎样的态度，能找出依据吗？

生 1：从“消失”二字可以看出镰刀头羊在作者心中占据了很重要的位置，它活在作者的心中。

生 2：非常佩服，从第 9 自然段和第 14 自然段可以看出来。

生 3：对它比较敬重，从第 15 自然段可以看出来。

师：镰刀头羊身上哪些地方打动了你？

生 1：面对死亡时的从容。

生 2：为更多生命，义无反顾地放弃自己的生命。

生 3：身先士卒的精神。

生 4:大局面前，放弃个人的利益，为了种群去死，这让我特别感动。

生 5：它非常镇定，并想出办法，这让我特别佩服。

师：可以形成这样的共识——镰刀头羊是一个有智慧，有决断力，遇事镇定，临危从容的英雄形象。

师：再来看另一个形象。请阅读《“诺曼底”号遇难记》，找出哈尔威船长与镰刀头羊的相似之处。

《“诺曼底”号遇难记》简介：1870 年 3 月 17 日，两艘英国轮船（“诺曼底”号和“玛丽”号）相撞，出事后，“诺曼底”号船长哈尔威在能逃生的情况下以身殉职。哈尔威船长崇高的精神深深地感动了作者，于是，雨果写下这篇文章来抒发对哈尔威船长的赞美和景仰之情。

生 1：哈尔威船长和镰刀头羊在危险的时候都想到拯救其他生命，自己想活，但看着这么多生命，果断地放弃了自己。

生 2：哈尔威更伟大，因为镰刀头羊是为了种群，有血缘关系，而哈尔威船长和这些人没有任何关系，还是义无反顾地去救他们。

师：通过比较，发现了一个重大命题——怎样对待生命？来看作者的话（读作者“为生命而写作”的一段话）。对于文章主题,你怎么理解？

生：每个人都应该珍视自己的生命。

师：这里所说的生命，不仅仅指个体生命，也包括其他生命。珍爱更多其他的生命超过了珍爱自己的生命，这是珍爱生命的最高境界！让我们带着这份敬仰与感激，来朗读文章的最后一部分。

师：小说中的斑羚对生命做了悲壮的诠释。（PPT 配乐）

它们是可悲的，悲其生性温顺，却遭受飞来横祸，大半斑羚走向不归路的悲惨命运；它们是可赞的，赞其弱势之躯，从容走向死亡。

我有感而作一首七律诗：

赞斑羚飞渡

如洗苍穹伤心崖，
生死抉择一刹那。
斑羚惊恐思绪乱，
头羊镇定决策拿。
深涧凌空显奇景，
崖上生命开异葩。
斑羚飞渡感天地，
壮美永存绽芳华！

（全场掌声）

师：谢谢同学们！对小说主题的理解，可以是多角度的，其中下面两种，你认同哪种？请写出理由。其一，大危之前应以怎样的态度面对灾难？其二，人类应该怎样与其他动物和谐共存？

（二）宋悦教学实录

师：生命是大自然的奇迹，生命同样能创造奇迹。正是因为有了这些奇迹的存在，生命的价值才得以升华。当雄螳螂为了繁衍后代，心甘情愿被雌螳螂啃食掉的时候，我们因它们的勇气和奉献而震惊；当年老的旅鼠为了给年轻的旅鼠提供更广阔的生存空间，奔向并葬身大海的时候，我们被它们的无私和无畏感动；当大群蚂蚁聚拢成蚁球，伴随“噼啪”之声滚出火海的时候，我们被它们的智慧和牺牲折服。今天，我们要学习的这篇文章《斑羚飞渡》，将又一次震撼我们的心灵。下面就让我们一起走进故事。

师：请用四字短语概括斑羚为什么飞渡，斑羚飞渡分为哪四个阶段？

生：身陷绝境。准备飞渡、试跳成功、成功飞渡、走向彩虹。

师：请同学们用一个词语概括你读了文章后的感受。

生 1：震撼。

生 2：悲壮。

生 3：惨。

师：文中有悲情，但也不乏壮美。下面就让我们一起来欣赏这震撼心灵的悲壮美。（投影）从故事情节入手，找一找文中哪些地方体现了悲与美。

（学生朗读第 1—3 自然段）

生：“逼”是强迫、威胁之意，表现斑羚陷入绝境；文中运用两个比喻句写出了山势的险峻、陡峭。斑羚跳远的极限是五米，而山涧宽六米，超出了它们所能达到的极限。“进退维谷”一词也写出它们已走投无路。这些都体现了悲。

师：陷入绝境的斑羚有何表现？

生：惊慌、蹿跳、骚动，一只老斑羚在惊慌之中跳了下去。

师：这时斑羚群又有何反应，为什么？

生 1：渐渐安静下来，目光集中在镰刀头羊身上。老斑羚对它们起到了警示的作用。

生 2：镰刀头羊身上也体现了悲与美。作为头羊本应优先得到生的权利，可是为了种群的生存，它也走到了老年斑羚那拨，为年轻斑羚做垫脚石。“悲怆”一词体现出它内心的极度悲伤。“眼光在两拨斑羚间转了几个来回”，写出它内心矛盾、斗争的过程。

生 3：从第 4、第 6 自然段的两次叫声中可以看出镰刀头羊由开始时的无能为力到想出办法后的沉郁有力、坚定不移，表现出它作为头羊的智慧、带头作用。

师：镰刀头羊是怎么想出办法的？

生 1：受到天边出现的彩虹的启发。

生 2：第 16 自然段也写出了镰刀头羊的孤独之悲，但它为了年轻斑羚而选择自我牺牲的精神是美的。

生 3：老年斑羚身上也体现了悲与美。“老斑羚就像燃料已烧完了的火箭残壳，自动脱离宇宙飞船，不，比火箭残壳更悲惨”，老斑羚是有生命的，它们的牺牲更让人感到悲怆。

生 4：第 10 自然段“每一只年轻斑羚的成功飞渡，都意味着有一只老年斑羚摔得粉身碎骨”，既表现出生命消亡的悲，又赞扬了它们的献身精神。第 11 自然段再次写彩虹，渲染了斑羚飞渡的壮美气势。

师：同学们被震撼的同时，也对故事的真实性、小说的主题提出了质疑和不同的看法。老师带着这些问题采访了作者，我们先来听听作者是如何回答的。（播放录像）

作者：……我们把一大群斑羚逼到了悬崖上，正当我们准备放猎狗扑咬，也准备了一些猎枪将要捕杀的时候，这群斑羚起跳了。有一些小羚羊确实是在起跳的时候踩着老羚羊的背跳过去了。我当时就觉得震撼，问猎人，小羚羊怎么能踩着老羚羊的背跳过去？猎人的解释是，那么混乱，大家都争先恐后地从悬崖上跳出去，慌忙之中小羚羊踩到了老羚羊的背，有了第二次起跳的宽度，所以就跳到对面的山上去了。若干年后写东西，回想起这段经历……成为一个我挥之不去的情结，一个疑问。当年猎人给我的解释不能说服我，很难让我确信是这样的，我总觉得还是另有原因。大概二十多年以后，当我开始写动物小说时，回想起这件事情，仍然感到一种震撼。我不愿意相信小羚羊踩着老羚羊的背跳过去是因为拥挤、混乱、慌乱这样一种偶然的事情，我更愿意相信这是种群里老一代为了新一代生命的甘愿献身，是一种惊天地、泣鬼神的行为……

师：看完录像，同学们关于故事真实性的疑问得到了解答。但对于这篇小说的主题，人们确实有不同的理解。我们看一段作者说的话，这也许对我们会有一点启发。“动物小说折射的是人类社会。动物所拥有的独特的生存方式和生存哲学，应该引起同样具有生物属性的人类思考和借鉴。可以这样说，我是为生命而写作。”这里是作者对生命的诠释。请同学们联系生活实际，谈谈你是怎样看待生命的。

生 1：生命是宝贵的，我们应该珍惜生命。

生 2：我十岁生病做手术时体会到了生命的宝贵，我们应该好好珍惜生命。

师：生命是宝贵的，只要能活着，是不是选择任何一种活法都可以呢？（播放《泰坦尼克号》视频片段）

生 1：生命是有尊严的，面对死亡，有的人能够坦然面对，有的人惊慌失措。镰刀头羊就能坦然面对死亡。

生 2：生命是有意义的。像文天祥、邓世昌、黄继光、汶川地震中舍己救人的老师等，他们的生命就是有意义的。老斑羚们的牺牲也是有意义、有价值的。

……

师：正因为生命如此可贵，让人不舍，所以那些在灾难面前，彰显了生命的尊严与价值，坦然赴死的哈尔威船长、镰刀头羊等，才能深深地打动我们，成为人类不朽的记忆。让我们怀着这一份敬佩之情朗读课文最后两个自然段。

二、论坛上的讨论

李卫东：两位老师所上的《斑羚飞渡》是同课异构，能不能先请北京市东城区教研员仇强老师简单谈一谈对“同课异构”的认识。

仇强：简单来说，“同课异构”的“同”是指大体统一的教学内容和教学目标，而“异”则是为达成教学目标所采取的不同的教学策略和方式。

李卫东：刚才仇强老师简单分析了“同课异构”这一概念。今天听了李蕾老师和宋悦老师的课，现在想请两位老师分别说一说你们从开始设计预案到课堂上具体实施，是怎样体现“同课异构”的。

李蕾：我和宋悦老师的教学目标都是探讨主题。本文重点塑造的是镰刀头羊，所以就想把镰刀头羊的形象作为我们第二课时的一个重点，从形象入手，通过形象感悟文章主旨，理解作者的写作初衷。我和宋悦老师的“异”就异在我们的教学切入点是不一样的。再有一个就是我所教的是一个普通教学班，学生对文章的领悟需要老师的引导和帮助。

宋悦：不管采用哪一种教学方法、手段，都应该把提高课堂效率放在第一位。我是从故事情节的角度入手，让学生理解这篇小说的主题。还有就是特别强调学生在阅读中有自己独特的情感体验。对于这篇小说主题的理解，最后的课堂环节设置了开放性的探讨问题，目的是让学生充分地说出他们对生命的看法。

王彤彦：李蕾老师的教学设计以形象作为切入点，教学方式灵活多样。能不能说一说选择这样一个切入点，运用这些教学方式，是基于一种什么样的考虑？

李蕾：我设计的是补足心理描写，把小说中的一些“空白”补充出来。动物小说中的形象不能像我们人类一样说话，说我们能理解的话，但作者在塑造这些形象的时候肯定赋予了它们很多复杂的东西。学生补充这段心理描写对把握形象有帮助。斑羚群飞渡前和飞渡后，镰刀头羊有不一样的表现：之前，它沉重、悲怆、无能为力；之后，它坚定、从容。让学生学习运用对比的方法揣测镰刀头羊的内心，揣摩这么一个形象。

李卫东：补写镰刀头羊的心理，这个设计有创意。因为学生要补写得好，必须把文本读懂，这就是我们惯常所说的“以写促读”。但是我注意到一个现象：你的学案设计包括在实际课堂上都是想让学生读一读自己对镰刀头羊的心理描写，这段心理描写应是自然地嵌入文本中的。第一个学生的回答全成了对镰刀头羊心理的客观分析，后面几个同学大抵如是，我想这个地方和你的预期有没有出入啊？

李蕾：应该说在课堂教学上这点是一个小小的遗憾。这个作业我提前布置给学生了，他们多是用第一人称呈现镰刀头羊的内心所想。但我的个人经验还是不太够，当课堂上有同学只是客观分析而没有呈现自己的描写文字时，我没有做出及时的引导。

李卫东：我发现咱们的学生就某个具体形象进行评论时能说出自己的一些感悟，但是一旦写到纸上，进行文字的梳理和表述时，就常常出问题。

王彤彦：我认为根源是在课堂上，是在老师的引导上。学生有了“感”，要能把这个“感”切实地表达出来。而这个切实的表达是学生的一个弱点。他们有的时候也许能想到，但说不出来；有的能说出来，但是说得不明晰、不准确、不能一语中的。当出现类似情景时，老师应及时发现学生的问题所在，进而加以引导。适时地加以引导是老师主体作用最根本的体现。

李卫东：我觉得还有一个环节值得讨论，李蕾老师在课堂的收束阶段进行拓展比较，链接了文本《“诺曼底”号遇难记》，它恰恰和课文《斑羚飞渡》形成饶有意味的可比性。请李蕾老师说说，当初怎么想到选这样一个文本，设计这一教学环节是想达到一个什么目的。

李蕾：课文是一篇动物小说，塑造的是动物的形象，引入这段描写人的阅读材料，就是希望学生通过比较形象，能够感悟到作者创作这篇小说的目的，是希望在生命命题上进行引申。具体处理的时候，因为时间比较紧，就没有充分展开。

王彤彦：可以说，迁移阅读还是基于对文本的认识，能够使学生对课文文本的理解和认识进一步加深。作为动物小说，它揭示的其实还是人类社会。链接阅读文本可以为学生打开更宽广的思维空间，究其根本，目的还在于提高学生的阅读能力。

李卫东：选择《“诺曼底”号遇难记》与《斑羚飞渡》进行对照阅读，这是一种互文性阅读。通过阅读比较这样两篇文章，学生会从更加广阔和深邃的层面对生命这一主题加以确证。但是课堂前半部分用时太多了，学生分析心理描写花了26分钟，而且多是重复的概念化的分析，进行压缩如何？给比较阅读一点更从容的时间。当学生在一个浅显的理解层次徘徊于文本时，适时进行拓展阅读不但不会弱化对课文文本的解读，反而可能打开更多“重写”文本的视角。让学生快速阅读《“诺曼底”号遇难记》，找出描写哈尔威船长与镰刀头羊的相关语句，并做些比较，会不会比泛泛地讨论心理描写好些？比如，写镰刀头羊跳下悬崖的时候是“消失在一片灿烂中”，写哈尔威船长是“黑色的雕像徐徐沉进大海”，这两个句子是有可比性的，同样写生命的最后一刻，两篇文章有什么相同点，有什么不同点。

王彤彦：文本提供给学生的信息量很大。比如写哈尔威船长的死，文本当中提供了这样的信息，船沉没之前只有二十分钟的时间能够让人撤离，二十分钟时间到了，船上的其他人都撤完了，而船长没有撤退的时间了，那么他如何面对死亡？又比如写镰刀头羊，镰刀头羊也想生存下来，但是在面临保存种群问题的时候，它把生的希望给了别人，它自己没有生的可能了，它怎么去死，就像文本中所写的那样，它从容地走向死亡。这就是对主题的更深层次的理解。

李卫东：比较阅读确实有助于对主题的深层理解。课堂讨论中，有一个学生这样说：“我更欣赏哈尔威船长。”他觉得那些妇女、儿童、老人与哈尔威船长并不是亲属关系，也不是朋友、同事关系。而镰刀头羊呢，舍命救的都是它的亲属。这个学生言之有理啊，“理”在哪里？在言语内容的“缝隙”里，这个学生找到了。这就回到链接文本的目的：让学生通过两篇文本的互文性阅读、比较、整合，提升阅读认知的层次。同样是链接材料，与李蕾老师不同的是，宋悦老师这堂课链接了专门采访作者沈石溪的一段录像。宋悦老师为什么想到要去采访沈石溪，通过采访想要达到一种什么目的？

宋悦：这个让仇强老师先说吧，这个想法最初是得到了仇强老师的启发。

仇强：对于这篇文章内容的真实性问题，还有主题理解的问题，大家看法不一。作者究竟是怎样想的呢，他写这样一篇文章的目的何在？为了解开这些疑问，我想到了采访作者。虽然作者自己的观点也不是定论，但至少能为学生理解文本打开一扇窗户。

李卫东：想问一下宋悦老师，你觉得链接这样一段视频，实际的教学效果如何？

宋悦：好多孩子都认为这个故事是假的，说这不可能，作者为什么要这么写啊？我就抓住这么一个问题：这个故事到底是真的还是假的？

如果是假的，作者为什么要这么虚构？作者创作这个小说的动机是什么？这是我采访作者的出发点。这个访谈帮助学生解决了他们最为困惑的一个问题，他们了解了作者构思这样一件作品的目的和过程，对文学作品的特性有了更深一层的把握。

李卫东：沈石溪的那句话“我愿意相信”在一段不长的采访中重复了多次，能否在这句话上做足文章，让学生讨论一下？讨论这句话实际上就是在讨论素材与故事的区别，讨论生活真实与艺术真实的关系，讨论实用解读与审美解读的区别。这样的话，是不是能更大限度地发挥这段采访视频的教学价值？

王彤彦：咱们经常说开发教学资源，哪些是我们可利用的教学资源？其实咱们老师备课的内容之一，就是要不断地发现身边可利用的资源，比如说像宋悦老师链接的这段采访视频。

李卫东：是的。老师们不可能都像宋悦老师那样有条件去采访沈石溪，教学资源也不止一种，同样开发教学资源，李蕾老师就有她自己的选择。所以，关键还是要有开发教育教学资源的意识。

王彤彦：李蕾老师的课堂不止链接了《“诺曼底”号遇难记》这一教学资源，而且还朗读了一首自己撰写的诗，这首诗也是课程资源的一个重要组成部分。教师与文本、作者对话之后，把自己的感悟拿出来，确确实实地完成了一个学生与文本、教师与文本、教师与学生之间交互对话的过程。我们作为语文老师，要善于开发各种各样的资源。教师本身就是资源。让学生谈感悟，我们自己的感悟浅不得；让学生写，我们自己首先要会写、去写，而且乐于拿出自己的心得与学生交流。

李卫东：总之，这两节课在“同课异构”这一点上还是做出了可贵的探索。在结束这个谈话时，想提出一个值得深入思考的问题：“同课异构”的“同”是否就意味着教学目标的相同？“异构”，除了教学策略和方式的“异”，是否还有其他可能？

三、李卫东对“同课异构”的阐发

怎样理解“同课异构”？比较现成的一个办法是拿大家比较熟悉的“一课多教”“一文多教”来做解释。或者说，“同课异构”就是“一文多教”，就是指面对同一篇课文有不同的教学处理，不同的教学策略和方式。比如有三个教师同样教《孔乙己》这篇课文，同样引导学生把握孔乙己这个人物形象，就会有不同的教学处理策略。甲老师定位于“以写促读”，学生要在阅读文本的基础上合作完成三篇小短文：丁举人眼中的孔乙己，短衣帮眼中的孔乙己，小伙计眼中的孔乙己。写段短文，肯定要细读，而且要再度创造，重新组合文本。教学问题“你眼中的孔乙己是什么人”，随笔作业“孔乙己的世界”，与前面的短文写作又拉开距离，跳出文本，审视整合。整个文本解读过程，看似是在阅读，实际上又是在“重写”。乙老师则围绕“绰号”“身份”“形象”“命运”来设计教学问题，问题设计重在激发疑问，如孔乙己有没有名字，为什么文中没有提到他的名字？如果文中出现的人物中恰好也有个人姓孔，他会不会得到这个绰号？孔乙己“站着喝酒”而“穿长衫”，是一个矛盾的集合体，这个人物还有哪些矛盾之处等，所有教学问题都是于无疑处生疑，是在教给学生一种解读文本的方法——矛盾分析法。丙老师虽然也是使用大家惯常采用的方法，从人物的语言、表情、动作、心理切入，但丙老师的独到之处在于非常执着地关注孔乙己的语言。“之乎者也”之类的话语是在什么情景下说的，为什么要这样说？“偷书”与“窃书”的重音如何处理？对于人物话语的层层追问，直接指向了人物的下意识心理、深层的生存状态，这又是通过话语分析直抵人物内里。于是我们就会问：三节课堂上，学生最终建构的孔乙己这一人物形象，是完全重合一致的吗？显然不是。再来看李蕾老师和宋悦老师教《斑羚飞渡》，同样指向主题的理解，李蕾老师的教学处理类似散点透视，以补写心理、比较阅读形成不同角度，拓宽主题理解的广度；宋悦老师的处理则大体相当于焦点透视，从文本中寻求语句印证悲与美，引入采访作者的录像片段，都是着眼于对生命主题的深度理解。两节课上，学生的“主题”概念是一样的吗？

由此看来，“同课异构”并不像一般所说的“一文多教”那样简单。“同课异构”的“异”不只是教学方式和策略的“异”，更是指教学内容的不同选择。换句话说，教学方式和策略的“异”是外在的“异”，而教学内容的“异”是内在的“异”。因为教学方式的“异”终究取决于不同教学内容的甄选和不同教学价值取向的判断，也即“教什么”先于“怎么教”。我们国家的语文教材长期以来采取的是选文的编写方式，“教什么”自然就牵扯到怎么样利用选文的问题。王荣生老师在《语文科课程论基础》一书中将选文的功能定位为定篇、例文、样本、用件四种类别。选文功能的不同定位，实际上就指向不同教学内容的构建，是不同教学价值取向的体现。王荣生老师对于选文功能的鉴别，与他最近几年来一直呼吁的“重构语文教学内容”是内在呼应的。中学语文界也愈来愈发现，没有确立合宜的教学内容，只是在教学方式和策略上翻新，依然不能解决语文教学的根本问题。

当然，对同一篇选文的功能定位，也不能仅固化为定篇、例文、样本、用件之一种上，到底是定位于定篇还是例文，必然要审读具体文本的特性，但这不是判定这篇文本的功能和价值、确立教学内容的唯一依据，还要考虑学生的实际需求，考虑到他们的具体认知困惑，即要充分考虑到不同的学情。比如《皇帝的新装》，这样一篇经典作品似乎应该按定篇来教，而学生大多在学习这篇课文之前已经对其内容熟稔于心，鉴于此，把它当成用件来处理，也不失为一种灵活的选择。因此，从这个意义上来讲，“同课异构”的“异”终究要根据学情而定。换言之，“同课异构”的另一面即意味着“异课同构”，不同教学内容的确立、不同教学策略和方式的选择，最终都是落脚在学生有意义的知识建构上。这也就是大家平常所说的“殊途同归”吧。

总之，语文学科与数学等学科有很大不同。数学等学科有相对严谨、外显的教学内容体系和教材体系，而同样处理一篇选文，十个语文教师可能有十种不同的理解，课堂呈现的教学内容也各不相同。如何确立有效的教学内容，如何促成学生有意义的知识建构，这不只是课程专家和教材编写者的事，还要靠语文教师在“异”与“同”上做出智慧的判断，以建设性的教学实践为“重构语文教学内容”做一点一滴的积淀。这也许就是“同课异构”与“异课同构”的教学研究价值所在吧。

第二节　从“生活经验”到“写作经验”：对两节写作课的评议

北京市门头沟区王平中学的张晓燕老师和彭燕玺老师为李卫东特级教师工作站研讨活动各提供了一节写作研究课。张晓燕老师的课是写前指导课，教学目标为“观察生活，捕捉细节，真情表达，把作文写具体”；彭燕玺老师的课是写后评改课，师生共同评改一篇例文《那一次，我懂得了团结》。两节课都基于校园事件展开，前者基于一次篮球比赛，后者基于一次拔河比赛。以下是课后互动评议的实录。

李卫东：大家听了这两节课之后都有自己的判断，蔡可老师，你先说一说吧。

蔡可（首都师范大学）：这两堂课我觉得都比较好地体现了课程改革所倡导的一些理念。写作课是非常难教的，我们的写作教学并没有形成一个特别好的写作能力训练序列。我读小学一二年级时写的作文，一开头就是“十一届三中全会的春风吹遍了祖国大地，该出去春游了”，当时并不知道什么是“十一届三中全会”，但那会儿就是这样写……

李卫东：蔡可老师是 1976 年出生的。

蔡可：一春游，一写景色就是“秋高气爽，晴空万里”，根本不看是不是晴空万里，因为什么呢？因为这样一个模式，看起来非常有文采，而且老师也非常喜欢，我们就按这种模式写了。教师忽略了学生自己的实际想法，没有去问到底是为了什么而写作。我觉得很简单，写作就是用笔来说话。写作不是说老师教给学生什么东西，给了一个什么命题，而是学生愿写的作文。学生有表达的需要，成长中的孩子，小学生、初中生，特别是初中生，处于青春期，他们有交友的需要、成长的需要，有很多想表达的东西，写作就是用笔来沟通，来传递信息、情感、感受，丰富体验，这是我们学生写作的一个最重要的目标。

李卫东：是啊，学生为什么要写作？归根结底是内心的需要，从内心深处真正激发一种写作的欲望，一种倾吐表达的激情。以张晓燕老师的第一节课为例，蔡可老师你觉得这节课解决了学生“为什么要写作”这个问题了吗，有没有真正激发学生写作的欲望和需求？

蔡可：我认为是部分达到了这个目的，因为老师毕竟设置了这样一个话题，有一个非常真实的写作情境——一次篮球比赛，她联系学生生活，用一种非常喜闻乐见的形式找出了很典型的照片，将其定格呈现在这儿，然后让学生抓取照片的典型特征来丰富细节，重现当时比赛的场景。创设生活情境以找到学生写作的素材和生活经验的契合点，我认为这一点做得相当不错。还有，三维目标落实得不错。张晓燕老师的课抓住了写作能力方面的一个关键点，学生写不具体怎么办？这是初中生在写作中常面临的问题，他们知道怎么回事，有时候脑袋想得很多，但是一落笔，好像没什么可写的。张晓燕老师抓住了一个关键的问题，提供了一些很好的解决方法，比如多观察，观察一些细节，在这样一个过程中，学生自然而然地提高了写作能力。

李卫东：我再补充一个优点，这节课像写作课。我稍微解释一下，写作课上学生最应该真实发生的行为是什么？对，就是得写、得评，写作课不能光耍嘴皮子，尤其是不能老师一味地在台上耍嘴皮子，教师讲作文技巧，前提还是要让学生动起来。学生没有去写，没有互相评议，写作素养不可能得以养成。就好像教学游泳，教练光在游泳池上边讲怎么游，如果不让学员下水，学员很难掌握游泳技能。写作也是这样，作文是“写”出来的，“评”出来的。张晓燕老师的这节课，学生在课堂上不停地评、写，教师一层一层地引导学生练，挺好。值得改进的地方也有，我先开个头，还是回到刚才我问的那个问题：为什么要写作？关于写作和写作教学的问题很复杂，如果化繁为简，实际上就三个问题：第一，为什么写作；第二个问题，写什么；第三个问题，怎么写。遗憾的是，我们很多时候只是关注了后两点。“写什么”，巧妇难为无米之炊，学生没东西可写，于是教学生多关注积累，去丰富认识、丰富情感；“怎么写”，教师很注重教给学生一些写作的技巧，比如怎么叙事描写、抓细节等。“写什么”“怎么写”这两个问题我们关注了，但是如果忽略了第一个问题“为什么写”，“写什么”和“怎么写”也不可能彻底解决好。这节课为什么要写作，写作的动机是什么，写作的目的和对象是什么？这是首先要面对的问题。比如说，对于激发学生写作欲望和需求的目的，蔡可老师说张晓燕老师这节课“部分达到了”，我也是觉得部分达到了，那还有一部分没达到，没达到的在哪里呢？我提几个问题大家一起思考。张晓燕老师的课，让学生看了几张比赛瞬间的图片，看了一段比赛片段的录像，就让学生写那一次篮球赛，这是每个学生共同的感受吗？老师提供的这五张图片和一段录像一定是每个同学观看篮球赛时最关注的吗？是学生最想说的话题吗？未必，这里就有一个矛盾，图片、录像等这些支架，提供还是不提供给学生？可以提供，但是不能要求所有学生都以这五张图片或是一段录像作为写作素材。五张图片和一段录像只是一个引子，终归是要引出每个学生自己真正想写的有价值的东西。另外，我还想提一个问题，刚才蔡可老师说张晓燕老师在设置了一个情境这一点上做得很好，我的建议是，能否把情境设置得再具体一点，因为把情境设置得具体、真切，学生的写作欲望和动机就更有可能被驱动起来。我刚才听课时就在想，可不可以这样设置情境：同学们，前两天，咱们刚看了一场篮球赛，那一幕幕场景都还鲜活如昨、历历在目吧。现在咱们学校的团委要搞一个宣传橱窗，要贴一部分照片，要为每张照片配上一段文字，为此向全校学生征集稿件，征集“篮球比赛中那些难忘的镜头”。同学们，你会选哪一张？如果配上这个镜头，写上一段描述性的文字，或者扩展成一篇文章，你怎么写？我想这是不是就把情境描写进一步推进了，感觉学生是在完成一个任务，是在干一件实实在在的事，写作的目的和任务就明确了，解决了“为什么要写作”的问题，这时的写作行为就是内驱动。实际上，除了这些画面，还可以让学生说一说现场的体会、收获、感觉等，因为所有的镜头，即使是录像，镜头再真切，都是摄像人选择过滤的结果，已经是二手材料了。录像和照片可能呈现了一部分内容，也可能遮蔽了一部分内容。张晓燕老师，你把照片和录像当作一个支架，引导学生关注这些细节，这是可以的，但最终还是要把这些支架扔掉，支架的目的终归是让学生不用支架，不要让支架束缚住学生。可启发学生：想想还有哪些镜头令你难忘？镜头可以从老师提供的素材里选，也可以是老师没提供的。学生主动选择和认同了，就会乐意去完成这件事。

李卫东：这节课的“写”有多种形式，由段到篇，先练中间的主体部分，然后扩展到开头和结尾，关注“段”的写作，挺好。我们现在的写作教学更多地关注了“篇”，对“段”的练习关注不够。这节课让学生先写段，然后扩展成篇，这个意识挺好，但是这个过程要倒过来，怎么倒？先抛出半命题的题目，让学生把题目补充完整。比如说，以“那一刻，我____________”为题，写一篇文章，首先把题目补充完整了，学生就知道为什么写，要表达什么，写作的目的是什么，开头、结尾也就知道怎么写了。学生可以填“那一刻，我震惊了”“那一刻，我目睹了”“那一刻，我晕了”等，把这个题目定好位，知道为什么而写，开头、主体部分和结尾才好写，并且，中间的主体部分怎么和开头、结尾粘连起来，主体部分怎样切换一下角度，再做一些修改，顺着这个思路下去，整个篇章才能建构起来。所以说，为什么而写，写作的目的是什么，对象是什么，这些问题一定要搞清楚，考虑清楚了，后边“写什么”和“怎么写”也就顺畅了。

蔡可：我顺着李卫东老师的话说。其实，任务的情境可以创设得更具体一些，刚才李卫东老师的设计恰好传达出了这么多年来写作教学中几种不同模式的变化。比较早的时候，我们的写作教学是文章中心式的，比较关注的是如何由字词形成句，由句形成篇这样一个文章编织技巧。后来发现光靠这个不行，似乎太狭隘了，就开始引入所谓的过程中心。过程中心关注的是写作的流程，关注素材积累，关注如何把生活经验变成素材，关注怎样列提纲形成中心思想，然后如何围绕这个思想来搭配材料形成初稿，最后再怎么修改、定稿，这是一个过程中心式的模式。这两节课在文章中心和过程中心这两个方面做得比较好。近来，又有一种新写作模式，就是刚才李卫东老师提到的任务中心。任务中心考虑什么问题呢？就是我要写什么，我为什么要写，写给谁看，有没有具体的任务。举一个例子，我曾去一个学校开会，开会地点在学校东门的图书馆，途中我看到一个告示，说因为放假，请走东门。从文章的角度看，这个信息没有任何问题，但是一旦将其放到一个情境里，就有问题了。什么问题呢？我是一个已经走到东门的人，我关注的信息不在于“请走东门”，我关注的可能是放假了，西门什么时候开。就这样一个单独的告示，我们会发现，因为放的地方不同，导致了阅读对象的不同，然后就会导致提取信息关注点的不同。我们可能还会有其他不同的任务，所以写作时也要适当地考虑，特别强调为了完成一个什么任务而写，写给谁看。写给长辈看，给同辈看，给同学看，用意肯定是不一样的，这就是任务中心式的模式。如何能让学生写得更具体，我觉得还有一点特别重要的，就是关于学生经验的问题，怎么能够使学生贴着他对这次篮球比赛最感兴趣的点来写？张晓燕老师一开场就说，关于这次篮球比赛，请写出你们的收获和感受。我一听，就特别害怕。如果我是一个中学生，下一次再有什么活动，我脑子所想的可能就是下节语文课要写这个作文了。我有什么收获呢？无非就是我很兴奋，很快乐；也有可能是，班级临近期中考试，前段时间一直关注学习成绩，有了这样一次比赛，学生感觉到在平时比较累的学习生活中获得了一个自由奔放的机会，可能会对这个印象特别深；还可能会有另一种情况，两个班级比赛，是老对手，我们这个班从来没有赢过，结果今天我们班险胜了一分，那么我可能印象最深的是这件事；还有可能是现场临时分组，大家都不熟悉，可是我们在场上配合得很好，这个让我印象特别深……还可能是什么？张晓燕老师提了这样一个问题，哪位同学在照片里出现的次数最多呢？一个学生出现了两次，一看是一个戴眼镜的学生，他平时体育也不怎么样，结果在这次篮球比赛中表现得特别好，特别抢眼，完全出乎大家的意料。有没有类似这样会让学生印象深刻的细节，老师能不能抓住这样的东西，把它激发出来，推动学生表达出来。这样的细节，我认为和老师提供的图片是能够发生关联的。总而言之，把选择权和思考的空间留给学生，会生发出许多更有意思的东西。

李卫东：创设情境，任务驱动，唤醒学生的生活经验，让写作与学生的生活体验产生真正的关联。记得这个学期开始时我给大家讲“回到真实的写作”，举了一个学困生写了一封漂亮的情书的例子，那个学生写情书为什么能写好，就因为他写情书不是仅仅在编撰一篇文章，而是在写自己的生活，是在完成一个真实的任务。刚才蔡可老师归纳了几种不同的写作教学模式，一种是文章中心式的，文章中心是静态的，考虑怎么遣词造句、布局谋篇，怎么编织一篇好文章；过程中心式呢，关注怎么观察、写作、修改、编辑、交流，从写作过程的角度来构建写作体系；还有一种就是任务中心式，就是我刚才说的任务驱动，完成一个任务，创建一个生活情境，让学生的生活经验和写作产生真正的关联。我认为这三者可以融通，一定要避免那种静态的文章中心的做法。近几年北京市中考的小作文、高考的微写作，从某种意义上讲，也是任务中心，是任务取向的，这是一个“回到真实的写作”的发展趋势。有的老师会问，微写作和命题的大作文是不是就没有关系了？怎么会没有关联呢，以任务、活动、情境为中心，让学生真正地愿意写了，慢慢地，学生的写作感觉上来了，写作素养提升了，学生就可以应对各种类型的写作。尤其是在七、八年级学段，不要一开始就瞄着中考考场作文下手，不要一下子将学生的思维框死了，否则学生的写作观就会出现问题，后面在写作技巧上花再多的功夫都不会有好的效果。

李卫东：第二节课的优点是让学生边评边改、边改边评，这个方式很好。因为好文章就是改出来的。我想问四个问题：为什么修改？修改什么？怎么修改？谁在修改？修改作文时，当学生对“为什么修改”“修改什么”不能达到深度认同的时候，在修改上花多大的力气都可能是盲目的修改？不彻底的修改、不真实的修改。这节课整体上不错，但还有可改进的空间。比如，思考为什么改这儿，改其他地方行不行。要鼓励学生说理由，言之有理即可。有同学可能会说“那一次，我懂得了团结”这个题目就补充得太俗气了，能不能写“那一次，我懂得了不要矫情”“那一次，我懂得了不要吃亏”等，这是着眼于全篇文章思路上的修改。“为什么修改”和“为什么写作”是一脉相承的，是相关联的。让学生评一评《那一次，我懂得了团结》可以，但是对让学生改那篇例文我有不同的看法。由其他学生替文章作者修改，总觉得有点勉强，有点隔膜。原因在于我们在用一个标准、一个套路来改作文，写了很多字，还是生动不起来，修改的效果并不理想。为什么会这样呢？因为“修改”的主体只能是当事人，别人提建议可以，但让他人来改，就只能是凭想当然了。不妨提前做点工作，老师和作者当面交流怎么改，做深度的面批和交流。课上，让作者念念自己修改好的文章，念完后，让他说说是怎么改的，老师又是怎么和他面批交流的，让同学们再说说他这样修改行不行，这样做效果是不是更好。我曾经看过一个案例，美国一位语文老师结合自己的经历写过一篇文章，是一篇刻意写得有点问题的文章，老师将文章拿到课堂上让学生提意见，同学们提了很多意见。老师回去后按照同学们的意见进行修改，第二次上课时给同学们呈现修改后的文章，然后说说自己是怎么修改的，为什么这样修改，这也是一种作文教学过程。无论是老师还是学生，说说自己是怎么修改文章的，都是一种有效的教学资源。当然还可以拿几篇作文进行比较，甲、乙、丙同学之间互评、互比、互提意见，然后让他们在课堂上修改文章，不仅仅是修改别人的文章，更重要的是修改自己的文章。

蔡可：这还有一些细节要注意。比如，课堂的导入，老师引用了叶圣陶的话，这个是说给语文教师同行们听的吧，用叶圣陶的话导入课堂能带动学生的兴趣吗？再者，课堂上评改作文最好选二类文，这些文章有些问题但总体上还不错。第二节课选用的文章还可以，但是要适当鼓励学生，肯定其文章的优点，然后再从帮助的角度来改这篇文章会更好一些。两位老师都注重学生个体体验活动，但毕竟教师是课堂上的平等首席。首席点拨、归纳、引导、提升的作用不可或缺。第二节课学生找到"顺序"的不同，每个学生说话的语速都很快，老师要让发言者适当地停下来，追问用什么顺序，怎样才能跟文章很好地联系起来。教师要在课堂中针对学生产生的问题进行适当的停留、逗留，要进行概括、提升，体现指导的过程。

张继燕：李卫东老师说写作应首先激发写作兴趣、欲望，我特别赞同。首先要想写，才能有充实的内容。但是我对您提的创设情境进行作文教学有着不同的意见。因为一遇到写作任务，就有部分同学反感，尤其是写"难忘的瞬间"，一旦跟"难忘"相联系，有的学生的兴趣就没了。所以创设情境真的很难。如何创设情境来激发学生的写作欲望呢？

李卫东：学生为什么会反感，说明情境设置得不好，任务提供得不理想。严格起来讲，"难忘的瞬间"还是干硬的指令性的题目。我的意思是一定要让学生完成真实的任务，让生活经验与写作经验联通起来。创设情境，任务驱动，实质上也是在搭支架，搭台阶，让学生产生角色感。为什么设置情境？终究是为了明确写作的目的和对象。这次篮球比赛给你留下印象最深刻的镜头是什么，这个镜头是发生在赛前还是赛后，是赛中球员的特写还是观众的特写……帮助学生唤醒体验，找到自己最想写的内容，然后给镜头配上一幅画面，进行文字性的描述，这样就明确了写作的目的是什么，自己的角色是什么了。好的情境，好的任务，能驱动学生的写作欲望，能激活学生的生活体验，拉近写作与生活的距离，从而产生“真实的写作”。

第三节　“爱之物语——端午模拟销售”课堂观察

2009年6月，李卫东特级教师工作站成员集体观摩了北京市第二中学分校（以下简称“二中分校”）邵艺老师的“爱之物语——端午模拟销售”公开课，课后，工作站成员在工作站的论坛上发帖展开讨论。

一、邵艺老师公开课实录

（一）回顾活动过程

师：从语文、历史、地理、美术到劳技、政治、音乐、信息技术，我们一起走过了学科整合的100天；从做爱物、写说明书到编吆喝广告、写剧本再到写活动感言，我们一起走过了学习探究的100天；从制作、宣传、调研再到虚拟销售，我们一起走过了综合实践的100天。让我们一起来回顾一下这非同寻常的100天。

学生观看自制教学短片。

短片配音：由韩国申报的江陵端午祭于2005年11月25日被联合国教科文组织正式确定为“人类口头和非物质遗产代表作”。一度沸沸扬扬的中韩端午节“申遗”之争以韩国的胜利而告终，留给中国人的是一连串的反思。有人怒“这是严重的文化侵略”，有人哭“我们已经把祖宗给忘记了”，有人怨“‘端午’被韩国‘端’走了”。（画面展示韩国端午祭内容）

可端午在中国人尤其是青少年心中究竟占据什么样的位置呢？（画面展示采访片段）

让韩国端午祭“捷足先登”，足以“刺激”并“警醒”国人：必须大力加强非物质文化遗产保护工作的力度。为此，一场旨在宣传保护、传承非物质文化遗产的“战役”在北京市第二中学分校悄然拉开序幕。（画面：端午模拟销售——北京市第二中学分校初二语文综合实践活动场景）

开学初，老师宣布端午模拟销售活动正式启动。

第一周，通过搜集资料，从不同角度研究端午文化，尤其注重研究某个端午物件的文化内涵，并将搜集到的资料上传到论坛交流区与大家

分享。（画面展示同学搜集的资料和论坛区域）

第二周，学生以自己最喜爱的端午物件为蓝本，发挥自己的想象力和创造力，写出端午爱物的创作构思，之后制作了全新的端午爱物。这些爱物既表达了学生们对端午的热爱，又体现了新的时代特色。（画面展示部分爱物）

第三周，在语文老师的带领下，学生开始着手包装、宣传自己的端午爱物，运用所学的说明文写作知识写了宣传爱物的说明书，又根据所学的《吆喝》一文的知识为自己的爱物创作了吆喝版本的广告。（画面展示说明书和吆喝广告）

……

第六周，在个人作品完成后，老师根据销售需要将学生分成商品研究部、商品宣传部和商品销售部。（画面展示框架图）

商品研究部主要是完成个人作品的评选工作。该部设立了商品创意研究组、说明书创作研究组和网店设计研究组等三个小组，讨论选出了各类前十名作品。

商品宣传部主要是对商品进行宣传，该部由话剧组和开发组构成（画面展示框架图）。话剧组在同学中征集表达对端午的热爱的剧本，并上传到论坛，海选后确定在商品发布会上的最终剧本，并挑选演员进行排练。（画面展示剧本、排练片段）开发组根据商品类型成立了粽子、香包、龙舟、屈原、彩绳和另类等六个小组。

商品销售部主要是负责网络和校园虚拟销售两个环节。商品销售部由纪检组、新闻组、调研组和技术支持组构成。（画面展示框架图）

纪检组要维护卖场的纪律，监督卖家本着宣传端午的目的进行销售。（画面展示活动当天纪检组维持现场秩序和网络秩序）

新闻组对销售进行跟踪采访。（画面展示活动当天新闻组采访）

调研组设计问卷对活动进行调研。（画面展示活动当天调研组发放问卷）

技术支持组对销售的语言、技巧进行全程指导。（画面展示活动当天网络销售对话框）

第十周，我们用校园和网络两个阵地如火如荼地展开了端午模拟销售活动，活动现场人头攒动，卖家的精彩介绍与宣传使买家收获颇丰。销售结束后，我们根据销售所得的金额评选出最出色的卖家。（画面展示

销售现场活动）

今天，我们终于迎来了最激动人心的时刻，端午商品发布及虚拟销售活动成果展示会。

（二）追溯商品源头

师：五月五，过端午，可端午的由来历来众说纷纭。唐代诗人文秀曾这样写道："节分端午自谁言，万古传闻为屈原。"由诗可见，纪念屈原可以说是端午的一个源头，下面就请诸位跟随我的脚步，步入我们的端午剧场，观看由我们的同学自编自导自演的历史剧《屈原！屈原！》。

学生表演原创话剧《屈原！屈原！》。

师：感谢话剧组的精彩表演，在这里我想为大家念一份观众的感言来诠释一下演员们对角色的热爱：在剧中扮演屈原的同学有一个下跪的动作，为了表演效果他每次都是直直地跪下去，坐在前排的我每次都能听见他膝盖磕在地上的声音，表演结束后我看见他的膝盖已经肿了。让我们再次以热烈的掌声对话剧组的精彩表演表示感谢。

（三）展示学生作品

师：我们已经通过话剧追溯了端午的源头，现在我们走出剧场，再跟着我的脚步步入卖场，观看由商品研究部的同学给我们带来的各类作品展示。

生1：在这次语文综合实践活动中，我们商品研究部下设商品创意研究组、说明书创作研究组和网店设计研究组等三个小组。我们每组集思广益，对所有作品进行了研发、评选，并为它们精心编写了上榜理由。下面我们请商品创意研究组组长来为我们公布商品创意的前十名作品。

生2：在这次语文综合实践活动中，我们在研究了端午民俗后，创作了与我们生活密切相关的具有时代特色的端午爱物，并使之成为销售的商品。我们商品创意研究组从商品的美观、实用和创意三个角度进行评选，下面由我来为大家揭晓我们的商品创意前十名作品。

（学生以走秀的形式展示自制商品，配乐）

生2：首先，有请商品创意第十名——辟邪。上榜理由：端午元素大聚会。辟邪的造型为抽象派龙舟，粽叶做的船架再配上"屈原"二字作为旗帜，既体现了多种端午习俗，又体现了辟邪的用意。

商品创意第九名是……下面将为大家揭晓商品创意第一名：小蒜娃。上榜理由：新创意，惊天地，泣蛇虫。小蒜娃以端午辟邪习俗为灵感，创造了全新的以大蒜为材料的丑陋娃娃形象来辟邪，而大蒜的辣味也让蛇虫绕道而行。

以上就是我们的商品创意前十名，我的介绍就到这里，谢谢！

生 1：下面我们请说明书创作研究组组长为我们公布说明书创作的前五名。

生 3：在语文实践活动中，我们精心地为自己的商品创作了说明书。说明书研究组本着说明准确、形象、动人三个原则进行了评选。下面由我为大家介绍说明书创作前五名。

（学生边展示自制商品边做说明书讲解）

生 3：首先，上榜第五名是双子龙舟。说明书上榜理由是说明准确细致。

生 4：我制作的两条龙，一条叫苍页，一条叫尤鑫。今天我主要为大家介绍年轻一点的龙——尤鑫，它长 14—15 厘米，宽 2—3 厘米，脑袋比苍页的大，但犄角却长长地向上生长，仿佛可以看到前方开阔的世界。它的龙须也显得比苍页的飘逸许多，好像在随着风舞动。它身上的花纹多而密，尾巴有些倾斜，一副正在划水的样子，朝气蓬勃。

生 3：第四名的作品是篆刻。说明书上榜理由：古章古诗，古香古色。

……

生 3：第三名的作品是粽子香囊。说明书上榜理由：它像一个恬静美丽的姑娘，惹人喜爱，芳香四溢……

……

生 3：第二名的作品是五彩绳。说明书上榜理由：故事 + 作品 = 深刻的内涵。

……

生 3：马上揭晓说明介绍评比的第一名。第一名的作品是屈原雕塑。说明书上榜理由：深邃的语言，深奥的作品，深沉的情感，深远的影响。

生 5：屈原雕塑紧紧锁在一起的眉毛似乎想要告诉我们，屈原的死是忧伤的死，愤懑的死。他认为他的死能将心中所希冀着的美好留在世上，但事与愿违，屈原毕生最企盼的国家安宁、富强，也像他投江时飞溅的水花般消逝了，只有破败的山河。为什么这个屈原雕像没有双眼？因为他不愿看到破败的山河！他昂起高贵的头颅，向凄惨的命运抗争。他张开沧桑的双唇，向无知的苍天呐喊！

……

师：看了各类作品的发布，我有三个感想与大家交流。（1）商品的非凡创意。龙舟、粽子、香囊、五彩绳，都是我们再熟悉不过的端午元素，可今天，你们发挥想象，将这些古老元素与当今的时尚元素大胆组合，创造了一件件全新的端午爱物。（2）说明书的大胆构思。作为一个语文教师，在设计给商品创作说明书这个教学环节的时候，我的原意是训练你们说明文写作的能力，但是看了你们的文章，我突然发现，我的设计有些狭隘了，创作本应为生活服务的，只要能起到说明宣传的作用，何必在乎文体是什么。（3）评价语的精妙绝伦。在整个评价过程中你们能详尽了解所评之物，不夹带个人情感，对事不对人且观点明朗，语言中肯，因而每条上榜理由都很精彩。

（四）介绍销售成果

师：有了商品、说明书和网店我们就可以销售了，在这次语文实践活动中，我们利用校园和网络两个平台进行了端午模拟销售活动，不管是网络销售还是校园销售，我们的销售部都精心策划，推出种种宣传、调研、采访与销售的方案，活动后他们还对整个活动进行了研究，下面有请销售部部长给我们做销售成果报告。

生6：通过这次语文综合实践活动，我们在老师的带领下深入研究了端午文化，并借助虚拟销售的形式向老师和同学宣传端午文化，做到人人既是端午销售员，又是端午宣传员。下面就由我向大家做销售组的销售成果报告。

……

这个柱状图清楚地显示了活动前后答题正确率的比较情况。由此我们可以得出以下结论：活动前，同学们对端午的了解不够深入。但通过这次活动，同学们对端午的了解大大加深了，从而达到了我们这次活动的目的。

通过与形形色色的买家交流，我们的语言交流能力增强了，这便是我们的第二个成果。

……

卖场上热闹非凡，但你知道该去哪个摊位吗？快听快看，卖家们都拿出看家本领，开始吸引顾客了！这便是我们的成果三——我们充分展现自己的才能，勇于展现自我，推销自我！

宣传形式各有千秋，有囊括了组中所有成员的智慧的传单，有龙舟竞渡版走秀，还有制作精美的视频短片。本学期我们学了一篇课文叫《吆喝》，这可勾起了同学们的兴趣，为什么不把它融入我们的宣传当中呢？下面有请 X 同学向我们展示他的“嘶吼版”吆喝。

生 7：卖彩绳嘞，谁来买我的彩绳嘞！降价，打折还有免费赠送。买的买，挑的挑，卖彩绳的又来到。小的不卖，大的十块！

生 6：哎？卖场上那噼里啪啦的声音是干什么的？别疑惑，这不，X 同学的快板儿版吆喝来了！

……

生 8：

瞧一瞧，看一看
五班香包真好看
种类相同样子多
DIY 制作添乐趣
粉绿相逢是艺术
香气清新可提神
红黄装饰造经典
亲手配制怪味包
粽子香囊驱疾病
创意葫芦可保健
听过介绍了解多
五班香包真是好
买卖不是最关键
了解端午更重要，更重要

生6：话说老北京时期，人们叫卖，需要走进各个胡同，喊出具有自个儿货物特色的话。这就演变成了现今的“老北京吆喝”。没想到，我们在卖场上，还能听上这正宗的老北京味儿吆喝！有请X同学献上他的吆喝。

……

生6：听了同学们独特创新的宣传方式和彬彬有礼的销售过程，您还没有动心吗？下面就请老师们进入我们的卖场，欣赏同学们的风采吧！

（五）进行虚拟销售

学生现场与听课老师互动，借助端午虚拟货币进行虚拟销售。

（六）总结实践活动

师：因为时间关系，我们还有很多组很多同学不能站到这里来讲述此次活动中制作宣传与销售的故事，我作为全程的策划与指导老师，也有太多的话想表达。还是谈一点我最深的感受吧，那就是一个“爱”字。首先，活动中我感受到了你们对端午的热爱，对民俗的热爱。你们的爱不狭隘，比如有的同学在自己的剧本里写道：端午是属于世界的。再有，你们在活动体验中明白了写作的首要原则，那还是爱。在活动中你们投入了爱，为了推动活动你们对写作也充满了爱，于是一篇篇优秀的说明书、剧本、吆喝词诞生了，一句句精彩的评价语、活动感言也应运而生了。其实语文天然是与生活联系在一起的，作文从生活中来，到生活中去，今天，你们在生活中丰富了写作，又用写作推动了生活，这样的收获是相当难得的。此外，活动中你们爱自己的作品，爱自己的角色，爱自己的顾客，也爱自己的对手，基于以上种种爱，老师把本节课定名为“爱之物语”。

二、论坛上的交流

李卫东：这节汇报课最能触动我的是这样一些元素：话剧脚本，形象演绎，作品上榜理由，作品说明书，吆喝台词，快板台词，图表阐释……在活动中体验，在体验中表达，一切听说读写活动都是在情境体验、任务驱动中自然发生。

李玉兰（北京市门头沟区教师进修学校）：听了这节汇报课，我感触颇多。一进门，学生那兴奋的表情和滔滔不绝的解说让我感受到他们对这一项活动的热情。接下来，学生们精彩的表演又很快吸引了我。他们认真地准备，精心地排练，高水平的发挥，均在说明学生们喜欢这项活动。在这项活动中，他们投入了时间、精力、热情……如果我们都能够这样学习语文，那么，语文课将成为众多教师、学生的一大享受。

钱颖伟（中国人民大学附属中学）：真幸运，我没有错过这节好课！进入虚拟卖场的时候，我就被吸引了，买了一堆纪念品（只是照片），还给两个吆喝的学生拍了照。听课的过程，我始终很兴奋，每一个环节都是新鲜的。尤其是看话剧《屈原！屈原！》的时候，听"屈原""扑通"跪拜的时候，心中真有一种震撼。听完课，我依然很激动，心中似乎澎湃着什么，李卫东老师评课说到"理想主义"四个字的时候，我一下就被击中了，是的，就是这四个字。屈原如此，语文老师亦如此。沉淀下来的时候，你也许会觉得这课不够"语文"、不太可行，但我被它打动，被它重新激荡起理想主义的情怀，这何尝不是一种成功呢？着着实实被学生们的热情、才气，被少年"屈原"的跪拜感动了！

李卫东：我们看到的是成果的展示。完成过程中教师做了哪些指导，比如说明书、上榜理由怎么撰写，教师提供了怎样的帮助，这很重要。综合性学习中的过程指导，不能缺失知识的讲解、方法的指导，当然这种方法、知识的介入与常规课堂不同，它不是高度结构化的，而是嵌入情境中自然进行的。但无论如何，过程指导的质量关乎语文综合性学习的成败。请邵艺老师谈谈。

邵艺：其实这节展示课的目的是希望各位老师通过我们所展示的成果回顾活动的过程，我想各位已经能对我们的过程窥见一斑。这次综合实践活动的成果整合是容易的，在整个活动中对学生的指导却是艰辛的。我认为对学生而言真正有价值的不在于成果，而在于活动过程本身。于是教师的真正作用不是在展示课上展示自己的才情，而是把舞台留给学生，教师能做的就是在活动中尽最大的努力去帮助他们，在帮助他们实现理想的同时也实现自己的理想。说明书的指导以说明文写作教学为契机，指导方式是师生互评。撰写的上榜理由是各个小组同学集体智慧的结晶，教师以平等的身份参与各个小组的讨论，给出参考意见。剧本的写作是个新尝试，我先简单指导了剧本的写作方法，为了激发他们的热情，我让他们把剧本都发到论坛，并由同学海选剧本进行排练，最后一共有三个本子入选，大家在展示课上看见的只是其中一个本子而已。指导话剧排练是件很有乐趣的事情，和孩子们在排练中研究人物性格，改进台词，编排动作，并指导朗诵。当然最有乐趣的是指导孩子们使用销售交际用语。因为无论是我们的网络销售还是校园虚拟销售，都要与人交流，都要训练孩子的语言交际能力，交流中用语的礼貌、大方、得体、谦逊就很重要。此外，我还辅导孩子们对活动进行调研采访，孩子们访谈的对象不仅是同学，还有街头的路人，之后我又指导他们用图表等形式展现调研结果。

李秀清（北京市顺义区教研中心）：对于综合性学习，我们要的不是最终成果的展示，要学的、要研究的是过程。活动的策划、任务分配，特别是过程中各个方面的指导、方案的调整等，方方面面都包含着师生的智慧。活动的过程，其实应该是师生在综合性学习中共同成长的过程。成果的展示也不一定只有课堂展示这一种形式吧。另外，综合性学习，目标就是提高学生的综合能力，何必一定要把界限划得那么清楚？当然语文有语文的目标，每个学科都有各自的目标，不同学科互为工具而已，但每个学科都应从本学科的“利益”出发，体现本学科的特色，语文综合性学习当然要有语文特色。

曾志红（北京市崇文区教师研修中心）：我感觉综合性学习不仅是学科内知识能力的综合，还是在学科之间，以自身学科为基点的综合。提出这个说法或者概念的人，是为打破学科之间的壁垒，让学生在学到学科知识的同时，能融合各类知识，得到全面充分的发展。这是基于学生的发展提出的，而非仅出于学科的发展。所以，教师基于学科的综合性学习课程开发时，应有一个较为宏阔的视野和胸襟。

李朝晖（北京市西城区教师研修中心）：综合实践的目的是让学生全面发展，而语文参与其中应该偏顾语文一些。比如写说明书、吆喝广告、评奖词，这些做得就很好。演话剧锻炼的人少，可以评剧本，参与的人更多些。说说写写，这就是语文了。让学生编写活动方案，适时写写小结、小诗、小文，结成活动小组，动手、动口、动笔分工合作，互相感染，学生在活动中兴味盎然，这样才有学习效果。邵艺老师展示了口才，很不错。当然还可以展示文笔，写写下水文，教学相长；展示引导力，快板改改韵，吆喝改改词，比较一下，提高一下；展示丰富情感、思考深度，对传统现代消长、粗手工精工艺中的苦乐等，其实都可以有些提升。邵艺老师的课设计得很新颖，过程很辛苦，效果很好，收获颇丰。当然，也还有能进一步提升，使之更语文化、更学习化的地方。我觉得综合实践课强调的是学以致用、各展所长，它和其他基础课之间的关系应该是类似于运动与吃饭的关系，吃饭是要一日三餐有规律、有定量，而运动则是个性化、随意性、趣味性更重一些的。综合实践各科都可以搞，但它是自成体系的学科，应该专门召集人来整合，而其他科老师应是为我所用，积极参与。

李卫东：这节课，这项活动的确还有不尽完善之处，但它的的确确打动了我们。于是我在想，二中分校的做法对于其他学校的借鉴意义在哪里？据邵艺老师介绍，这次活动历时百天，这是否为常态？制作网站、手工作品等体验的“代价”是否由语文一科来“买单”？邵艺老师和邵如玉老师能否再做点进一步的阐释。

邵艺：综合实践活动课程既是课程改革中的一个亮点又是一大难点，没有教材，只有指定的四大领域；没有具体的评价标准，只有一些评价理念；缺少专职教师，但要求全员参与。这一系列问题使其在实施中必然会面临很多困难。因而语文综合实践的课程模式还在探索尝试阶段，或许现在它还没有常态的模式，但是只要努力，我相信将来会有的。我们二中分校于2007年9月建构了“北京市第二中学分校学生发展力培养系统”，将综合实践活动课程的目标融入该系统的培养目标当中。而我承担的是探寻一种在课堂教学主渠道中渗透综合实践思想与方法的课程模式。我的目标是依托学校整体课程体系，培养学生综合素质，积蓄可持续发展的潜力。课程模式是“确定综合目标—设计实践内容—整合学科知识—教师指导过程—学生合作实践—展示交流反思”。以这次活动为例，我以八年级语文教材中的《端午的鸭蛋》《雷电颂》《吆喝》等课文为基本素材，以语文综合活动课为基本课程形式，整合语文、历史、地理、劳技、美术、信息、音乐、政治等多种学科知识、多种技能，设计了“端午模拟销售”的语文综合实践活动。教师通过指导学生搜集有关端午的民俗文化素材，研究某个端午物品的民俗内涵并制作出相关工艺品，之后指导学生围绕自制的工艺品筹备宣传端午文化内涵，如为工艺品编写商品说明书，为工艺品编写广告词和吆喝词并练习吆喝，创作热爱端午的话剧并排练话剧，以及利用校园论坛发布宣传和销售工艺品的网页等。最后学生在学校范围内借助虚拟货币进行网上虚拟销售和现场虚拟销售，以达成“研究并宣传端午文化，继承并发扬端午文化”的目的和培养学生综合素质、积蓄可持续发展潜力的目标。关于历时百天，大家可能认为是为了这节课打磨了百天，其实这节课整合时间也就一周。我所说的历时百天是让学生充分活动的百天，这百天中每个阶段的目标和内容各不相同，是根据学生的能力循序渐进的。我们学校语文组的综合实践活动已经不拘泥于每个单元之后的综合性学习，而是每个学期设计一个主题活动，根据主题制订一个学期的可行计划，让学生充分地活动、自主探究，这是我们试图和高中的综合性学习接轨的可贵尝试。关于“买单”，可以说，我们学校的各科教师是在教学中互相“买单”。当我的语文教学需要其他学科帮助时，其他学科老师便会不失时机地对学生进行指导，这样既有利于他们的教学，又推动了语文活动，这不是两全其美吗？而在其他学科的综合实践中，我们语文也经常提供指导。因而，在我看来，这个世界万事万物皆有联系，没有哪个学科是孤立存在的，每个学科之间是互相渗透、互相支撑的，如果学生能灵活地运用各个学科的知识去探究问题，那我们教是为了不教的目的不就达到了吗？

邵如玉（北京市第二中学分校语文教研组组长）：常态教学从书本走向书本，综合实践课程的设置是否启发我们应该改变这种方式，从书本走向社会，走向生活，走向自然？在我眼中，学科综合实践活动是一座架设于知识与生活之间的桥，在生活中学习语文，算不算是一种突破？这种突破会不会使我们失去语文学科的原色？我们的思考在继续，我们的尝试也将继续下去。

李卫东：是的，二中分校比较早地创构学生发展力培养系统，全学科、全方位的综合实践已成习惯，已见规模。语文组的老师们又在学校整体课程体系的架构内探索出自己的特色。刚才几个老师在发言中不约而同地都提及了两个概念：综合实践课程，学科综合性学习。这两个概念之间有何区分与联系，还有进一步探讨的必要。评议这节课的确有诸多的入口，言人人殊。好的研究课不在于它的完美，而在于它是否触及我们最为敏感也最易雪藏的心灵底部。感谢邵艺老师，感谢二中分校，他们以辛勤的付出经营的课例，给我们提供了深入讨论的机会。

三、李卫东对该课的总评

《全日制义务教育语文课程标准（实验稿）》指出，语文“综合性学习主要体现为语文知识的综合运用、听说读写能力的整体发展、语文课程与其他课程的沟通、书本学习与实践活动的紧密结合”。从这段表述中可以看出，语文综合性学习还是基于语文学科的框架，以语文学科为基点，实现语文学科内部（听说读写）的整合、语文学科与其他学科的整合、语文与生活的整合，它与“综合实践课程”还不是一个概念。“综合实践课程”是基于生活实践领域的课程，它是基于学习者的直接经验，密切联系学生自身生活和社会生活，体现对知识的综合运用的实践性课程、经验性课程。两者都强调综合性、实践性、探究性、自主性，实际教学中完全可以并行打通，但毕竟还要看到两者的性质区别和不同的功能定位。

再来反观邵艺老师的课例，我们就会发现，这个课例多少还带有一些综合实践课程的性质，是综合实践课程与语文综合性学习的融合。话剧脚本、形象演绎、作品上榜理由、作品说明书、吆喝台词、快板台词、图表阐释，这些内容“语文味”浓郁，而整个活动过程中的网页制作、手工制作等更多地带有综合实践课程的特点。也就是说，搞一次“端午模拟销售”这样的活动，既运用了语文思维，也运用了艺术思维、技术思维，甚至数理思维，各种类型的思维之间可能还并无孰重孰轻之分。这样做并无不可，尤其对于北京市第二中学分校这样的学校，学校内部有一个整体性的综合实践课程运行机制，既专门开设综合实践课程，也开展各学科的综合性学习，学科教师之间的配合比较常见，综合实践课程与综合性学习消泯明晰的界限，自然就属于水到渠成的事情。但从普遍性的角度看，所有学校、所有语文教师都这样操作行不行？恐怕这还不是现实的策略。依当前课程改革的现状，给出一个语文综合性学习阶段性发展的最低要求，仍属必要，也比较可行。

这个最低要求应该是，语文综合性学习作为常态健康生长下去，依然要保持它的基因——语文性。“语文综合性学习”怎么才能不被称为“历史综合性学习”“政治综合性学习”等，依然在于它的不可替代性——语文性。语文综合性学习势必与其他学科发生密切关联，不过，语文的听说读写的含量是其重要保障。语文综合性学习的过程即是在活动中体验、在体验中表达的过程，一切的听说读写活动都是在情境体验、任务驱动中自然发生，无不浸透着语文的气质。换言之，对于语文综合性学习，语文是酵母，没有语文性，也就没有综合性，也就不见了语文综合性学习。

参考文献

[1] 古德，布罗菲．透视课堂 [M]．陶志琼，王凤，邓晓芳，译．北京：中国轻工业出版社，2002．

[2] 范梅南．教学机智：教育智慧的意蕴 [M]．李树英，译．北京：教育科学出版社，2001．

[3] 威金斯，麦克泰格．追求理解的教学设计 [M]．闫寒冰，宋雪莲，赖平，译．上海：华东师范大学出版社，2017．

[4] 布兰思福特，布郎，科金，等．人是如何学习的：扩展版 [M]．程可拉，孙亚玲，王旭卿，译．上海：华东师范大学出版社，2013．

[5] 王荣生．语文科课程论基础 [M]．上海：上海教育出版社，2003．

[6] 王荣生．新课标与“语文教学内容” [M]．南宁：广西教育出版社，2004．

[7] 钱理群．语文教育门外谈 [M]．桂林：广西师范大学出版社，2003．

[8] 钱理群．名作重读 [M]．上海：上海教育出版社，2006．

[9] 孙绍振．名作细读 [M]．上海：上海教育出版社，2006．

[10] 倪文锦，欧阳汝颖．语文教育展望 [M]．上海：华东师范大学出版社，2002．

[11] 王爱娣．美国语文教育 [M]．桂林：广西师范大学出版社，2007．

[12] 张隆华，曾仲珊．中国古代语文教育史 [M]．成都：四川教育出版社，2000．

[13] 李杏保，顾黄初．中国现代语文教育史 [M]．成都：四川教育出版社，1997．

[14] 章熊．中国当代写作与阅读测试 [M]．成都：四川教育出版社，2000．

[15] 艾德勒，范多伦．如何阅读一本书 [M]．郝明义，朱衣，译．北京：商务印书馆，2004．

[16] 祁寿华．西方写作理论、教学与实践 [M]．上海：上海外语教育出版

社，2000.

[17] 钱梦龙. 导读的艺术 [M]. 北京：人民教育出版社，1995.

[18] 倪宝元. 语言学与语文教育 [M]. 上海：上海教育出版社，1995.

[19] 曾祥芹. 文章学与语文教育 [M]. 上海：上海教育出版社，1995.

[20] 王纪人. 文艺学与语文教育 [M]. 上海：上海教育出版社，1995.

[21] 童庆炳. 文体与文体的创造 [M]. 昆明：云南人民出版社，1994.

[22] 蒋成瑀. 语文课读解学 [M]. 杭州：浙江大学出版社，2000.

[23] 潘新和. 语文：表现与存在 [M]. 福州：福建人民出版社，2004.

致作者

为了使本书的内容更加丰富多彩，我们引用了一些高质量的课程案例，它们为一线教师的教学实践提供了有价值的参考。我们与收入本书的课程案例的作者或著作权人进行了广泛的联系，得到了作者或著作权人的大力支持，在此，我们表示衷心的感谢。由于一些作者的联系方式不详，一时未能取得联系，敬请作者或著作权人予以谅解，并与我们联系。谨致谢忱！

本书作者

2017 年 5 月

图书在版编目（C I P）数据

语文课堂的多维观察 / 李卫东著. —南宁：广西教育出版社，2018.9（2023.1 重印）
（中国语文教育研究丛书 / 顾之川主编）
ISBN 978-7-5435-8549-2

Ⅰ.①语… Ⅱ.①李… Ⅲ.①语文课—课堂教学—教学研究—中小学 Ⅳ.①G633.302

中国版本图书馆 CIP 数据核字（2018）第 209256 号

策　　划	黄力平	组稿编辑	林春燕　黄力平
责任编辑	陶春艳	责任技编	胡庆团
责任校对	谢桂清	封面题字	李　雁
装帧设计	刘相文		

出 版 人：石立民
出版发行：广西教育出版社
地　　址：广西南宁市鲤湾路 8 号　　邮政编码：530022
电　　话：0771-5865797
本社网址：http://www.gxeph.com
电子信箱：gxeph@vip.163.com
印　　刷：广西民族印刷包装集团有限公司
开　　本：787mm×1092mm　1/16
印　　张：15.75
字　　数：235 千字
版　　次：2018 年 9 月第 1 版
印　　次：2023 年 1 月第 4 次印刷
书　　号：ISBN 978-7-5435-8549-2
定　　价：38.00 元